Establishment, Development and Prospects of
the Shanghai Cooperation Organization

上海合作组织的创建、
发展和前景

〔塔〕拉希德·阿利莫夫　著

王宪举　胡　昊　许　涛　译

人民出版社

2016 年 3 月 14 日，上海合作组织秘书长阿利莫夫与阿塞拜疆外长马梅季亚罗夫签署《关于给予阿塞拜疆共和国上海合作组织对话伙伴地位的备忘录》

2016 年 3 月 18 日，乌兹别克斯坦外交部长卡米洛夫访问上海合作组织秘书处

2016年3月21日，来自中国40多个研究中心的学者和研究人员在上海合作组织总部讨论了上海合作组织框架内的各领域合作的广泛问题

2016年3月22日，上海合作组织秘书长阿利莫夫与尼泊尔外事国务部长拜拉吉签署《关于给予尼泊尔上海合作组织对话伙伴国地位的备忘录》

2016 年 3 月 22 日，尼泊尔总理卡德加·普拉萨德·夏尔马·奥利（右二）访问上海合作组织秘书处

2016 年 4 月 16 日，上海合作组织秘书长阿利莫夫与亚美尼亚外交部长艾德华·纳尔班江签署《关于给予亚美尼亚共和国上海合作组织对话伙伴国地位的备忘录》

2016 年 4 月 29 日，"上海合作组织草坪"落成仪式在北京举行

　　2016 年 4 月 29 日，上海合作组织图书馆收到了中华人民共和国主席习近平签名赠送的中俄文版珍贵书籍。图为上海合作组织秘书长阿利莫夫从中国外交部长王毅手中接过习近平主席的著作

2016 年 5 月 20 日，在索契的俄罗斯—东盟峰会上举行了上海合作组织秘书长阿利莫夫与东盟秘书长黎良明的工作会谈

2016 年 6 月 7 日，阿利莫夫参加人民网访谈直播

　　2016 年 6 月 24 日，上海合作组织元首理事会第十六次会议上的阿利莫夫、乌兹别克斯坦总统卡里莫夫

　　2016 年 8 月 11 日，上海合作组织大使俱乐部成员拜谒位于中华人民共和国大连市的苏军烈士陵园，并举行了向陵园敬献花圈的仪式

2016 年 9 月 26 日，"中国文化日"活动在上海合作组织秘书处举行。图为"上海精神"雕塑落成仪式

2016 年 10 月 14 日，阿利莫夫参加上海合作组织国际马拉松赛新闻发布会

2016年11月11日，"二十一世纪领袖"上合国家留学生智力比赛圆满结束后合影

2016年11月22日，上海合作组织秘书长阿利莫夫在联合国大会上讲话

2016 年 11 月 22 日，阿利莫夫在联合国电台接受采访

2016 年 11 月 25 日，潘基文（左）、别尔德穆哈梅多夫（土库曼斯坦总统、土库曼斯坦武装力量总司令）（中）、阿利莫夫（右）合影

　　2016 年 12 月 5 日，上海合作组织观察员团召开新闻发布会，对乌兹别克斯坦共和国总统选举结果的情况进行说明

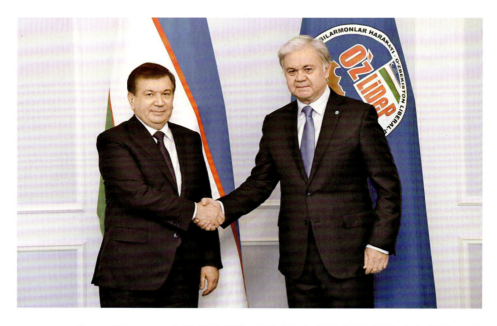

　　2016 年 12 月 6 日，乌兹别克斯坦共和国选举产生的总统沙夫卡特·米尔齐约耶夫接待上海合作组织秘书长拉希德·阿利莫夫

　　2016 年 12 月 14 日，与联合国毒品和犯罪问题办公室执行主任费多托夫（左三）会面后合影

　　2016 年 12 月 17 日，阿利莫夫在上海合作组织马拉松赛现场

致中国读者

你们拿在手中的这本书，讲述的是上海合作组织——世界上一个最年轻、迅猛发展的地区组织。

此书俄文版于 2017 年 6 月出版。在过去的一年，上海合作组织又发生了一些根本的变化。在哈萨克斯坦首都阿斯塔纳举行的上海合作组织成员国峰会上，印度和巴基斯坦加入该组织，从而使该组织成为世界上最大的综合性地区组织。上海合作组织是唯一的把若干地区大国联合到统一的机制性地区结构的平台。

上海合作组织成员国是欧亚大陆的中心。它们与该组织观察员国和对话伙伴国一起，形成了全欧亚合作的轮廓。今天，上海合作组织地区拥有 3440 万平方公里的广袤地域，占整个地球陆地面积的四分之一，或者说，占从南极洲到印度洋、从连云港到加里宁格勒的欧亚大陆的三分之二。在其成员国居住的人口为 31.3 亿，几乎占全球人口的一半。

上海合作组织联合了欧亚地区具有不同经济力量、不同政治制度、不同文化和文明传统的大国和小国。在该组织中有四个核大国，也有加入无核区的中亚国家。所有成员国在众所周知的伙伴关系开放的原则基础上，努力一致地发展协作关系。

相互理解、平等协作是伙伴关系的关键因素。透明度和不与他国为敌是上海合作组织伙伴关系模式的主要标志。上海合作组织在解决现实的国际和地区问题时，秉持非集团、非意识形态和不冲突立场。

上海合作组织在作决定时，采取协商一致原则，强调所有成员国无论国家大小，完全平等。在该组织内所作的一切决定，都是该组织所有创始国的观点、意见和立场统一的结晶。因此，完全可以把上海合作组织看作协商一致型伙伴关系的典范。

现在，上海合作组织不仅是不同规模、不同分量、不同国家制度、不同文化和民族传统国家共处的榜样，而且为卓有成效地进行和发展不同文明之间的对话、取得互利结果创造了有利条件。有四个动力——政治、安全、经济、文化和人文上的合作，而更主要的是，对共同发展的渴望，帮助上海合作组织满怀信心地走向协商一致的目标。

阅读此书，您会更多了解这个自豪地以上海市的名字命名的组织。正是在这座城市，2001 年 6 月，哈萨克斯坦、中国、吉尔吉斯斯坦、俄罗斯、塔吉克斯坦和乌兹别克斯坦的领导人使该组织扬帆起航。

上海合作组织秘书长、政治学博士　拉希德·阿利莫夫

2018 年 4 月于北京

致 读 者

    2016 年是上海合作组织成立 15 周年。虽然上海合作组织可以说是年轻的组织，但在 15 年时间里，它已经走过创建时期，并且正在快速发展，而这本书就是献给上海合作组织的礼物。

    上海合作组织的历史源于 20 世纪 90 年代。当时，为了解决过去遗留的边界问题，中国及其毗邻的几个前苏联共和国的领导人找到了称为"上海五国"的会晤模式。2001 年，哈萨克斯坦、中国、吉尔吉斯斯坦、俄罗斯、塔吉克斯坦和乌兹别克斯坦领导人在上海聚会，宣布成立新的国际组织。15 年后，经过成员国领导人的努力，上海合作组织成为享有威望、多方面的国际组织，保障地区安全和稳定的一个现实因素，正在形成的多极化国际关系体系中有吸引力的中心之一。

    本书收集的材料包括上海合作组织的诞生、其作为完全符合条件的国际组织创建和形成的各个阶段的历史，以及成员国多方面合作的哲学和思想基础。书中详细介绍了上海合作组织在其框架内的基本合作方向以及主要机构的结构、职能和权限。以大事记的形式介绍了 15 年来成员国领导人的峰会和政府总理会晤情况，包括通过的决议和签署的文件。

书中专门介绍了上海合作组织对本组织"大家庭"成员国举行选举和全民公决的准备及其选举过程的监督情况。

本书还反映了英语专家、政治学家和新闻媒体代表对整个上海合作组织及其内部协作发展水平的看法。

对于广大读者来说，上海合作组织秘书长回答读者经常提出的关于上海合作组织多方面合作现状和前景的问题，很有裨益。

书中介绍了 2016 年上海合作组织庆祝本组织成立 15 周年的重大事件、活动和主要文件，以及关于"上海合作组织大家庭"成员国的统计资料。

本著作还收集了反映上海合作组织重要历史事件的稀有照片。

向读者提供这样一种关于上海合作组织的版本还是第一次。此书回答了很多人对上海合作组织感兴趣的问题：为什么该组织是新型国际组织？为什么 15 年来它在国际舞台上赢得了当之无愧的威望？如果没有上海合作组织秘书处这个友谊集体的积极支持，这本书的出版是不可能的。我的每一位同事对此书出版的共同工作所作的贡献，是怎么评价都不为过的。他们在搜集和整理、分类和挑选关于上海合作组织诞生、创立、逐步发展直至被公认是安全稳定的地区体系的积极因素最有意思的材料方面，做了大量工作。为此我向所有直接参与或间接参加创作本书的同事们表示感谢。

希望此书能对所有想更多了解上海合作组织及其多领域合作方向的工作，理解其哲学和协作精神的人提供有益的帮助。这本书面向对国际关系问题感兴趣的政治家和外交官、学者和社会活动家、研究生和大学生以及广大读者。

拉希德·阿利莫夫

2017 年 2 月于北京

目　录

第 一 章

上海合作组织十五年：成就和前景

一、引子

世纪之交国际关系发生的根本变化证明，尽管"冷战"和集团对抗已经结束，世界并未变得安全。只是威胁的特点发生了变化，除了传统的挑战外，又增加了新的挑战，而且因其难以预测而变得更加危险。

显然，在 21 世纪，单凭一个国家的力量难以保障安全。恐怖主义、宗教极端主义、非法毒品贸易和武器走私相互交织，这些活动跨越边界，全球互相联系。只有协作行动和集体努力才能成为有效对抗的保障。

与此同时，信息时代的开始决定了现代国际关系的两个必然的倾向——全球化和地区化。如今，任何一个国家的发展都与地区发展紧密相关，而这个地区早已融入到全球联系与协作体系中。

建立真正具有生命力和有效的多边合作机制成为新时代的实质需求。适应新时代要求的新型组织的出现，是因为它们不仅能够顺利解决持久发展的任务，而且能够适应快速变化的形势，有效应对外部威胁。

二、上海合作组织的起源

中亚是欧亚大陆的心脏，自古以来就具有最重要的、远远超出其地区界限的地缘战略意义。随着 20 世纪 90 年代初许多新的独立国家在这个地区建立，开始了建立新的国家交往体系的进程。

顺利解决复杂的国内社会政治任务需要有良好的外部条件，即和平的地区形势，与邻国的对话和协作。

1996 年 4 月以"上海五国"载入史册的中国、俄罗斯、哈萨克斯坦、吉尔吉斯斯坦和塔吉克斯坦领导人每年一次的会晤模式，翻开了地区历史的新篇章。起初，这些会晤讨论的问题比较窄。由于所讨论问题得到顺利解决，会晤的议题逐渐扩大。业已开始的谈判进程不仅是利用多边对话的新模式，而且实际上在对国际合作任务采取进步立场的基础上，确定了新的地区轮廓。"上海五国"工作的主要结果，在欧亚大陆中心形成了开放、信任和相互尊重的机制。五个国家表示，要本着相互拒绝冲突、共同利益高于个别利益的原则，在共同安全观基础上团结起来。它们宣布，在解决国际冲突时无条件地放弃使用武力。

采取这样的立场是因为五国领导人深刻地理解新时代的要求。正是这样的理解决定了建立专门的共同机制的必要性，以便有效应对业已显示的全球倾向、保障本地区逐步发展。

2000 年 7 月，在五国领导人杜尚别峰会上宣布，将努力把"上海五国"发展成为一个多边和多方面合作的地区机构。

2001 年乌兹别克斯坦共和国宣布，准备在信任、稳定和相互理解的原则基础上，与五国发展合作。2001 年 6 月 14 日至 15 日，在上海举行的六国峰会上宣布成立完全符合条件的国际组织。这样，在世界政治版图上出现了一个新的组织——上海合作组织。

在成立上海合作组织的声明中，六个创始国宣布，坚决遵守联合国宪章的目标和原则。声明准确而毫不含糊地指出，新的组织的活动不针对其他国家，准备在一致的基础上，以任何形式，发展对话、接触与合作，把与上海合作组织有共同合作目标和原则的国家接纳为新的成员国。

上海合作组织机制的形成表明，创始成员国深刻理解迫切的国际问题，认识到在就最重要的问题进行平等和经常对话的基础上于欧亚中心建立"安全地带"的特殊意义。声明表明，创始成员国将依靠预防性的外交手段，在安全、维护和平和保障发展的广泛问题上，采取协商决定的办法。

三、组织的创建和首要措施

在 2001 年 9 月 11 日纽约发生恐怖事件之前三个月，上海合作组织签署的反对恐怖主义、分裂主义和极端主义的公约就确定了新的国际组织实际活动方向。这一文件的签署向全世界表明，上海合作组织创始成员国早在那个时候就已经深刻意识到世界上发生的一些倾向，并开始毫不妥协地同"三股邪恶势力"作斗争，首次提出并从法律上明确指出了关于国际恐怖主义的定义。这一定义延续至今。而在此前，包括联合国在内，世界上没有一个组织能够做到这一点。

事实证明，在世界各个组织中，上海合作组织不仅第一个深刻理解到恐怖主义对全球的严重威胁，而且宣布准备通过共同的实际行动，在各个方面同它进行斗争。

2002 年 6 月 7 日，在圣彼得堡举行的峰会上签署了上海合作组织的基本文件——《上海合作组织宪章》，标志着该组织开始机制化。宪章反映了对国际关系实践的新观点，向世界作出了对公认的国际相互关系基础进行新的解读的榜样。

宪章确定了上海合作组织的目标和关键的合作方向，从而为该组织职能奠定了牢固的法律基础。该组织的基本原则是：相互尊重国家主权、独立、领土完整及国家边界不可破坏，互不侵犯，不干涉内政，在国际关系中不使用武力或以武力相威胁，不谋求在毗邻地区的单方面军事优势；所有成员国一律平等，在相互理解及尊重每一个成员国意见的基础上寻求共识；在利益一致的领域逐步采取联合行动，和平解决成员国分歧；本组织不针对其他国家和国际组织；不采取有悖本组织利益的任何违法行为；认真履行在本宪章及本组织框架内通过的其他文件中所承担的义务。宪章还规定建立上海合作组织的机构体系。

宪章进一步明确了在上海合作组织框架内采取集体决定的重要原则——协商一致的原则。本组织所有参加者不管实力和潜力大小，一律平等。在上海合作组织框架内通过的所有决定，都是创始成员国观点、意见和立场讨论和统一的结果。

考虑到有必要在保障地区安全与稳定的斗争中协调行动，成员国领导人签署了关于建立地区反恐机构的协议。

上海合作组织的这一新机构的建立，有助于成员国情报机构的协作和联合实际工作。这是为保障地区安全而采取先发制人行动的机构。

2003 年在北京建立了上海合作组织总部——秘书处。它是本组织主要的常设行政机构。

宪章确定了在上海合作组织框架内多种形式合作的原则，实际上，确定了本组织四个前进的动力：政治和安全领域的合作，经济领域的合作，文化和人文方面的相互协作。而最主要的是，所有创始成员国始终不渝地致力于共同发展，既在实现上述三个组成部分的综合指标方面，又在全面实施合作的主要协作方面。

为了审查合作中的实际问题，启动了行业部门或国家部门领导人举行定期会议的机制。由于从一开始就着眼于建立民主公正的国际关系结构，上海合作组织在很大程度上成为罕见的、包括各种文明在内的组织榜样，消灭了在自己的责任地区发生各种文明冲突的可能性。

四、上海合作组织基本协作机制的形成

2001 年至 2006 年成为落实在上海达成的各种协议和上海合作组织初创的阶段。本组织着手做成员国各主要部门和单位举行定期会议的实际工作。

通过的上海合作组织成员国多边经贸合作纲要及其实施计划为具体的经济合作打下了基础。成立了上海合作组织实业家委员会，旨在促进成员国实业界代表之间的直接联系。为了审查上海合作组织范围内合作项目的财政保障问题，成立了银行间组织。

早在 2003 年和 2004 年，就有一系列国家表示希望参加上海合作组织的工作。在通过上海合作组织观察员国地位条例后，蒙古国于 2004 年成为第一个观察员国。一年后，印度、伊朗和巴基斯坦也成

为观察员国。

上海合作组织特别有吸引力的是它的"上海精神"，其主要内容是：互信，互利，平等，协商，尊重多样文明，谋求共同发展。这独一无二的原则，作为无疑是六国确立合作的基础。作为上海合作组织活动的主要概念和最重要的原则，"上海精神"丰富了现代国际合作理论和实践，把世界共同体对国际关系民主化的共同追求付诸实施。

2004 年 12 月联合国大会给予上海合作组织观察员地位，标志着该组织获得了国际承认。2005 年，上海合作组织同东南亚国家联盟、独立国家联合体签署了相互谅解备忘录。

本着透明、不反对任何第三方和不结盟原则，上海合作组织积极和始终不渝地发展对话、交流与合作。

2006 年 6 月上海合作组织五国在上海通过的声明是十分重要的文件之一。声明表示，鉴于确定地区安全机制的具体形式是位于该地区国家的首要权利，上海合作组织准备完全承担保障地区安全与稳定的责任。

2007 年在上海签署的《上海合作组织成员国长期睦邻友好合作条约》成为上海合作组织第一个五年顺利协作的结果。这一条约发展并更准确地界定了上海合作组织宪章所奠定的根本政治原则和哲学基础。

五、不断发展的"上海精神"

2006 年至 2015 年时期的特点是上海合作组织多方面合作迅速发展，国家和地区的利益在各个发展方向顺利地结合在一起。

政治和安全领域的协作达到空前的水平。每年各种形式的会晤不仅是"对对表",而且团结一致地对迅速变化的地区和世界形势作出反应。

上海合作组织在保障地区安全领域大规模合作的最重要事件是,2003 年以来在上海合作组织成员国领土上定期举行代号为"和平使命"的反恐演习。

由于上海合作组织地区反恐机构的努力,在成员国领土上预防了数百次恐怖主义行动,有效地帮助搜查和逮捕与恐怖主义活动有关的人,阻止了极端主义思想的传播。

在上海合作组织成员国内务部和公安部之间建立了协作关系,完善了反毒品斗争的合作。制定并顺利实施了反毒品战略。为阻止毒品走私采取了联合行动。在打击网络恐怖主义和共同努力保障信息安全的斗争中,开展了协作。

为了解决共同发展的任务,采取了措施克服世界金融和经济危机的不良后果。

上海合作组织成员国之间形成的建设性伙伴关系,使得它们能够利用地理邻近的优势和经济互补性,进一步探索合作的共同项目。

负责对外经济和对外贸易活动的部长以及财政部长和中央银行负责人讨论了进一步发展经济合作的问题。

开展了运输合作,以促进上海合作组织的地区基础设施发展、形成大的运输走廊和物流中心、简化商品流动的手续。

在农业、海关、卫生监督、预防和消除紧急情况后果方面,进行了协作。

最高法院院长、总检察长和司法部长定期举行会议,促进了成员国国家立法和司法体系的接近,保护了公民的合法权益。

人文合作具有特别的意义。它加强了成员国人民之间的相互理解，丰富和接近了彼此的文化，传播了关于成员国各族人民传统和习俗的知识。文化部系统的合作得到积极发展。在教育、科技、医疗卫生、体育、旅游、青年交流等领域开展了实际合作。

总之，15 年间上海合作组织共建立了 28 个各方向的合作机制。上海合作组织成为欧亚大陆历史上第一个建立在民主原则基础上的全面的合作组织。

2016 年 11 月联合国大会第 71 届会议热烈通过了关于联合国与上海合作组织合作的决议。上海合作组织与联合国开发计划署以及亚太经济和社会委员会的伙伴联系不断加强，与联合国毒品和犯罪问题办公室、联合国中亚预防外交中心建立了联系。与东南亚国家联盟、独联体、经济合作组织、集体安全条约组织、亚洲相互协作与信任措施会议建立了伙伴关系。许多国际组织提出要与上海合作组织建立关系。

六、上海合作组织最新历史和渐进发展的前景

今天，上海合作组织联合了 18 个国家，其中生活着约占世界 45% 的人口，约 70% 的人口在 50 岁以下。可以毫不夸张地说，上海合作组织的空间包含着世界上发展最快的地区。

上海合作组织历史的最新阶段的特点是，出现了一系列新的倾向。本组织的议事日程不断扩大。成员国的领导人不仅定期讨论地区形势，而且讨论全球性质的问题。上海合作组织的文件越来越多地反映战略稳定和全球安全的题目。

制定并通过了上海合作组织到 2025 年的发展战略。在成员国宪章和长期睦邻友好合作条约基本内容基础上，根据对今后十年全球和地区发展的预测，上海合作组织确定了新的方向，把保障地区安全与稳定作为自己活动的重点。同时，本组织将继续作为全方位的地区组织发展。

在解决安全领域的任务时，上海合作组织在自己的活动中越来越注重共同发展的问题，把它看作多边合作的综合指标。而且首先是注重社会问题，把保障人民福利和提高物质水平作为主要任务。

理解上海合作组织本质的一个看点是，《上海合作组织至 2025 年发展战略》表示，该组织将不是一个军事和政治联盟，也不是传统意义上的、建有凌驾于国家之上的机构的经济一体化组织。

上海合作组织注定要在事关紧迫的国际问题和地区任务问题上，根据睦邻协作和平等互利的原则，在集中力量实现共同目标方面，促使主权成员国调整立场和态度，保持一致。上海合作组织的这一特点及其运作的民主原则，使它成为国际社会日益关注的对象。希望参加上海合作组织活动的国家不断增加就是一个证明。

扩大与观察员国、对话伙伴国的合作，成为上海合作组织活动的新趋势。

毫无疑问，2014 年杜尚别峰会对扩员开了"绿灯"、接着在 2015 年乌法峰会上得到确认、2015 年启动的上海合作组织扩员的进程，是该组织在演变中迈出的重要而负责任的一步。这里指的是 2016 年塔什干峰会正式启动了把印度和巴基斯坦这样的南亚大国接纳为上海合作组织成员国的实际工作。

根据上海合作组织规定的接纳成员国的程序，要求印度和巴基斯坦完成一系列义务，包括无条件加入上海合作组织签署的所有重要的文件，这些文件已经有 30 多个，所以需要时间。

七、若干成果

上海合作组织 15 年的活动证明了它的不断发展。该组织的顽强生命力就体现在其包容性和不断进取方面，而"上海精神"创造了共同性和共同协作的气氛。

在上海合作组织不可能存在什么支配力量、施压和强制的因素，也没有胜者或负者，有的只是共同团结一致的结果。该组织建立了世界上最大的地区合作体系之一，重点放在保障成员国的政治稳定，巩固安全，扩大经济协作，促进人民的共同发展和繁荣。

如今，上海合作组织已成为属于不同文化和民族传统的国家实施不同规模、不同分量、不同安排的榜样。它为结合各成员国的目标观和价值观、有效进行和发展不同文明之间的对话、建立互利的文化交流创造了有利条件。

所有这些鲜明地证明，上海合作组织的确是一个新型国际组织，是一个建设平衡、公正、有效国际关系体系的有发展前景的模式。因此，这个组织具有长远和光荣的未来。

2016 年 6 月 24 日在塔什干举行的上海合作组织成立 15 周年纪念峰会，令人信服地证明，该组织将坚定地实施《至 2025 年发展战略》。

由于取得令人印象深刻的成果及其所表现出的突出特点，塔什干峰会无疑是具有历史意义的重大事件之一。

塔什干峰会表明，成立 15 年来，上海合作组织成为团结、充分和享有很高威望的国际组织，不仅在欧亚空间，而且在全球范围内赢得了尊重和承认。

作为上海合作组织的轮值主席国，乌兹别克斯坦获得了极高的评价。在筹备峰会的过程中，始终得到乌兹别克斯坦总统和政府的最大关注。在乌兹别克斯坦担任轮值主席的 350 天里，举行了各个层次和各个领域的 380 场活动。这确实是上海合作组织各个领域务实和活跃的辉煌时期。

上海合作组织成员国、观察员国和国际组织的代表都出席了塔什干峰会。18 个国家的 38 名新闻记者参加了报道工作。在上海合作组织的旗帜下，在塔什干聚集了各种文明、传统和信仰的代表，为了一个共同的目标——积极促进本地区和平与共同发展，深化睦邻友好和伙伴关系，加强相互尊重和信任的气氛。峰会证明，上海合作组织是一个充满活力、不断发展的组织，十分爱护业已形成的对话的传统和文化。

在塔什干峰会前夕，完成了落实乌法峰会关于启动扩员进程的综合性工作。在创始成员国领导人出席的情况下，签署了关于印度和巴基斯坦义务的备忘录。这充分证明了上海合作组织公开性的原则，以及在实践中贯彻落实的坚定决心。

"上海精神"基础上的平等伙伴关系证明了在现代条件下这种关系模式的有效性和良好发展前景，不仅仅对本地区的国家具有吸引力。这一点表现在上海合作组织成员国的增加，以及它与观察员国和对话伙伴国的协作上。在过去一年里，对话伙伴国增加到六个，而且又有五个国家希望获得对话伙伴国地位，其申请正在审理。

塔什干峰会不仅对于"上海合作组织大家庭"成员国具有特殊意义。它所通过的决定不仅对稳定欧亚大陆形势，而且对稳定全球的形势，都作出了贡献。该组织成员国领导人再次重申，国际社会只有共同努力，才能应对新的挑战和现代的各种威胁。15 年前，正是由于这种理解，建立上海合作组织，而如今，它依旧是本组织的主要政治方向。

结合各成员国利益、互利合作有效协作，是 2015 年乌法峰会通过的《上海合作组织至 2025 年发展战略》的主要内容。而塔什干峰会通过的这一发展战略的实施纲要，则实际上是在逐步落实。

塔什干峰会通过的决定进一步推动了上海合作组织发展，然而，其目标依旧不变、明白易懂——实现上海合作组织地区的和平、稳定与发展。

上海合作组织的下届峰会将于 2017 年 6 月在阿斯塔纳举行。有关准备工作已经开始。哈萨克斯坦是该组织的创始国之一，现在又将为其发展而作出新的、重要的建设性贡献。无独有偶，2017 年，将在阿斯塔纳举办世博会。无疑，这将给上海合作组织阿斯塔纳峰会赋予更大的潜力和分量。

八、联合国和上海合作组织：共同应对当代挑战和威胁

（一）联合国与上海合作组织为全球和区域性全面组织开展有效协作提供范例

2016 年是上海合作组织成立 15 周年。在这一时期，该组织成员国正式批准并在实践中顺利实施了基于"上海精神"的国际合作模式。

"上海精神"的主要原则是平等、互利、互相尊重、互利合作和共同发展。

上海合作组织成员国认为，联合国是维护全球安全的主要和全面的国际组织。它们表示忠于联合国章程的原则，加强联合国在国际事务中的中心协调作用。

2004 年以来，上海合作组织和联合国的关系积极发展，充分加强，成为这个全面的全球组织和地区组织之间有效协作的榜样。这一相互协作的目的之一，是要增强联合国及其安理会维护国际和平与安全的力量。

上海合作组织的主要任务包括：保障地区安全稳定，反对恐怖主义、分裂主义和极端主义，同非法走私毒品和有组织的跨境犯罪活动作斗争。

迄今，在上海合作组织框架内，制定了 31 个关于政治和安全合作的国际法律文件，为在这个极其重要的方向开展有效协作奠定了必要的法律基础。

上海合作组织主张在联合国主导下，协调同恐怖主义威胁作斗争的活动。我们对执行全球反恐战略方面与联合国扩大合作感兴趣。因此，上海合作组织地区反恐机构的活动具有特别的意义。

在地区反恐机构的基础上，建立了有效的多边反恐合作机制并顺利运行。与联合国毒品和犯罪问题办公室、联合国安理会反恐委员会建立了定期协作和交换情报关系。

2011 年至 2015 年，在上海合作组织地区反恐机构协调下，该组织成员国相关部门预先制止了 20 起恐怖活动，阻止了约 650 起具有恐怖主义和极端主义性质的犯罪活动，摧毁了 440 个恐怖主义分子训练基地，逮捕了 2700 多名非法武装组织参与者及被怀疑参加犯罪活动的追随者，遣返了 213 名恐怖主义和极端主义组织活动的参与者，其中许多人被判处长期徒刑。在没收非法走私武器和爆炸物方面，开展了大量工作，打击利用互联网进行恐怖主义、分裂主义和极端主义活动。

上海合作组织地区反恐机构制定并采取联合行动，发现了把恐怖活动积极分子转移到国内武装冲突的国际恐怖组织一边的渠道。编撰了恐怖主义、分裂主义和极端主义组织的名单。地区反恐机构拟研究与联合国反恐中心进行实际协作的可能性。

尽快地在阿富汗实现和平和稳定，是维护和加强这个地区安全的重要因素。2016 年 6 月 24 日通过的上海合作组织成员国塔什干宣言再次强调，该组织关心和支持在联合国的主要协调下，在阿富汗人的领导下，由阿富汗人自己通过包容性的民族和解进程，解决阿富汗内部冲突。

联合国安理会和联合国大会的决议明确指出，非法生产和走私毒品破坏国际和平与稳定。反对从阿富汗非法生产和走私毒品的斗争，是上海合作组织积极努力的重要方向之一。落实上海合作组织 2011 年至 2016 年反毒品战略及其实施计划，具有特殊意义。

由于上海合作组织成员国国家毒品监督机构在成员国领土上采取紧急行动以及相关部门加强协作，从 2011 年至 2016 年上半年，没收了 69 吨海洛因、超过 17 吨的鸦片籽、349 吨大麻和 28 吨印度大麻酚。

目前正在制定下一个五年时期反毒品威胁的战略。因此，上海合作组织和联合国毒品和犯罪问题办公室之间继续进行并加强合作具有特别重要的意义。

上海合作组织和联合国中亚预防外交地区中心的对话卓有成效。

由于联合国安理会和联合国大会不久前就维和建设与持久和平通过了具有突破意义的决议,扩大上海合作组织和联合国体系,包括联合国开发计划署、联合国工业发展组织、联合国亚太经济和社会委员会之间的联系,就显得很有前途。

上海合作组织一贯而明确地发展和扩大与联合国在保障地区安全中人文领域的协作。鉴于上海合作组织成员国遵守该组织最重要的原则——"上海精神",它在互信、互尊和平等基础上,建立了文化之间、宗教之间、文明之间的对话。

上海合作组织将继续发展与联合国及其安理会的多方面合作,以维护国际和平与安全。

(二)联合国与地区组织的牢固联系既加强地区机构,又加强联合国自身

15 年前,在世界政治版图上出现了上海合作组织。但是本组织认为,联合国过去是,现在仍然是维护全球和平的主要和全面的国际机构,是解决国家和国际之间问题的主要平台。上海合作组织主张加强联合国在国际事务中的中心协调作用。

因此,上海合作组织特别重视进一步培育和逐步发展自己和联合国及其专门机构和单位之间的关系。

自 2004 年以来联合国和上海合作组织之间协作关系的发展,已经成为全球组织和全面的地区组织合作的榜样。

可以预计,新的决议将为广泛合作提供新的可能性,使上海合作组织在与联合国各机构协作方面充分发挥自己的多种潜力。

遗憾的是，不得不指出，当代世界并未变得更容易预测和更安全，挑战和威胁在增加，而且它们的性质和特点更加复杂。

新的决议呼吁在广泛的合作领域团结起来。关于合作的主要方向，在联合国和上海合作组织的纲领性文件——联合国 2030 年可持续发展议程和上海合作组织至 2025 年发展战略中已经阐述。实际上，二者呼吁完成的是相似的任务，即最终促进人类的繁荣。出发点是，决议应该成为联合国和上海合作组织在各个方面开展广泛合作的牢固基础。

今天，显而易见的是，联合国和地区组织牢固和有效的联系，不仅使地区机构变得更加强大，而且在很大程度上也加强了联合国本身。

我们相信，在广泛领域加强协作的综合效果将帮助解决当代最迫切的问题，包括维护全球和平与安全以及保障持续发展。

联合国需要通过全面考虑各个地区的需求、地方特点以及各地区组织的职责和实际可能性，制定目标明确的合作立场，继续努力加强和扩大伙伴关系。上海合作组织对互利合作的各种形式持开放态度，准备共同进行紧密和富有成效的工作。

（三）上海合作组织至 2025 年发展战略和联合国到 2030 年的议事日程相吻合，旨在达到共同目标

联合国秘书长高度评价上海合作组织在地区和全球合作中的作用和地位。这个组织有效地解决欧亚大陆最复杂的问题，就说明了这一点。继续探索共同反对恐怖主义和极端主义的威胁、打击非法毒品走私和跨境有组织犯罪的全面立场，依旧是当前的主要任务，而联合国在实现这一目标中的作用是怎么估计都不会高的。

联合国大会通过的关于《联合国同上海合作组织的合作》的决议，成为共同反对当代挑战和威胁的重要实际步骤，标志着联合国和上海合作组织开始了关系发展的新阶段。这个决议，毫无疑问，将有助于维护全球和平与安全的共同事业。

2016 年上海合作组织纪念成立 15 周年。众所周知，该组织的成立是协调成员国为保障地区和平、安全与稳定所作努力的客观需要。该组织在这个方面取得了显著的实际成果。

有理由说，上海合作组织取得的重要成就之一，是最先提出并在后来的实际中进一步统一明确了国际恐怖主义的提法。这使得国际社会在根除这个当代怪象的斗争中积极开展合作。

此外，上海合作组织成员国制定、批准并顺利实施了"上海精神"原则基础上的国际协作模式。这就是互相平等、互相尊重、互利合作和共同发展。正是由于这一态度，建立了有效和牢固的地区多方面合作机制，提高了地区安全与信任水平。如果说这是目标，那么可以说这个目标已经达到。今天可以有把握地说，在成立上海合作组织时奠定的价值观，已经实现。

上海合作组织至 2025 年发展战略及其实施计划规定，要进一步加强成员国为保障地区安全与稳定所作的努力。很显然，现在这些因素已经成为持续和逐步发展的主要保证。在这个意义上，这一战略的任务与联合国关键文件之一——《改变我们的世界——2030 年可持续发展议程》是相吻合的。

为了包括联合国和上海合作组织协作在内的可持续发展，进一步加强全球伙伴关系各种机制的工作，将会使国际合作提高到一个新的水平，有利于实现全人类和平繁荣的共同目标。

上海合作组织多边合作机构示意图

国家元首理事会　　部长会议（19个）*

政府首脑（总理）理事会

外交部长理事会　上海合作组织秘书处

高级官员、专门工作人员
和专家小组会议　　　地区反恐机构执行
委员会

国家协调员理事会

　* 注：司法部长、国防部长会议、内务部长会议、经贸金融部长会议、农业部长会议、交通部长会议、文化部长会议、科技部长会议、教育部长会议、卫生部长会议、紧急救灾部门部长会议、安全委员会秘书会议、边防部门领导人会议、禁毒部门领导人会议、最高法院院长会议、总检察长会议、最高审计机关领导人会议、旅游部长会议、卫生防疫部门领导人会议。

九、上海合作组织国家元首理事会各次会议记述

2001 年 6 月 15 日

上海合作组织在上海成立

——哈萨克斯坦共和国、中华人民共和国、吉尔吉斯共和国、俄罗斯联邦、塔吉克斯坦共和国、乌兹别克斯坦共和国领导人通过联合声明。

——通过关于成立上海合作组织的宣言。

——签署《打击恐怖主义、分裂主义和极端主义上海公约》。

2002 年 7 月 7 日

在圣彼得堡举行上海合作组织成员国元首理事会会议

——通过《上海合作组织宪章》。

——签署关于上海合作组织地区反恐机构的协议。

2003 年 5 月 29 日

在莫斯科举行上海合作组织成员国元首理事会会议

——签署上海合作组织成员国元首声明。

——批准在北京的上海合作组织秘书处和在塔什干的地区反恐机构的工作条例；本组织的会徽和旗帜。

2004 年 6 月 17 日

在塔什干举行上海合作组织成员国元首理事会会议

——签署上海合作组织成员国元首塔什干声明。

——批准《上海合作组织观察员条例》。

——给予蒙古国上海合作组织观察员地位。

——签署上海合作组织成员国合作打击非法走私毒品、麻醉品和易制毒化学品协议。

——通过上海合作组织特权和豁免公约。

2005 年 7 月 5 日

在阿斯塔纳举行上海合作组织成员国元首理事会会议

——通过上海合作组织成员国元首宣言。

——通过上海合作组织成员国合作打击恐怖主义、分裂主义和极端主义公约。

——决定给予巴基斯坦伊斯兰共和国、伊朗伊斯兰共和国和印度共和国上海合作组织观察员地位。

2006 年 6 月 15 日

在上海举行上海合作组织成员国元首理事会会议，签署了以下文件：

——《上海合作组织五周年宣言》。

——《关于在上海合作组织成员国境内组织和举行联合反恐行动的程序协定》

——《关于查明和切断在上海合作组织成员国境内参与恐怖主义、分裂主义和极端主义活动人员渗透渠道的协定》

——关于上海合作组织地区反恐机构信息技术保护协定。

——上海合作组织成员国政府间教育合作协定。

2007 年 8 月 16 日

在比什凯克举行上海合作组织成员国元首理事会会议

——通过上海合作组织比什凯克宣言。

——签署《上海合作组织成员国长期睦邻友好合作条约》。

——决定批准上海合作组织成员国保障国际信息安全行动计划。

——在元首们在场的情况下，签署了《上海合作组织成员国政府间文化合作协定》。

2008 年 8 月 28 日

在杜尚别举行上海合作组织成员国元首理事会会议

——通过上海合作组织杜尚别宣言。

——批准上海合作组织对话伙伴条例。

在元首们出席的情况下，签署了以下文件：

——《上海合作组织成员国组织和举行联合反恐演习的程序协定》。

——《上海合作组织成员国政府间合作打击非法贩运武器、弹药和爆炸物品的协定》。

2009 年 6 月 16 日

在叶卡捷琳堡举行上海合作组织成员国元首理事会会议

——成员国元首们签署上海合作组织成员国元首叶卡捷琳堡宣言。

——通过《上海合作组织反恐怖主义公约》。

——批准《上海合作组织关于应对威胁本地区和平、安全与稳定事态的政治外交措施及机制条例》。

——决定赋予斯里兰卡民主社会主义共和国和白俄罗斯共和国上海合作组织对话伙伴国地位。

在元首们出席的情况下，签署了以下文件：

——《上海合作组织成员国反恐专业人员培训协定》。

——《上海合作组织成员国保障国际信息安全政府间合作协定》。

2010 年 6 月 11 日

在塔什干举行上海合作组织成员国元首理事会会议

——成员国领导人们签署了《上海合作组织成员国元首理事会第十次会议宣言》。

——通过《上海合作组织接收新成员条例》和《上海合作组织程序规则》。

——在元首们出席的情况下，签署《上海合作组织成员国政府间农业合作协定》和《上海合作组织成员国政府间合作打击犯罪协定》。

2011 年 6 月 15 日

在阿斯塔纳举行上海合作组织成员国元首理事会会议

——国家元首们签署《上海合作组织十周年阿斯塔纳宣言》。

——批准关于申请国获得上海合作组织成员国地位义务的备忘录。

——批准《2011—2016 年上海合作组织成员国禁毒战略》及其《落实行动计划》。

——在国家元首们出席的情况下，签署《上海合作组织成员国政府间卫生合作协定》。

2012 年 6 月 7 日

在北京举行上海合作组织成员国元首理事会会议

——元首们签署上海合作组织北京宣言。

——批准《上海合作组织中期发展战略规划》。

——批准《上海合作组织关于应对威胁本地区和平、安全与稳定事态的政治外交措施及机制条例》新版本。

——决定赋予阿富汗伊斯兰共和国上海合作组织观察员地位，赋予土耳其共和国上海合作组织对话伙伴国地位。

2013 年 9 月 13 日

在比什凯克举行上海合作组织成员国元首理事会会议

——通过上海合作组织成员国元首们比什凯克宣言。

——批准《上海合作组织成员国长期睦邻友好合作条约 2013 年至 2017 年行动计划》。

——在成员国元首们出席的情况下，签署《上海合作组织成员国政府间科技合作协定》。

2014 年 9 月 12 日

在杜尚别举行上海合作组织成员国元首理事会会议

——成员国元首们签署上海合作组织杜尚别宣言。

——批准《关于申请国加入上海合作组织义务的备忘录范本》。

——批准上海合作组织象征物条例。

——决定 2015 年在上海合作组织成员国举行有各界人民群众和新闻媒体参加的庆祝第二次世界大战胜利及纪念性事件 70 周年的活动。

——在元首们出席的情况下，签署了《上海合作组织成员国政府间国际道路运输便利化协定》。

2015 年 7 月 10 日

在乌法举行上海合作组织成员国元首理事会会议

——成员国元首们签署上海合作组织乌法宣言。

——签署《上海合作组织成员国边防合作协定》。

——批准《上海合作组织至 2025 年发展战略》。

——批准《上海合作组织成员国打击恐怖主义、分裂主义和极端主义 2016—2018 年合作纲要》。

通过以下决定：

——启动印度共和国和巴基斯坦伊斯兰共和国加入上海合作组织的程序。

——赋予白俄罗斯共和国观察员国地位。

——赋予阿塞拜疆共和国、柬埔寨共和国、尼泊尔联邦民主共和国上海合作组织对话伙伴国地位。

2016 年 6 月 24 日

在塔什干举行上海合作组织成员国元首理事会会议

——成员国元首们签署上海合作组织 15 周年宣言。

——批准《〈上海合作组织至 2025 年发展战略〉2016—2020 年行动计划》。

——在元首们出席情况下，签署以下文件：

——关于印度共和国和巴基斯坦伊斯兰共和国加入上海合作组织义务的备忘录。

——上海合作组织成员国旅游合作纲要。

第 二 章

上海合作组织是地区安全和稳定的保障

引　言

最近几年的事件明显证明，被称为"三股邪恶势力"的恐怖主义、分裂主义和极端主义业已成为当代最可怕的现象，是对人类生命最主要的威胁。它们的特点对世界政治、经济和社会文化进程的性质、内容和速度的影响与日俱增。

20 年前，恐怖主义还是偶然的、只带有地区性质的事件。而今天它已经变为全球的、广泛传播的现象，对许多国家的存在构成威胁，对一些地区的稳定造成破坏性影响，对社会机构和社会经济的发展造成破坏，使人民失去对进步和繁荣的希望。

200 年以来世界上发生了 7.2 万起恐怖主义事件，造成 17 万人死亡。80% 以上的这些死者，是伊斯兰恐怖主义组织造成的。恐怖主义事件造成的伤者和受害者超过 26 万人。3600 多起恐怖主义事件是由自杀式恐怖主义分子制造的。4000 多起恐怖主义事件是在重要的基础设施里进行的。80% 以上的恐怖主义事件发生在亚洲的中东和非洲。几乎 70% 以上针对平民和国家的惨无人道的罪行，是由四个组织，即"基地""塔利班""伊斯兰国"和"博科圣地"犯下的。

日益明朗的是，恐怖主义本身的性质在演变，从对一些人采取暴力行为的工具，逐步演变为达到目的和实现广泛的地缘政治任务的政治手段。对使用恐怖主义方法感兴趣的组织及其庇护者的数量在增加。

现代恐怖主义的突出特点是全球化、专业化、极端思想和无耻报复。广泛使用现代武器和技术、自杀式恐怖主义分子、采取斩首和杀绝种族的策略、利用新闻媒体和互联网、巧妙地招募人员、善于协调和搞秘密活动——所有这些使得恐怖主义和极端主义成为当代现实中最危险的现象。今天，越来越多的专家和研究人员把国际恐怖主义视为新型的全球冲突。关于这一点早在20世纪70年代就已经有人提出。

2001年9月28日联合国安理会通过的第1373号决议指出，"国际恐怖主义同跨国有组织犯罪、非法走私毒品、洗钱、非法走私武器、非法运输核武器的、化学的、生物的以及其他致命物质之间有着紧密联系。"专家们还指出，某些国家秘密地支持现代国际恐怖主义。

很多专家认为，由于很多国际机构对恐怖主义的理解不同，对恐怖主义威胁的看法和立场也大相径庭。迄今，缺少对恐怖主义的统一定义仍然是个问题，甚至在联合国，也难以对恐怖主义现象这一该受惩罚的刑事犯罪作出统一的界定。

国际恐怖主义具有特别的危险性，是因为它对国际秩序和国际关系造成威胁。国际恐怖主义的任何行动涉及几个国家的利益，因此，为了消除这些行动，或者要预防它们，就必须进行广泛的国际合作。

自从1937年国际联盟通过《防止和惩治恐怖主义公约》以来，反恐斗争就一直是国际社会最重要的议事日程之一。

对20世纪末和21世纪初全球形势所作的分析证明，尽管"冷战"

和集团对抗结束，世界并未变得更加安全。挑战的性质变了，除了传统的挑战外，增加了新的、更加严峻的挑战，因为它们难以预测，而且跨越国界。鉴于这些趋势，在 21 世纪，单靠一个国家的努力不可能保障安全。

人们仍在现有国际机构框架内寻找同这三股势力斗争的理想合作模式，包括建立新的国际组织，首先是地区组织。实践证明，正是地区国际组织能够更有效地协商立场并紧急地协调参与者的力量。

一、欧亚区域安全的形成

在现代条件下，一个地区的整体稳定发展有赖于该地区国家和人民的安全保障。只有能够顺利解决共同稳定发展的任务、善于适应迅速变化的形势并有效应对外部威胁的机制，才被视为多边合作的有效机制。

随着 20 世纪 90 年代在中亚地区一些新的独立国家的形成，开始了新的国家交往体系的建设进程。由于新的环境影响，在新的国家机构尚未巩固的条件下，一些激进分子和组织向该地区渗透，它们的影响不断扩大。要解决一系列复杂的社会政治任务变得十分困难。与地区邻国对话和协作的主要目标之一，就是为保障发展与和平的形势而创造有利条件。

该地区各国领导人对于过渡时期要求的深刻理解，促使他们选择了集体解决安全问题的立场。而后来为了有效应对业已出现的全球趋势，建立共同的专门机构，就是一个时间问题而已。正因如此，上海合作组织的成立可以被看作历史的必然。

在"上海五国"框架内达成一致，可以认为是建立地区安全体系的第一步。这是上海合作组织的雏形。

上海合作组织宪章（该组织最根本的文件）确定把共同打击一切形式的恐怖主义、分裂主义和极端主义作为这个新组织最重要的任务之一。该组织的优先任务还包括打击非法走私毒品、武器、弹药和爆炸物、核和放射性物质、有组织的跨境犯罪，在国际信息安全、加强边界安全、共同打击非法移民和拐卖人口等领域开展合作。

为此目的，建立了相关安全部门、单位和情报机构之间合作系统。其中最主要的是上海合作组织成员国国家安全会议秘书和国防部长的定期会晤，就保障安全和稳定的紧迫问题进行直接对话，根据相邻地区形势变化，提出关于加强相互协作应对挑战和威胁的建议。

作为上海合作组织成员国保障地区安全和稳定的相互协作的基础，制定了一系列立法和法律文件，使得该组织成员国情报机构和护法机构能够有计划和有效地开展联合反恐活动，加强在该组织框架内相关部门之间活动的协调。

上海合作组织的基本文件之一是《打击恐怖主义、分裂主义和极端主义上海公约》。由于该公约的签署，上海合作组织实际上成为第一个在最短时间内制定、在公约中用法律确定并在实践中对"恐怖主义""分裂主义""极端主义"具有统一的立法和法律界定的国际组织。这样，实际上排除了随意解释三股势力的可能性，表明了上海合作组织成员国对三股势力威胁所持的共同观点和立场。

打击恐怖主义、分裂主义和极端主义公约确定：

（一）"恐怖主义"是指：

1. 为本公约附件（以下简称"附件"）所列条约之一所认定并经其定义为犯罪的任何行为；

2. 致使平民或武装冲突情况下未积极参与军事行动的任何其他人员死亡或对其造成重大人身伤害、对物质目标造成重大损失的任何其他行为，以及组织、策划、共谋、教唆上述活动的行为，而此类行为因其性质或背景可认定为恐吓居民、破坏公共安全或强制政权机关或国际组织以实施或不实施某种行为，并且是依各方国内法应追究刑事责任的任何行为。

（二）"分裂主义"是指：

旨在破坏国家领土完整，包括把国家领土的一部分分裂出去或分解国家而使用暴力，以及策划、准备、共谋和教唆从事上述活动的行为，并且是依据各方国内法应追究刑事责任的任何行为。

（三）"极端主义"是指：

旨在使用暴力夺取政权、执掌政权或改变国家宪法体制，通过暴力手段侵犯公共安全，包括为达到上述目的组织或参加非法武装团伙，并且依各方国内法应追究刑事责任的任何行为。

与此同时，公约指出，这些界定不妨碍载有或可能载有比本条所使用专门名词适用范围更广规定的任何国际条约或各方的国内法。

该公约附件所列的打击国际犯罪活动多边协议的清单，是对确定恐怖主义活动的某种示意图。

很多专家认为，把这些定义用法律文件加以确定具有历史意义，因为包括联合国在内的主要国际组织从未通过类似的文件。

上海合作组织为了打击恐怖主义、分裂主义和极端主义而采取广泛的、联合的、有组织的、紧急搜查的、信息和教育的、预防的措施，制定了一些法律文件，其中必须列出的主要协议有：

——关于地区反恐机构的协定；

——关于上海合作组织地区反恐机构数据库的协议；

——关于在上海合作组织地区反恐怖机构框架内保护秘密情报的协定；

——关于在上海合作组织成员国境内组织和举行联合反恐行动的程序协定；

——关于查明和切断在上海合作组织成员国境内参与恐怖主义、分裂主义和极端主义活动人员渗透渠道的协定；

——关于上海合作组织地区反恐机构情报技术保护协议；

——关于上海合作组织成员国政府间合作打击非法贩运武器、弹药和爆炸物品的协定；

——关于培训上海合作组织成员国和许多其他国际组织反恐人员以及一系列其他国际法律文件的协议。

需要指出的是，《上海合作组织反恐怖主义公约》和《打击恐怖主义、分裂主义和极端主义上海公约》，是上海合作组织巩固打击"三股势力"主要方向的重要文件，是根据联合国《全球反恐战略》和联合国相关公约及联合国安理会有关决议，同三股势力斗争的形式和方法。

鉴于恐怖主义和极端主义组织越来越广泛地使用现代信息技术，上海合作组织成员国深化合作，保障信息安全和预防把互联网技术用于破坏活动，具有日益现实的意义。上海合作组织在这方面的主要文件有：《上海合作组织成员国保障国际信息安全政府间合作协定》。该协定规定，要建立机制打击互联网上宣传恐怖主义、分裂主义和极端主义思想的违法活动，监督来自互联网的威胁并及时作出反应，建立相关数据库和交换信息，等等。

考虑到跨境犯罪是恐怖主义、分裂主义和极端主义不可分割的组成部分，在上海合作组织内成立了成员国护法部门和情报部门打击有组织跨境犯罪和保障公共安全的合作机制。这一合作打击犯罪的协议为成员国在这个方面保障护法和情报部门紧密协作奠定了必要的法律基础。

在保卫国界和保障边境地区安全领域加深协作，对共同打击"三股势力"具有特别重要的意义。2015年7月10日签署的上海合作组织成员国边防合作协定，成为上海合作组织情报机构全面合作打击边境威胁，首先是在打击恐怖主义、分裂主义和极端主义组织成员非法跨境活动、打击毒品走私和有组织犯罪方面开展合作的法律基础。

目前，为了共同采取措施打击极端主义和有利于扩大恐怖主义组织社会基础的居民中的激进主义，拟定并正在讨论上海合作组织打击极端主义公约草案。这个多边文件必将把安全合作提高到一个新的水平。这个文件将统一上海合作组织成员国对打击极端主义的总的立场，建立统一的评价机构，从法律上界定极端主义活动的犯罪行为，规定预防工作，并加深这方面的国际协作。

除了这些规范上海合作组织成员国专门机构合作各个方面的法律文件外，在上海合作组织范围内制定了采取政治和外交措施，以及该组织应对威胁本地区和平、安全、稳定局势的机制条例。这个文件规定，在出现预料不到的局势时，该组织将如何采取政治和外交行动。

这样，迄今在上海合作组织框架内已经建立了广泛的立法和法律基础。这个基础几乎包含了打击"三股势力"的所有方面，为保障有效实施打击恐怖主义、分裂主义和极端主义的联合措施提供了必要的"法律田野"。

这些基本文件不仅有助于对上海合作组织空间出现的新的挑战和威胁采取统一立场，而且可以成为在全球范围内，包括在联合国、其他多边组织的论坛和平台上制定和通过类似国际协议的基础。这是在打击各种形式和表现的国际恐怖主义的斗争中，有效凝聚国际社会力量的必要条件。

二、上海合作组织地区反恐怖机构是情报机构协作的有效机制

21世纪初，国际形势变得更加复杂，出现了新的不稳定病灶，对安全威胁的规模成倍增长，反恐和反极端主义的斗争也发生了变化。这一切迫切要求在上海合作组织范围内建立应对新的威胁趋势的有效机制。上海合作组织地区反恐怖机构就成为这个新的机制。其任务是协调成员国情报机构的合作。2004年1月1日，该机构正式开始运行。

地区反恐怖机构是上海合作组织的常设执行机构，其职责是在打

击恐怖主义、分裂主义和极端主义斗争中，协调成员国情报机构的活动。关于"三股邪恶势力"，2001 年 6 月 15 日的上海公约已经作了界定。地区反恐怖机构的活动以上海合作组织范围内通过的打击恐怖主义、分裂主义和极端主义的有关文件和决定为指导。

地区反恐怖机构的结构如下：

上海合作组织地区反恐怖机构理事会是领导机构，确定地区反恐怖机构基本任务和职能的程序，向上海合作组织成员国元首理事会提交年度报告。

上海合作组织成员国的全权代表是理事会成员。每个成员国按俄语字母表顺序，轮流担任一年的理事会主席。2016 年的轮值主席国是中国。

理事会每年在成员国境内举行两次会议。

理事会会议和议事日程是闭门的。理事会可以决定是否举行公开的会议或由新闻媒体对会议作报道。

理事会决定地区反恐机构的议事日程和计划，并根据执行结果，向成员国峰会准备年度活动报告。

上海合作组织地区反恐怖机构执行委员会自 2004 年开始在乌兹别克斯坦共和国首都塔什干运转。为了保障其工作，乌兹别克斯坦方面给执委会拨出专门楼房和用地。

执委会领导由一名主任和 5 名副主任组成。主任由反恐机构理事会推荐，上海合作组织成员国元首理事会任命，任期三年，轮流担任。担任主任的情况如下：2004 年至 2006 年是乌兹别克斯坦共和国代表 В·卡西莫夫；2007 年至 2009 年是吉尔吉斯共和国代表 М·苏巴诺夫；2010 年至 2013 年是哈萨克斯坦共和国代表 В·Ж·茹曼别科夫；2013 年至 2015 年是中华人民共和国代表张新枫；自 2016 年 1 月 1 日起，俄罗斯代表 E·C·瑟索耶夫担任主任。

地区反恐怖机构执行委员会的多数专家和领导人员都具有在本国的国务和护法机构多年工作的经验，这一点充分反映在该机构高水平地完成对其提出的任务方面。

在机构创建的初始阶段，地区反恐怖机构主要是努力保障理事会和执委会稳定地工作，协调和核准各个机制通过的各项决定并付诸实施，制定成员国情报部门协作的问题，等等。

在过去的一段时间里，地区反恐怖机构成功地解决了内部的组织问题，在完成既定任务方面取得了明显的结果。地区反恐怖机构经受了考验，表现出自己的生命力和效率，显示出其有足够的能力采取保障地区安全和打击"三股邪恶势力"的实际措施。

根据章程文件，地区反恐怖机构的主要任务和职能是：

1. 为上海合作组织相关部门，或根据上海合作组织成员国的请求，制定合作打击恐怖主义、分裂主义和极端主义的各种建议；

2. 根据上海公约的规定，促进成员国情报部门开展打击恐怖主义、分裂主义和极端主义的斗争；

3. 搜集和分析成员国向地区反恐怖机构提供的有关打击恐怖主义、分裂主义和极端主义的情报；

4. 建立地区反恐机构数据库，其中包括：关于国际恐怖主义、分裂主义和其他极端主义组织，其机构、领导人、参与者，及其资金来源和拨付渠道；恐怖主义、分裂主义和极端主义扩散状况，其扩散速度、倾向和对上海合作组织成员国的影响；支持恐怖主义、分裂主义和极端主义的非政府组织和个人情况；

5. 根据成员国情报部门要求，提供有关情报；

6. 根据成员国有关方面请求，协助准备和开展反恐指挥司令部和战役战术的演习；

7. 根据成员国请求，协助准备和进行打击恐怖主义、分裂主义和极端主义的紧急搜查等活动；

8. 协助搜查国际犯罪分子，以便追究他们的刑事罪责；

9. 协助准备涉及恐怖主义、分裂主义和极端主义的国际法律文件；

10. 协助培训反恐部队的专家和教官；

11. 参加筹备或举办科学和实践研讨会，交流同恐怖主义、分裂主义和极端主义作斗争的经验；

12. 与对打击恐怖主义、分裂主义和极端主义感兴趣的国际组织建立和保持工作接触。

上海合作组织成员国情报部门在打击"三股邪恶势力"中的合作并不局限于上述任务。在上海合作组织地区反恐怖机构框架内的共同工作是多方面的，因其特点而具有更多的联系。该组织在此领域的许多成就是其效率的证明。

上海合作组织成员国元首理事会批准的、地区反恐怖机构制定的自 2007 年开始合作打击恐怖主义、分裂主义和极端主义的三年纲要，赋予了成员国情报部门合作的系统性，加强了合作的实际性。

这些综合性的计划实际上是上海合作组织成员国情报部门协调合作的"路线图"，合作涉及组织和实践、国际和法律、信息和分析、科学和方法活动、干部的和物质技术保障等方方面面。

上述计划规定要解决以下问题：

——揭露、警告和消灭上海合作组织成员国境内恐怖主义、分裂主义和极端主义现象；

——揭露和消除在上海合作组织成员国境内出现和传播恐怖主义、分裂主义和极端主义的原因和条件，并消除其后果；

——打击任何形式的资助恐怖主义、分裂主义和极端主义的活动；

——完善上海合作组织成员国在打击恐怖主义、分裂主义和极端主义中合作的法律基础，发展它们的有关立法并使之相一致；

——在警告、发现、制止和调查恐怖主义、分裂主义和极端主义行动，发现并消灭有关组织和人员及其参与者的活动方面，提高上海合作组织成员国情报机构合作的效率；

——加强上海合作组织成员国在科学活动、交流信息和培训反恐部队干部方面的合作；

——加强国际反恐合作，在全世界建立完全反对恐怖主义、分裂主义和极端主义的氛围。

目前，情报机构正在执行上海合作组织成员国元首们在 2015 年乌法峰会上批准的 2016 年至 2018 年合作计划。

为了应对日益加剧的恐怖主义和极端主义活动的规模和速度的威胁，近几年地区反恐怖机构通过制定成员国情报部门联合行动的措施，对出现的新挑战和新威胁进行快速反应。当前，由地区反恐怖机构理事会批准的、在重点方向采取的共同措施包括以下方面：

——对使用或者威胁使用具有恐怖主义、分裂主义和极端主义目的的计算机网络进行警告和取缔；

——发现把恐怖主义积极分子转移到冲突地区的渠道。这些被转移的人站在国际恐怖主义组织一方，参加地区的国内武装冲突；

——对那些参加国际恐怖主义、分裂主义和极端主义组织的武装冲突、并返回上海合作组织成员国境内的人，要查明情况并追究责任；

——保障跨境石油和天然气管道安全；

——打击在上海合作组织成员国和其他国家境内被剥夺自由的一些人，为逃避惩罚而被招募到恐怖主义和极端主义组织的现象。

上海合作组织地区反恐怖机构理事会在合作的重要方面所采取的联合举措，使得情报部门能够以双边、必要时甚至多边的形式，把国际通缉的被怀疑犯有恐怖主义、分裂主义和极端主义罪行的公民查明身份、逮捕、绳之以法或遣返。

最近五年上海合作组织活动的一些统计数字就可以表明，在该组织同恐怖主义、分裂主义和极端主义的斗争具有多么大的规模、深度和始终不渝的决心。

2011 年至 2015 年，在地区反恐怖机构协调下，上海合作组织成员国取得了以下成果：

——预防了 20 多起大的恐怖事件发生，摧毁了 440 个恐怖分子培训基地，阻止了有 1655 名国际恐怖组织成员参加的犯罪活动；

——把 20 多起恐怖行动扼杀在准备阶段，制止了 643 起恐怖主义和极端主义性质的犯罪活动；

——逮捕了 2691 名非法武装组织参与者及其追随者和犯罪活动嫌疑犯，遣返了 213 名参与恐怖主义和极端主义组织活动的人，其中很多人被判处长期徒刑，剥夺自由。180 人被通缉；

——发现了 600 个藏匿武器的仓库和密室，没收了 3249 个自制爆炸装置、9837 件武器、435564 个弹药和 52144 公斤爆炸物。

由于注意到国际恐怖主义组织在犯罪活动中越来越多地使用现代信息技术，上海合作组织加强了成员国情报部门的合作，发现、警告或取缔用于恐怖主义、分裂主义和极端主义目的的互联网。批准了在这个领域联合行动的清单，建立了地区反恐机构情报部门的专家工作组。

上海合作组织成员国情报部门和地区反恐怖机构执行委员会联合行动的结果：

——发现了 2319 个含有号召进行宗教极端主义和恐怖活动内容的网站和计算机服务站；

——删除、阻止或禁止了 33646 起含有恐怖主义和极端主义内容的影视摄影材料和文学作品在上海合作组织成员国境内播放；

——起诉了 536 个刑事案件，追究 283 人的刑事责任、515 人的行政责任。

2015 年，在中国领土上举行了代号为"厦门—2015"的上海合作组织成员国情报部门打击利用互联网进行恐怖主义、分裂主义和极端主义活动的首次反恐联合演习。在演习中，制定了上海合作组织成员国在此领域协作和协调的实际措施。

在上海合作组织框架内，还成立了成员国情报部门专家和地区反恐怖机构执委会代表的联合工作组，负责预警和消除用于恐怖主义、分裂主义和极端主义目的的计算机网的工作。该工作组定期举行会议。

三、共同打击国际恐怖主义

中东地区武装冲突的升级使得中东演变为多边军事行动的大规模战场，恐怖主义、分裂主义和极端主义的根源。这严重破坏了这一地区的安全和稳定。阿富汗国内及其周围形势必然在上海合作组织议事日程中占据特别的地位。显然，正在实施的维护阿富汗安全的很大一部分国际部队的撤离，是影响阿富汗局势的重要因素。分析阿富汗当前的形势，对于上海合作组织特别紧迫，因为这个国家从 2012 年以来拥有上海合作组织观察员地位。

源源不断的难民潮，现有国家体系的崩溃，新的恐怖主义和极端主义组织的出现，这些组织因为招募了很多外国人而得到发展，全世界前所未有的恐怖主义和其他威胁的增加，这一切都要求各国采取共同的预防措施。

对于上海合作组织成员国来说，当前最大的危险是它们的公民参加中东，首先是叙利亚和伊拉克的武装冲突。他们站在国际恐怖主义组织一边，而且将来有可能返回祖国。对上海合作组织地区构成的另一个潜在危险倾向是，"伊斯兰国"组织在阿富汗积极活动。阿富汗伊斯兰共和国具有上海合作组织观察员国的地位。有消息称，尽管塔利班和"伊斯兰国"组织之间存在分歧，但它们在努力合作打击阿富汗伊斯兰共和国的政府军和国际联盟部队。

与此同时，护法机构认为，从中期和长期来看，儿童和少年——在战争条件下长大的为"伊斯兰国"而战的外国雇佣军的年轻一代，将成为一个"特别的问题"。据欧盟公布的材料，"伊斯兰国组织的头目们把孩子们看作该组织'胜利'的重要组成部分，认为他们将成为未来最优秀和最无情的战士，因为他们受到意识形态的灌输、被教育要仇恨西方、认为所有其他国家都是非法的，所以他们从小就很不理智。激进分子及其孩子们从叙利亚和伊拉克返回自己的祖国后，将充当帮凶，为恐怖主义分子吸引资金，从事招募人员和其他违法行为。"

　　鉴于参加恐怖活动的人员返回上海合作组织地区的危险性，该组织制定并正在联合采取措施，努力发现把人员送到恐怖主义高发地区、为国际恐怖主义组织打仗的渠道，查清并追究为国际恐怖主义、分裂主义和极端主义组织打仗后返回上海合作组织成员国境内的人的责任。

　　在上海合作组织成员国情报部门开展的活动中，抓获了相当一部分企图去叙利亚、伊拉克和其他国家为国际恐怖主义组织打仗的人，并且阻止了一些恐怖主义事件发生。这些事件是由从中东武装冲突地区返回上海合作组织成员国的公民策划的。

　　上海合作组织成员国情报部门工作的一个重要方向是交换这方面的紧急情报，预先应对那些去恐怖主义活动高发地区为国际恐怖主义组织打仗并返回上海合作组织成员国境内的人的挑战和威胁。

　　为了这些目的，上海合作组织制定了上述类别的人员名单。在上海合作组织成员国情报部门提供的情报基础上，在地区反恐机构执行委员会的登记名单中，列入了1724人的相关材料。鉴于叙利亚冲突变化迅速以及与此有关的恐怖主义威胁，上述名单不断更新。仅2015年就有1246人被列入上述名单中。

　　系统地更新地区反恐怖机构执行委员会的统一搜查名单，有助于搜查参与恐怖主义活动的公民。列入该名单的是上海合作组织成员国情报和护法机构宣布的犯有恐怖主义、分裂主义和极端主义罪行的人，或者被怀疑犯有这些罪行的人，总共2138人。列入名单的还有恐怖主义、分裂主义和极端主义组织，其中有79个恐怖主义组织。

　　在国际恐怖主义组织在各地加强活动的背景下，上述名单的材料不断更新，仅最近一年就补充了12个新的组织，而被宣布为国际通缉犯的名单中列入了 1065 人。

在上述这些名单基础上，上海合作组织成员国情报机构与其他国际组织和国家就下列危险的国际恐怖主义和宗教极端组织的情况交换情报："伊斯兰国家""努斯拉阵线""东突厥斯坦伊斯兰运动""乌兹别克斯坦伊斯兰运动""伊斯兰圣战联盟""伊扎布特"和其他组织，这有助于及时预防和制止恐怖主义和极端主义罪行。

制定上海合作组织统一的搜查名单和恐怖主义组织名单，不仅对上海合作组织成员国情报部门具有高度的实际意义，而且证明了上海合作组织成员国在同恐怖主义威胁的斗争中统一的观点和毫不妥协的立场。成员国们认识到，把恐怖主义分子划分为"温和的"和"激进的"、"坏的"和"好的"、"自己的"和"别人的"做法，是非常危险的。

上海合作组织在打击恐怖主义、分裂主义和极端主义领域积极的、目标明确的活动，注定要大量积累紧急的、分析的、统计的和秘密的情报。需要对这些情报进行系统整理并安全保存。

为了规范对所积累情报资料分门别类的过程，上海合作组织地区反恐怖机构理事会批准了关于统一数据库的条例：

——打击恐怖主义、分裂主义和极端主义的措施；

——反恐的法律文件、教学材料和专门文学；

——关于恐怖主义组织使用的爆炸装置、武器、弹药、毒气等物品的统计。

上海合作组织所积累的大量行动的、信息分析的和其他的材料，需要可靠地保存，并在该组织成员国情报部门协作过程中安全地交换。

为此，地区反恐怖机构建立了安全资料库，以便可靠地保存上述名单和其他秘密情报。为了高水平地保障信息安全，对这一安全资料库经常进行有计划的完善工作。

四、提高强力部门联合行动的技巧，是打击恐怖主义分子的有效保证

为发现和预防恐怖行动和消灭国际恐怖组织分子而经常系统地进行联合专门行动和演习，在上海合作组织成员国情报机构的反恐合作中占有重要地位。

最近五年，在上海合作组织地区反恐怖机构执行委员会帮助下，进行了六个阶段的联合反恐演习：在中国举行的"天山—2011"、在乌兹别克斯坦举行的"东方反恐—2012"、在哈萨克斯坦举行的"哈萨古尔特—反恐—2013"、在乌兹别克斯坦举行的"东方反恐—2014"、在吉尔吉斯斯坦举行的"中亚反恐—2015"和在塔吉克斯坦举行的"联合体—2016"。这些演习反映了上海合作组织成员国情报部门高水平的协作和专业训练。

与此同时，上海合作组织成员国情报部门和护法机构进行了三次联合边界行动：在中国和吉尔吉斯斯坦边界地段进行的代号为"东方—2013"行动，在中国和俄罗斯边界进行的代号为"东方—2014"行动。在中国和哈萨克斯坦、吉尔吉斯斯坦和俄罗斯边界进行的"东方—2015"行动。

在这些演习中，反映了上海合作组织成员国情报部门行动和搜查、边界等部队高效的协作，以及行政、制度、预警和防范等系统反恐举措的效能。在演习中，提高了共同管控国界和不许国际恐怖组织

成员穿越国界的技巧，掌握了在举行文化和体育等活动时预防恐怖行动发生的方法。

情报部门在实践中顺利地开展协作。在上海合作组织成员国情报机构现有的协作框架内，最近五年在保障上海合作组织成员国境内举行的大型国际活动安全方面，取得了突出成绩，保障了 24 场大型国际活动安全举行，其中包括：在喀山举行的第 27 届夏季大学生运动会、在索契举行的第 22 届冬季奥运会和第 11 届残疾人冬季奥运会、在上海举行的亚洲相互合作和信任措施会议国家首脑峰会、上海合作组织成员国杜尚别峰会、一些国家举行的总统选举，以及在俄罗斯举行的纪念伟大卫国战争胜利 70 周年、在中国举行的抗日战争胜利 70 周年等活动。

上海合作组织合作打击恐怖主义、分裂主义和极端主义的一个重要方面是成员国武装力量联合反恐演习。2007 年以来，这些演习经常在感兴趣的成员国境内举行。2003 年至 2007 年，这些演习的代号为"协作"，由上海合作组织成员国武装力量有限的部队参加。

"和平使命"演习在上海合作组织一些成员国境内很难到达的山区以及冈峦起伏的军事训练场和城市下举行。上海合作组织成员国有关国家武装力量特种反恐部队的数千人参加，包括装备了战斗机、运输机、直升机、各种类型坦克、装甲车、装甲运输车、大炮等其他武器的陆军部队、空军、空降部队和其他战斗部队。

2007 年以来，上海合作组织成员国武装力量举行了五个阶段的反恐司令部演习：

第一阶段："和平使命—2007"演习，2007 年 8 月 9 日至 17 日在俄罗斯车里雅宾斯克州切巴尔库尔军事训练场举行。上海合作组织成员国 6000 多名军人和 1000 多件重型武器参加。演习中，上海合作组织成员国特种部队练习了联合的技巧，交换了反恐行动的经验，进行了联合反恐行动的协调。

第二阶段："和平使命—2010"演习，2010 年 9 月 10 日至 25 日在哈萨克斯坦扎姆贝斯克州马特布拉克军事训练场举行。中国、哈萨克斯坦、吉尔吉斯斯坦、俄罗斯和塔吉克斯坦的 5000 多名军人参加。

第三阶段："和平使命—2012"演习，2012 年 6 月 8 日至 14 日在塔吉克斯坦共和国索格季州的乔鲁赫—达意隆基地举行。陆军部队的 2000 多名军人、500 多件装备和飞机参加，进行了在难以到达的山区技能协作的练习。

第四阶段："和平使命—2014"演习，2014 年 8 月 24 日至 29 日在中国内蒙古自治区朱日和基地举行。参加演习的有 7000 多名军人和 500 多件武器装备，包括飞机、直升机、坦克、陆地军车、空降兵、装甲运输车、大炮和防空系统。这次演习是上海合作组织历史上规模最大的一次，吸引了整个国际社会的关注。上海合作组织国家武装力量总参谋长和 40 多个其他国家的武官观摩了联合部队的演习。

这次演习的方案是，在恐怖主义分子夺取了一个国家的政权或者部分领土的情况下，参加国武装力量如何开展联合行动。演习分为四个战术场景进行：侦察和控制阵地，共同进行有目标的打击，进攻和消灭主要阵地，在城市条件下进行战斗。

专家们认为，鉴于中东地区事件所表明的，恐怖主义团伙占领和固守城市基础设施和交通线设施的威胁在增长，在演习中练习正规部队、空降兵、狙击手和特种部队在城市里打击恐怖主义、分裂主义和极端主义团伙的技能，具有特别重要的现实意义。

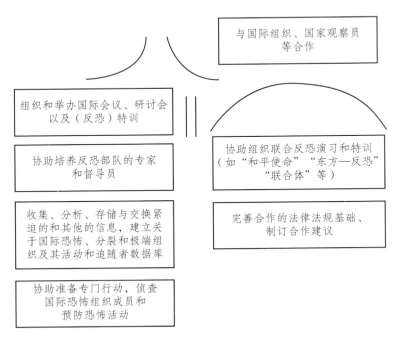

上海合作组织地区反恐怖机构活动的基本方向

第五阶段："和平使命—2016"演习，2016 年 9 月 15 日至 21 日在吉尔吉斯共和国举行。上海合作组织成员国武装力量的 1100 多名军人参加。联合部队胜利完成了在冈峦起伏的地区打击恐怖主义队伍的任务。达到了演习的主要目的：完善上海合作组织成员国军事管理机构在山区条件下进行联合打击反恐战役时的工作方案。

上海合作组织成员国反恐司令部演习的首要任务是理顺和加强上海合作组织成员国武装力量管理机构在进行联合反恐行动时的协调能力，提高部队在反恐斗争中的效率和战斗协作性，进行联合指挥与后勤综合保障工作，加深交换机密情报的协作关系，等等。

考虑到上海合作组织成员国反恐部队的准备状态、物质和技术供应及实际经验的水平不同，在这些方面一致努力具有原则意义，可以练习共同的技能，交换特种部队的经验。这有助于把打击恐怖主义和其他"邪恶势力"的联合工作提高到一个新水平。

这些演习具有实用和实际的意义，显示了上海合作组织成员国准备坚决和毫不妥协地打击"三股邪恶势力"的决心。为此，它们不仅使用情报机构的力量，而且将使用武装部队的全部力量。

此外，鉴于上海合作组织非军事和不结盟的特点（上海合作组织创始文件明确规定了这个原则），演习所要解决的只是反恐任务，不针对第三国或军事集团。独立观察员们不止一次地指出了这一点："演习是上海合作组织的重要机制，它建立在平等的基础上，不针对任何第三国。"

国际观察员、外交使团代表、内行专家以及新闻媒体出席演习，也直接证明了上海合作组织的目的和任务的公开性和透明性。

五、保障安全工作的国际因素

在打击恐怖主义威胁的努力中，上海合作组织与国际组织、地区组织、行业组织以及感兴趣的国家密切合作，主张建立打击恐怖主义、分裂主义和极端主义威胁的广泛伙伴关系网。

该组织优先关注与联合国及其专门机构和单位开展合作。

自 2004 年以来上海合作组织有权利作为观察员参加联合国大会的会议和工作。联合国大会每两年通过关于联合国和上海合作组织之间合作的决议，规定两个组织协作的方式和方向。

上海合作组织与联合国许多负责安全协作的机构和部门的合作已

经机制化。迄今上海合作组织已经和联合国秘书处（2010 年 4 月 5 日）、联合国毒品和犯罪问题办公室（2011 年 6 月 14 日）、联合国安理会反恐委员会（2012 年 12 月 24 日）签署了关于合作的法律文件。

上述合作文件使得上海合作组织不仅积极参加联合国的全体活动，而且与联合国的一系列分支机构和专业单位开展有针对性的合作。业已建成的司法和法律合作基地能够使得上海合作组织利用联合国这个世界组织的平台解决上海合作组织面临的任务，并在成员国立场一致的基础上共同发展。

上海合作组织与联合国秘书处、联合国毒品和犯罪问题办公室以及联合国的其他机构保持定期接触。其中，根据联合国秘书处的要求，上海合作组织和地区反恐机构执委会及成员国一起定期向联合国大会提供上海合作组织反恐决议的执行情况。

上海合作组织对 2008 年联合国大会通过的联合国全球反恐战略所作的贡献也不断增加。上海合作组织有兴趣进一步扩大与联合国的合作，根据联合国大会 2015 年 12 月 14 日通过的《消灭国际恐怖主义措施》70/120 号决议第 23 款，共同实施联合国全球反恐战略在中亚的行动计划。

国际信息安全专家小组定期会晤机制是上海合作组织保障国际信息安全工作的重要因素。该机制根据联合国关于国际信息安全的建议（联合国 A/65/201 号文件）开展工作。

该专家小组活动的实际结果之一是其制订的《信息安全国际行为准则》。这个规则作为决议交由联合国大会会议审议。

上海合作组织积极实施联合国中亚地区预防性外交中心和实施反恐措施小组制订的打击恐怖主义方案。制定该方案的目的是要落实联合国全球反恐战略在中亚国家的联合行动计划。

在外交领域，上海合作组织成员国一贯主张尽快通过联合国打击国际恐怖主义的全面公约并建立应对地区挑战和威胁的广泛合作的有效平台。

在打击毒品和有组织犯罪方面，上海合作组织与联合国毒品和犯罪问题办公室积极合作。在业已签署的协作备忘录框架内，上海合作组织与联合国毒品和犯罪问题办公室巴黎条约倡议协商小组建立了合作关系。上海合作组织定期参加协商小组的会议。在联合国大会关于专门打击毒品的会议上，上海合作组织关于世界毒品问题的声明作为特别会议正式文件散发。

近年来上海合作组织与联合国的协作达到新的水平，反映了这两个组织加深合作的愿望。联合国和上海合作组织领导经常举行会晤，两个组织的代表也经常参加由双方机构举办的专题活动。

上海合作组织秘书长定期参加联合国大会年度会议的工作，以及联合国秘书长与各地区组织领导人的会晤。上海合作组织秘书处和上海合作组织地区反恐机构执委会的代表应邀参加联合国举办的各种安全问题的活动。联合国领导的代表每次都参加上海合作组织成员国元首理事会会议。

上海合作组织的原则立场是，联合国在国际关系体系中占有中心地位，是最普遍、最权威、在很多方面无可替代的多边合作机制。

上海合作组织成员国的联合文件一贯重申自己的立场，认为联合国作为国际关系的支柱机构，在适当应对各种各样的对世界和平与安全的挑战和威胁方面，拥有独一无二的合法性和必要的资源。

这一立场不仅决定了上海合作组织主张维护和加强联合国作为国

际关系的中心协调作用，而且促进了各国之间在平等和伙伴关系基础上发展和加深合作。上海合作组织主张，正如联合国宪章所规定的那样，加强联合国在维护国际和平与安全方面的首要作用。上海合作组织旨在继续始终不渝地完善与联合国及其机构的多方面合作。

在扩大与世界组织合作的同时，上海合作组织与下列国际组织建立了有法律性质的关系，在打击"三股恶势力"方面采取综合举措：

——独联体执行委员会（2005 年 4 月 12 日）；

——东南亚国家联盟秘书处（2005 年 4 月 21 日）；

——独联体成员国反恐中心（2006 年 1 月 23 日）；

——集体安全条约组织秘书处（2007 年 10 月 5 日和 2011 年 6 月 14 日）；

——独联体成员国边防部队司令理事会（2008 年 11 月 20 日）；

——中亚地区打击非法走私毒品、麻醉品及其衍生物地区信息协调中心（2010 年 9 月 27 日）；

——亚洲相互协作和信任措施会议秘书处（2014 年 5 月 20 日）；

——欧亚打击犯罪收入合法化和资助恐怖主义小组（2014 年 6 月 20 日）；

——国际刑警组织（2014 年 11 月 6 日）。

业已签署的合作文件确定了"对接点"，以便在以下方面理顺和发展平等和建设性的协作：保障地区和国际安全与稳定，打击恐怖主义、非法走私毒品、非法走私武器、有组织跨境犯罪、洗钱和非法移民。

在已经达成协议的基础上，各方采取综合措施，包括保障相互参加反恐演习和训练、参加科学实践讨论会和学术研讨会、交换信息等。

　　同时，上海合作组织与世界上最大的地区安全组织——欧洲安全与合作组织开展积极协作。欧洲安全与合作组织广泛的实践经验和机制成果对上海合作组织具有重要意义。上海合作组织经常参加欧安组织举行的领导人会晤等活动，互相交换活动信息。

　　上海合作组织与国际组织及其分支机构的合作建立在互利基础上。专家们指出，上海合作组织在打击"三股邪恶势力"、在自己的责任地区有效遏制恐怖主义、极端主义和分裂主义威胁的显著成就和重要经验，引起了伙伴们研究上海合作组织经验的兴趣。中国反恐专家李伟认为，上海合作组织打击恐怖主义的经验，值得其他地区和国际组织研究。

　　上海合作组织还十分重视加深与该组织观察员国和对话伙伴国应对当代挑战和威胁的合作。

　　为了保障发展上海合作组织地区反恐机构与上海合作组织观察员国情报机构合作的法律基础，签署了以下文件：

　　——与白俄罗斯共和国国家安全委员会的合作意向书（2012年）；

　　——与阿富汗伊斯兰共和国外交部合作意向书（2015年）；

　　——与蒙古反恐协调委员会合作打击恐怖主义和极端主义的议定书（2015年）。

　　在实施上述协议的框架内，上海合作组织成员国和观察员国情报机构的代表们经常举行双边会晤，交换情报，参加专项活动和训练，等等。

　　2013年以来上海合作组织地区反恐怖机构执行委员会举办的上海合作组织成员国和观察员国情报机构安全合作科学实践研讨会，成为成员国和观察员国情报机构交换意见的有效平台。仅 2013 年至 2016 年，这样的研讨会就举行了四次，参加的有上海合作组织成员国，观察员国，上海合作组织秘书处，独联体反恐中心，欧亚打击犯罪收入合法化和资助恐怖主义小组，联合国安理会反恐委员会，联合国毒品和犯罪问题办公室，中亚地区打击非法走私毒品、精神麻醉品及其衍生品信息协调中心，联合国中亚地区预防性外交中心，集体安全条约组织，欧洲安全与合作组织。

总而言之，业已采取的一系列反恐举措使得上海合作组织能够与主要的国际组织在安全领域开展合作，使得上海合作组织成员国情报机构能够发现和预防恐怖主义及其他恶性犯罪活动的发生，给本地区及其域外以稳定的影响。

六、地区安全保障的反毒斗争

近年来，毒品贸易的规模和吸毒现象的传播日益危险地增长，几乎对社会和国家生活的各个方面都产生了深刻的消极影响，破坏国家机制、社会稳定、特别是民族的遗传基因。

由于处于阿富汗海洛因源源不断地外流的前线，欧亚地区中亚区域的国家遇到了打击大规模国际毒品走私的困难任务。

因此，2015 年 7 月 10 日作为联合国大会关于世界毒品问题专门会议的文件散发的正式文件，上海合作组织成员国元首的声明非常及时。在声明中，上海合作组织六个成员国的领导人呼吁，在联合国发挥中心协调作用和打击毒品威胁的现有国际体系下，保持和加强基于联合国三个基础公约的对毒品的现有国际监督体系。

上海合作组织认为，当前最重要的任务是：在有关国家综合和平衡立场、共同和相互责任的原则基础上，合力解决世界毒品问题，集中力量消灭全球毒品生产（包括消灭毒品植物的非法播种、生产和加工），建立有效体系合法应对出现新的毒品和其他神经麻痹物，加强合作使毒品吸食者不再依赖毒品和有效减少对毒品的需求。

2016 年上海合作组织纪念本组织成立 15 周年。在这一时期，由于各方努力，该组织作为全球安全的组成部分，成为真正保障地区和平与安全的机制。

上海合作组织的主要文件——《上海合作组织宪章》，将共同打击非法毒品走私列为主要目标和任务之一。该组织把毒品传播的威胁看作对其成员国安全的直接威胁，从 2004 年以来对这一邪恶现象进行了有针对性的、毫不妥协的斗争。

在同非法毒品走私的斗争中，上海合作组织与国际社会团结一致，并且遵循打击这一威胁的主要国际法律文件的条例，包括《1961 年麻醉品单一公约》及其修改、《1971 年精神药物公约》、1988 年通过的《联合国禁止非法贩运麻醉药品和精神药物公约》、1998 年联合国大会第 20 次专门会议的政治宣言和决议以及联合国关于这个问题通过的其他决定和建议。据此，2004 年上海合作组织成员国制定并签署了合作打击非法走私毒品、麻醉物和衍生品的协议。这个协议成为上海合作组织开始反毒品协作的基本文件。

在此基础上，开展了多边实际工作，评价、分析和发现与非法毒品走私有关的犯罪团伙，协调情报机构的活动，制定打击毒品威胁的联合计划，完善合作的法律基础，使各国在这一领域的法律趋于一致，预防吸毒现象蔓延。

为了制定有效的反毒品措施，协调上海合作组织成员国国家机构和社会组织的活动，在该组织建立了三个层次的定期协作机制：拥有全权打击非法毒品走私的情报机构领导人会议，高级官员会晤，以及完善合作的条约和法律基础、护法活动和消灭毒品犯罪、监督减少毒品需求等专家工作组会议。

毒品交易与国际恐怖主义及其他跨国有组织犯罪活动紧密地纠合在一起，决定了反毒品斗争采取综合措施的必要性。上海合作组织地区反恐机构的活动在反毒品斗争中起了特别重要的作用。地区反恐机构的重要任务之一，就是采取紧急和有计划的措施，切断国际恐怖主义从非法毒品走私而获取的财政来源。

2014年6月上海合作组织地区反恐机构同欧亚打击犯罪收入合法化和资助恐怖主义小组签署的合作议定书，是在这个方面采取的一个重要实际步骤。定期交换情报、分析材料、司法和法律材料以及其他关于打击通过走私毒品而资助恐怖主义的材料，成为上海合作组织成员国情报机构打击恐怖主义、分裂主义和极端主义的重要工具。

据包括联合国在内的一些专家评估，2008年至2011年间，世界上的毒品走私活动有所减少。但是此后，由于所谓从阿富汗至其中亚的邻国、俄罗斯联邦和独联体其他国家、接着到欧洲的"北方路线"，非法毒品走私活动再度活跃。

上海合作组织对致命的毒品生产急剧增长，作出了迅速反应。2011年至2016年通过的上海合作组织成员国禁毒战略及其实施纲要，进一步推动了该组织的反毒品合作。

这一战略及其实施纲要成为上海合作组织基本的综合性文件，为达到该组织的主要目的——缩小非法毒品及其衍生品走私的规模，在上海合作组织地区全面打击毒品威胁提供了法律基础。

上海合作组织成员国共同努力，有计划、大规模地开展了打击毒品及其衍生品和新的精神麻醉品在该地区扩散的工作。与此同时，重点放在关于新型精神麻醉品和毒品的情报交换、发现并研究它们的方法上。为此，采取措施进一步完善了监督新的精神麻醉品和毒品走私、打击这些毒品扩散（其中包括通过互联网和邮局寄送）的法律措施。

在上海合作组织禁毒战略及其实施纲要中，工作中尤其重要的方向是打击来自阿富汗领土的毒品。工作的具体路线是完善联合采取快速侦查措施的机制，控制毒品走私，切断向阿富汗非法提供毒品衍生品的渠道，扩大与地区组织、次地区组织和分支机构的合作。成员国开始逐步采取更加现代的手段和技术，防止非法毒品跨界运输。

在禁毒战略及其实施纲要的框架内，采取措施扩大了相互情报交流，加强了对非法毒品走私资金合法化的财政监督，发现和切断用毒品生意收入资助恐怖主义的渠道，更积极地与阿富汗情报机构进行双边和多边合作，包括培训干部和提供物质技术设备，等等。

预防和医疗康复措施占有重要地位。在禁毒斗争中，社会因素具有非常重要的意义。为此目的，国家政权各个机构和公民社会、新闻媒体的各种机制开展了预防工作，以便在青年人中形成对吸食毒品绝不容忍的态度。在预防毒品方面，成员国联合进行科学和社会调查，研制教育和方法的材料。

上海合作组织成员国持续关注对吸毒人员提供医疗和康复帮助、提高毒品学专家的水平、组织对毒品学联合科研工作、完善对吸毒者的治疗方法以及使吸毒人员重返社会的工作。

上海合作组织成员国与其观察员国、对话伙伴国通过教育和科学实践措施、研讨会、媒体论坛等活动，加深合作。

还准备扩大合作，提高干部的专业水平，交换信息，向履行反毒品及其衍生品走私职能的护法机构队伍提供技术服务；采取专项国际侦查和行动，发现或切断长期非法走私毒品及其衍生品的渠道。

为了实施禁毒战略及其纲要，在上海合作组织成员国国家层面上通过了行动计划，并在此基础上采取打击毒品及其衍生品走私的综合性措施。

在成员国共同打击毒品活动的斗争中，加强保卫国界和保障边境地区安全的相互合作，具有重要作用。

2015 年 7 月签署的《上海合作组织成员国边防合作协定》，为成员国情报部门有效打击边境地区包括毒品运输在内的威胁、开展综合性的相互协作提供了法律依据。

在战略规定的相互协作的实际举措范围，以及关于上海合作组织成员国情报机构边境合作协议的范围内，开展了在上海合作组织成员国边境据点联合打击非法走私毒品的行动。其中规模最大的是"捕鼠器""上海蛛网""联合打击""库克诺尔""台风""传导者"等反毒品行动。

2015 年在上海合作组织成员国境内开展了代号为"捕鼠器—2015"的控制毒品衍生品的紧急预防行动，护法和情报机构打击毒品部门的 1.6 万名工作人员参加。成功地没收了超过 75 吨的衍生品（硫的、盐的、醋酸的、冰的、钾的等），以及 350 公斤曼花类和鸦片类毒品。

上述行动的目的不仅要锻炼上海合作组织成员国情报和护法机构共同打击边境居民点毒品威胁的协作能力，而且没收了走私的毒品和衍生品，堵截了毒品运送渠道，具有具体的实用意义。

总之，在上海合作组织成员国领土上，由于国家毒品监督机关开展的专门行动以及该组织成员国情报机构加深协作，从 2011 年至 2016 年上半年，共计没收约 69 吨海洛因、超过 17 吨的鸦片籽、349 吨以上的大麻和印度大麻酚。

以上所举例子明确地证明了在上海合作组织成员国境内联合采取的打击毒品及其衍生品贩卖措施所取得的高效率和实际效果。当然，这从另一个方面说明，毒品生意也在非常积极地寻找通过生产和贩卖毒品获取利润的新途径。

上海合作组织成员国特别重视发展与国际和地区组织，首先是与联合国及其单位和机制在反毒品领域的协作。联合国与上海合作组织这两个组织秘书处之间的合作备忘录规定了它们相互协作的主要领域。2016 年 11 月联合国大会通过的《关于联合国和上海合作组织合作的决议》将进一步加深这两个组织在反毒品和其他领域的合作。

上海合作组织在反毒品方面积极与联合国毒品和犯罪问题办公室合作，把其看作协调国际反毒品走私斗争的主要国际机构。2011 年 6 月上海合作组织秘书处和联合国毒品和犯罪问题办公室之间签署的相互谅解备忘录不仅确定了关系，奠定了牢固的合作的法律基础，而且为协作开辟了广阔的可能性。

在实施备忘录的框架内，为了加深反毒品合作，上海合作组织秘书处也与联合国毒品和犯罪问题办公室巴黎公约倡议磋商小组协作，并且定期参加该小组举办的各种活动。达成了关于向上海合作组织秘书处提供联合国毒品和犯罪问题办公室巴黎公约资料库资料，以及交换反毒品斗争信息的协议。因此，这一相互协作具有实际发展潜力，并在现代条件下要求在业已达成协议的合作方面发挥更有分量、更积极的作用。

上海合作组织还与协调打击非法毒品走私的其他重要国际机构积极协作。

谈及扩大上海合作组织的国际联系，还需要指出 2014 年 5 月在上海签署的上海合作组织秘书处与亚洲相互协作与信任措施会议秘书处的相互谅解备忘录。该文件确认双方将在保障地区安全与稳定、打击恐怖主义和非法走私毒品、应对新的威胁和挑战方面扩大互利合作。

阿富汗领土上急剧增长的鸦片和其他毒品生产，依旧引起上海合作组织成员国的深切担忧，因为上海合作组织六个成员国中有三个与阿富汗毗邻。

根据联合国毒品和犯罪问题办公室不久前公布的《2016 年阿富汗鸦片生产调查》材料，在阿富汗伊斯兰共和国，在经历了罂粟产量削减 91% 之后，2016 年与 2015 年相比，罂粟种植面积增加了 10%，而鸦片产量增加了 43%。据联合国毒品和犯罪问题办公室估计，这使得毒品生产者在 2016 年底把毒品产量提高到 4000 吨至 5600 吨鸦片。由此可见，这一致命的毒品生产又满负荷运转起来。

来自阿富汗毒品生产的威胁达到全球的范围，成为一个全世界的问题。这个事实的一个特别危险之处是，它与国际恐怖主义的财政来源紧密相关。据国际专家们估计，每年"塔利班运动"毒品产业的收入超过 50 亿美元。

毫无疑问，阿富汗领土上的毒品生产促进了跨国有组织犯罪的增

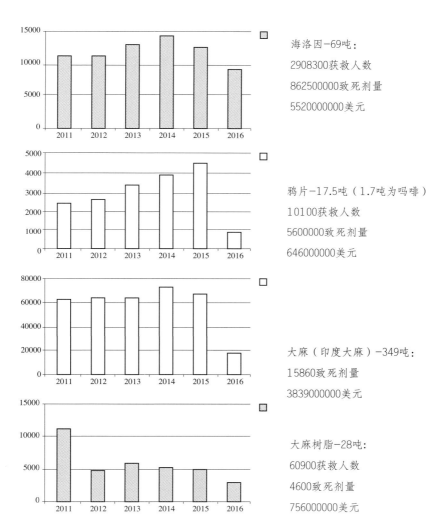

海洛因–69吨：
2908300获救人数
862500000致死剂量
5520000000美元

鸦片–17.5吨（1.7吨为吗啡）
10100获救人数
5600000致死剂量
646000000美元

大麻（印度大麻）–349吨：
15860致死剂量
3839000000美元

大麻树脂–28吨：
60900获救人数
4600致死剂量
756000000美元

2011—2016年上海合作组织成员国收回毒品数量表（单位：千克）

长，使毒品集团和恐怖组织结合起来，给社会经济发展、所有国家的遗传基因、整个宏观地区的安全与稳定造成严重损失。

与此同时，很显然，毒品生产像铁锈一样，腐蚀阿富汗伊斯兰共和国的政治前途、经济和社会体系，使其自己首先成为毒品生产的主要牺牲品。因此，阿富汗在这个方面采取的综合措施具有十分现实的意义。这些措施包括：遏制罂粟种植面积增长、摧毁毒品实验室、没收非法毒品及其衍生品、消灭组织毒品贩运的犯罪集团、实施替代发展计划，等等。

阿富汗伊斯兰共和国打击毒品部采取的措施，以及各个国际组织和基金会向阿富汗提供的帮助，还没有在减少鸦片和毒品生产方面带来明显的效果。中东地区地缘政治形势的变化和紧张程度的升级，也给阿富汗毒品生产问题在国际议事日程中的优先地位产生了消极影响。

上海合作组织成员国完全赞同联合国关于必须综合解决问题的意见，并准备采取双边形式或多边形式，协助打击来自阿富汗的毒品威胁，呼吁有关国家、地区和国际组织团结一致，合作解决消灭阿富汗毒品生产的问题。

目前，上海合作组织正在继续努力落实 2017—2022 年禁毒战略及其实施纲要。这两个文件几乎涵盖该组织打击毒品合作的各个方面，已经成为继续始终不渝地打击来自阿富汗的毒品威胁的牢固基础。

七、几点结论

15 年来，上海合作组织已经证明自己是现代国际关系结构和地区安全的一个重要组成部分，其在国际舞台上的影响和威望不断增长。

作为协调打击恐怖主义、分裂主义和极端主义措施的主要地区组织之一，该组织得到了方向明确、始终一贯和迅速的发展。

虽然邻近全球恐怖主义、分裂主义和极端主义的发源地，上海合作组织不允许把自己的责任区变为不稳定的弧形，不允许激进主义的意识形态和极端主义的流派填补在世纪之交出现的真空，不允许那些伪价值观强加到自己头上，从而保障了欧亚空间的和平与稳定。

实践证明，上海合作组织所采取的坚决而明确地打击"三股邪恶势力"的毫不妥协的立场，虽然经常受到海外的批评，但证明是正确、有效和不能替代的。

很难想象，如果 15 年前没有建立这个有效的合作组织，那么上海合作组织地区今天会是一个什么样子，上海合作组织成员国之间的相互关系会如何发展，该地区的安全保障会是一个什么水平。显而易见，上海合作组织成员国元首们关于建立该组织的决定是富有远见、非常及时和唯一正确的。

上海合作组织实际上已成为第一个这样的组织，它不仅理解恐怖主义对全球的严重威胁，在短期内从法律上统一界定了恐怖主义的含义，而且为了上海合作组织成员国人民的利益，建立了打击"三股邪恶势力"的广泛战线。

上海合作组织多年来在协调打击恐怖主义、分裂主义和极端主义威胁的活动中积累的经验充分证明，为了在打击这些现象的斗争中取得显著成果，只能在国际法的牢固基础上进行协调的共同努力、开展始终不渝和系统的工作，才能实现。上海合作组织的原则立场是，联合国是稳定与和平的保障，应该在保障国际安全中发挥关键作用。

近来，恐怖主义和极端主义组织在地区的活动越来越猖狂，成为对上海合作组织地区形势产生破坏性影响的重要因素，并对全球安全带来整体的威胁。打击这些业已出现的威胁，需要在联合国范围内通过完善现存的合作机制、提高及时应对危机能力，进一步加深国际协作。

2016 年在塔什干举行的纪念上海合作组织成立 15 周年的成员国峰会再次证明，该组织基于"上海精神"原则的相互协作已经达到很高的水平。峰会的决定提出了加快扩员进程的新任务。上海合作组织至 2025 年的发展战略实际上是该组织发表声明，将在该地区发挥新的、更重要的作用，更积极、更大规模地参加国际议事日程，首先是在打击"三股邪恶势力"方面。

塔什干声明表示，上海合作组织成员国关心和支持联合国在解决阿富汗问题的国际合作中发挥中心协调作用，在阿富汗人领导下、由阿富汗人自己，通过包容性的民族和解进程，解决阿富汗内部冲突。

很显然，未来上海合作组织在安全保障领域的重点仍将是：打击恐怖主义、分裂主义和极端主义，以及非法走私毒品、武器、弹药和爆炸物、核原料和放射性物质；打击跨界有组织犯罪；非法移民和拐卖人口、洗钱、经济犯罪和腐败行为。

因此，近期上海合作组织的实际活动方向可以分为以下方面：

——扩大上海合作组织成员国、观察员国和对话伙伴国在应对新的完全挑战和威胁方面的协作，首先关注加强打击恐怖主义、分裂主义、极端主义和非法走私毒品的合作；

——完成协商和签署上海合作组织打击极端主义公约；

——制定打击恐怖主义、分裂主义和极端主义组织招募活动的措施；

——发现从恐怖主义高危地区向上海合作组织地区转移恐怖分子

的渠道；

——发现参加国际恐怖主义、分裂主义和极端主义组织的武装冲突后返回上海合作组织成员国领土的恐怖分子；

——在上海合作组织国家之间交换机要情报，等等。

提高上海合作组织安全能力的重要资源是，扩大同上海合作组织成员国、观察员国和对话伙伴国联合工作的范围，发展与履行打击恐怖主义、分裂主义和极端主义职能的联合国机构和其他国际组织的联系；

上海合作组织地区反恐怖机构下一个发展阶段是，开始吸收新成员印度和巴基斯坦的相关程序。为此，该组织已经准备接纳新成员并与其情报机构开展密切协作。

此外，将通过提高地区反恐怖机构执委会及其情报机构执行任务时协调工作的综合水平，进一步完善上海合作组织的活动。

在打击恐怖主义威胁的斗争中，上海合作组织对与其他反恐组织的合作持开放立场，对建立包括东南亚国家联盟、独联体反恐中心、联合国安理会反恐委员会、亚信秘书处、联合国中亚地区预防性外交中心、国际刑警组织、联合国安理会、联合国毒品和犯罪问题办公室、集体安全条约组织等其他国际和地区有关机构在内的广泛的伙伴网感兴趣。

在打击非法毒品走私的斗争中，上海合作组织重申坚决忠实于维护和加强在联合国三个根本公约基础上的现行国际监督体系的路线。重要的是在联合国的中心协调作用下，在系统和平衡的立场、共同和联合责任的原则基础上，为了消灭全球的毒品生产，包括消灭非法播种含毒植物及其加工生产，建立有效和合法应对新的合成毒品和其他精神麻醉品的体系，在摆脱对毒品依赖的康复工作和有效减少对毒品需求方面，加强合作。

世界迅速变化，对安全和持续发展的现实威胁和挑战要求我们加强集体努力，打击国际恐怖主义、分裂主义和极端主义、跨界犯罪和非法毒品走私。上海合作组织将在这些方面加强协作，以便有效地履行自己的使命——在欧亚的广阔空间保障稳定与安全。

上海合作组织成员国将在应对传统和非传统的安全挑战和威胁方面加强协作努力，在保障综合安全，首先是打击恐怖主义、分裂主义、极端主义、非法走私毒品、精神麻醉品及其衍生品、跨境有组织犯罪方面，以及加强国际信息安全和应对紧急状态方面，加深对话与合作。

第 三 章

上海合作组织的经济合作空间

一、经济合作的法规基础、主要优先方向与机制

在上海合作组织经济日程的关键目标和任务中,《上海合作组织宪章》规定,为了不断提高和改善各成员国人民的生活水平和条件,基于权利平等的伙伴关系,通过联合行动,促进地区的经济全面和平衡的增长,促进地区的社会和文化发展,也要在与世界经济接轨过程中协调立场。

在上海合作组织框架下的优先活动方向中,《宪章》确定支持和鼓励各种形式的区域经济合作,有效使用交通运输领域内的现有基础设施,完善成员国的过境潜力,发展能源体系,保障合理利用自然资源,包括利用地区水资源,实施共同保护自然的专门计划和方案。为逐渐实现商品、资本、服务和技术的自由流动,推动为贸易和投资创造良好条件。

在上海合作组织框架下,经济协作的基础性文件是 2001 年签署的《上海合作组织成员国政府间关于区域经济合作的基本目标和方向及启动贸易和投资便利化进程的备忘录》,《上海合作组织成员国到2020 年发展多边经贸合作纲要及实施计划》以及《上海合作组织框

架下进一步开展项目清单》。

现行文件是发展经济交流的广泛的构想性法规的基础，可以就经济各个领域的广泛问题进行对话，确立经济方向的务实步骤。

为了这些目标，上海合作组织业已理顺了相关各部门的相互协作关系，既有专家层面的定期会面，也有各成员国相应的国家权力机构领导人的会晤。譬如，在上海合作组织，包括负责对外经济和对外贸易活动、财政、交通、农业、卫生、教育、文化和中央银行行长等相关部门负责人定期召开会议和进行会晤的机制顺利运行。

上海合作组织的实业家理事会和银行联合体注定是发展经济合作的重要工具。

上海合作组织实业家理事会是非政府组织，它联合来自各成员国金融界和实业界的人士，以促进上海合作组织框架内的经济合作，建立上海合作组织成员国实业界代表之间的直接联系和对话，吸引他们在经贸和投资领域进行全面务实合作。

建立上海合作组织银行联合体的主要目的是该组织为上海合作组织成员国政府支持的投资项目进行融资和金融服务。银行联合体的使命是，考虑到国际通行的银行务实活动重点，为基础设施建设、基础产业、高技术产业、定向出口型经济、有社会意义的项目提供和吸引资金；组织出口之前的融资，以促进上海合作组织成员国之间的经贸交往；保证有潜力的客户和合作项目交换信息。

这样，上海合作组织具有坚实的法律法规和工具性平台，能够有助于成员国的立场和主张对接和耦合。这涉及广泛的区域经济日程，有利于共同发展与制定这方面务实步骤而集中力量。

二、上海合作组织框架下成员国开展部门经济协作的现状与前景

2002 年创建的对外经济和对外贸易活动的部门领导人（目前是部长）会议机制以及高官委员会，从事专业部门务实工作的协调。

而从 2002 年起，上海合作组织成员国的交通部长以及发展交通潜力的专门工作组定期举行会议。这方面的主要成就是在 2014 年 9 月 11—12 日上海合作组织杜尚别峰会上签署的《上海合作组织成员国政府间国际道路运输便利化协定》。文件于 2017 年 1 月 20 日生效，其使命是建立跨境汽车路线——从太平洋的全部陆路（中华人民共和国的连云港）到大西洋（俄罗斯的圣彼得堡），具有同一化的程序，在上海合作组织空间内，在经贸相互协作方面开辟互利伙伴关系新阶段。还要指出，重要的是在生效后文件里，预先规定了任何有意愿的国家加入到其中的可能性，这为上海合作组织观察员国和对话伙伴国在欧亚空间形成跨大陆交通走廊创造出独特的可能性。

在交通方面，在现行工作的框架内，正在起草开展上海合作组织成员国的道路项目方案。

总体来看，在开展交通合作方面，各方有意采取进一步的务实步骤，旨在加强交通设施的互联性，进一步形成良好条件，在上海合作组织框架内，实施共同项目，发展国际交通和过境走廊，建立有效的交通物流基础设施。

在海关领域的相互协作框架内，业已建立了坚实的法律基础。譬如，在上海合作组织框架内，现行文件保证成员国在海关事务、培训和提高海关机构官员的职业素养、上海合作组织成员国海关之间保护

知识产权领域的相互协作、开发和使用风险管理领域的相互协作以及在能源转运监控方面交换信息等方面的合作。

目前，各方正在制定上海合作组织海关间信息交换议定书，这些信息用来确定和监控商品的海关价值，以及研究和调节上海合作组织成员国建立统一跨境系统的草案文件。

2010 年签署的《上海合作组织成员国政府间农业合作协定》保证在土地、畜牧业、养蜂业、兽医业、育种业、苗木业和养殖业、农业灌溉、农产品加工和贸易、相关机械制造和科研方面开展广泛相互协作的可能性。

在上海合作组织成员国农业部长 2014 年 10 月莫斯科会晤上，通过了落实《上海合作组织成员国农业领域合作协议 2015—2016 年措施计划》。文件规定，在农业领域进行信息交换，采取科学务实的措施，培训农业领域的技术和管理人员，参加上海合作组织成员国的农业博览会和交易会，以扩大合作，吸引投资，引进新技术，创建合资企业，在农业方面开展贸易。

从 2009 年起，上海合作组织成员国的财政部长和中央（国家）银行行长会晤成为相互协作的常态。其中把主要注意力集中于对抗全球性经济金融危机的问题以及讨论上海合作组织框架内所确立的项目的金融配套的前景问题。各方认为，财政部长和中央（国家）银行行长进一步对话有重要意义，可以广泛地讨论财政金融和银行领域的问题。

上海合作组织成员国形成了科技部门领导人会议机制，以及常设的专家工作组。2013 年，签署了《上海合作组织成员国政府间科技合作协定》，这个协定解决自然保护、农业、能源、纳米技术、信息和电讯系统、地质和地震学领域的相互协作问题。落实协定措施计划的通过以及上海合作组织科技伙伴计划构想，有助于促进科技合作的进一步加强。

未来各方将有意集中制定支持上海合作组织成员国多边科技合作机制，以及形成上海合作组织成员国科技项目共同清单。

2015年，上海合作组织成员国简化贸易专门工作组开始工作，其主要任务是协调共同行动、协商和履行简化贸易手续的具体措施。工作组的使命是起草简化贸易手续的建议，组织旨在分析现行法规和手续的商务和科研活动，发现贸易壁垒和消除贸易壁垒的途径，促进上海合作组织贸易的发展，讨论完善贸易手续行政化问题。

在促进投资专门工作组运作的框架内，正在讨论和制定鼓励和相互保护上海合作组织成员国投资、组织投资论坛的共同文件问题，还在讨论就投资的话题形成资料库。

上海合作组织在电子贸易方面做了一些工作。这个问题在上海合作组织成员国就电子贸易问题举行的专门工作组会议框架内得到有针对性的讨论。上海合作组织区域经济合作网站已在运作。目前，在小组日常工作日程的关键问题中，应该提到以下问题：研究中国方面提出的建立上海合作组织电子贸易工商协会的建议、充实上海合作组织区域合作网站的内容、就建立上海合作组织成员国电子贸易平台交换经验，审议就电子贸易方面提高干部职业能力举办研讨会和研修班的可能性。

在通讯和电信领域开展相互协作问题是现代信息和电讯技术专门工作组的工作范畴。同时值得指出的是，最近一次工作组会议于2011年6月举行。在其工作框架下，讨论了建立"上海合作组织信息高速公路问题"，为此，在项目参加国中，就各方的信息建立了必要的基础设施。然而，缺乏启动其运行的经济模式。专家们已经讨论了在互联网上形成和运行跨国信任空间的问题，还讨论了制定跨境电子相互协作的可能性。在工作组的计划中，举行了上海合作组织电子贸易小组专门工作组联合会议，正在考虑起草建立区域经济合作电子贸易平台草案框架内工作方向的对接。

2013 年 12 月，在莫斯科签署的《建立能源俱乐部的备忘录》，作为非正式的讨论平台，为能源领域的合作注入了新动力，上海合作组织有关成员国、观察员国和对话伙伴国政府机构、学术界和实业界的代表可以参与。俄罗斯、哈萨克斯坦、中国、塔吉克斯坦、阿富汗、白俄罗斯、印度、伊朗、蒙古国、巴基斯坦、土耳其和斯里兰卡参加了能源俱乐部。上海合作组织框架内的燃料能源综合体领域的相互协作并进行更有针对性的对话问题，目前还没有理顺。

此外，根据上海合作组织成员国经贸部长第十三次会议（2014 年 11 月 19 日阿斯塔纳）的决议，通过了撤销燃料能源综合体专门工作组的决议，建议上海合作组织有关成员国继续在双边和国际合作机制框架内工作。

工商领域的标准化问题属于技术规则、标准和评价程序运用方面合作是工作组的权限（按照 2014 年 11 月 19 日在阿斯塔纳召开的工商部长会议决议，该工作组被撤销）。

上海合作组织实业家委员会理事会（2006 年 6 月在上海举行了成立大会）和银行间联合体（2005 年 10 月签署了成立协定）将促进经济方面相互协作的发展。就实业家委员会理事会来看，目前正进行多模式的交通物流综合体的发展，包括车里雅宾斯克州的"南乌拉尔"（俄罗斯、哈萨克斯坦、中国和白俄罗斯参加）和符拉迪沃斯托克、圣彼得堡合资生产合成材料的"卡拉马兰级"船舶。

上海合作组织框架内的《银联体中期发展战略（2012—2016）》正在实施。同时应该指出的是，由财团提供融资的大量项目主要集中在双边。欧亚开发银行就从事这种工作。

三、在上海合作组织框架内探索新的工商相互协作发展途径

尽管在全球危机之后出现了恢复的趋势，世界经济依然处于风险之中。其脆弱性和不稳定性依然存在，新衰退的危险性影响其健康化发展。高失业率和低消费需求依然是可持续发展的严重障碍，全球经济再次出现了去稳定化的源头。世界主要经济体在克服危机后果方面和在国际层面货币信贷政策协调不够，相互协作缺乏应有的水平，使局势更加复杂。

新的国际机构和一体化团体的形成进程还在继续。在这个进程中，其中一个重要的地方是中亚，由于其地理位置，它是建立一体化的大陆交通、经济和能源空间和大陆安全体系的理想桥梁。

世界正在提出新的更强劲的经济倡议，国家和整个地区积极地参与其实施。在亚太地区，两个试图建立自由贸易制度的强大集团正在进行竞争。

在跨太平洋伙伴关系协定框架内，不仅对商品和服务采取自由化步骤，而且也在解决知识产权问题。

东盟国家集团正在就建立区域全面经济伙伴关系进行谈判，这种伙伴关系就市场准入的细节化和自由化方面与跨太平洋伙伴关系

不同。

至于欧亚空间的中亚部分，按照大多数专家的评价，最有前景的方案是在欧亚经济联盟框架内的倡议和中国提出的建设"丝绸之路经济带"（作为"一带一路"倡议的组成部分）的落实工作。这样，从地理上看，上海合作组织处于这些庞大的经济倡议的最中心。

2015 年 5 月 8 日，俄罗斯与中国领导人举行会晤，成果文件公布了就建设欧亚经济联盟与丝绸之路经济带对接进行合作的联合声明。其中各方力争保证区域经济循序渐进和持续增长，激活区域经济一体化，保持地区和平与发展，展示出欧亚经济联盟与丝绸之路经济带建设进程相互对接，采取协商努力的愿望。这些进程将以双边和多边形式，首先在上海合作组织平台上予以理顺，坚定地遵循透明、相互尊重、权利平等、各种不同的一体化机制相互补充和对欧洲与亚洲地区所有感兴趣方开放的原则。

同时，在上海合作组织乌法峰会上通过了《上海合作组织至2025 年发展战略》，其中关键目标和任务明确为完善上海合作组织作为多部门区域组织的定位，但是未规定形成军事政治联盟或具有超国家管理机制的经济一体化团体。在上海合作组织成员国元首乌法宣言中，表达了支持中国关于建设丝绸之路经济带的倡议，强调了上海合作组织成员国相关部门间进行磋商和交流信息的重要性。

2015 年 12 月，上海合作组织成员国政府首脑会议成果文件发表了关于区域经济相互协作的联合声明。文件中强调，上海合作组织成员国与观察员国和对话伙伴国密切协作，共同工作，其中包括落实丝绸之路经济带倡议方面的协作，基于透明、相互尊重、权利平等和对所有感兴趣各方开放的原则，这将有助于促进经济持续渐进增长，以有利于保持和维护地区的和平稳定。

这方面极其重要的是 2016 年 6 月 24 日上海合作组织塔什干峰会国家元首理事会会议期间领导人所做的表态。

哈萨克斯坦总统努尔苏丹·纳扎尔巴耶夫说："在上海合作组织空间内，发展经济合作可视为稳定的基本组成部分。欧亚经济联盟与丝绸之路经济带的对接，以及印度、巴基斯坦和伊朗加入一体化进程，将为形成世界上最大的自给自足的世界经济体创造独一无二的机会，它拥有穿越我们所有国家的交通走廊。我建议缔结上海合作组织主要常设机构与欧亚经济联盟的谅解备忘录。消除壁垒、开放市场，未来建立上海合作组织自由贸易区，应该在这个文件中得到体现。"

中国国家主席习近平表示，"中国致力于'一带一路'倡议与伙伴国家的发展战略对接，也愿意与包括欧亚经济联盟在内的区域一体化机构对接。我们准备推进诸如欧亚大陆桥这样的多边项目，在生产、金融、综合性相互依赖、文化、科技、农业、医疗卫生等领域深化互利合作。"

俄罗斯总统弗拉基米尔·普京说："在全球经济、建立在世贸组织基础上的国际贸易格局遭受毁灭风险增大的困难条件下，上海合作组织开展经济活动的重要性正在提高。我们已经与中国伙伴开展坚实的相互协作，欧亚经济联盟与丝绸之路经济带进行对接。我们希望，上海合作组织其他成员国也对参与这个规模庞大的项目表现出兴趣。欧亚经济联盟、上海合作组织和东盟的合作，能够开辟新的机会。

"上海合作组织重要的活动可视为发展密切的经济相互协作。消除在贸易、资本和人员流动、深化工业和技术合作、建立生产链条、整体交通基础设施道路上的壁垒。上海合作组织所有成员国以及独联体国家加入这个一体化进程，可以成为大的欧亚伙伴关系的前奏。东南亚国家也表现出在经济轨道上与上海合作组织进行合作的兴趣。"

吉尔吉斯共和国总统阿·阿塔姆巴耶夫认为，"重要的是，加快推进建设丝绸之路经济带倡议的务实推进。"

塔吉克斯坦总统埃莫马里·拉赫蒙指出，"中国领导人提出的组织丝绸之路经济带的倡议具有重大的历史和文化意义。我们把此视为解决地区共同发展的战略性任务的一个机会。"

乌兹别克斯坦总统伊·卡里莫夫表示，"乌兹别克斯坦支持建设丝绸之路经济带的倡议。我想特别指出的是，基于所有加入国家共同的相互利益，这个倡议的顺利实施是非常可能的。"

在《塔什干宣言》中，对接的内容也得到了体现。其中特别强调，上海合作组织成员国 2015 年 12 月 15 日在郑州市发表的区域经济协作声明中确认的实际落实协议十分重要。在这些条件下，成员国将达成区域发展战略对接，加强其经贸计划的协调。成员国还再次确认，支持中国提出的建设丝绸之路经济带倡议，为此愿意开展工作，实施该方案，作为形成区域经济合作发展的良好条件的一个工具。

在 2016 年 6 月 25 日俄罗斯与中国发表的联合声明中形成如下表述："双方强调，落实中俄 2015 年 5 月 8 日《联合声明》中确定的丝绸之路经济带建设与欧亚经济联盟建设对接合作的共识具有重大意义。中俄主张在开放、透明和考虑彼此利益的基础上建立欧亚全面伙伴关系，包括可能吸纳欧亚经济联盟、上海合作组织和东盟成员国加入。鉴此，两国元首责成两国政府相关部门积极研究提出落实该倡议的举措，以推动深化地区一体化进程。"

这样，在广阔的欧亚地区，发展区域经济的广阔趋势得到共识，这种趋势首先是由目前状况和世界经济的最近趋势所决定的，这体现在现阶段探索区域倡议、一体化首创和国家经济发展战略最佳模式对接之中。

显然，顺利解决这个就规模和复杂性都前所未有的任务，将为贸易投资、商业合作以及实现大规模的跨洲项目开辟新的独一无二的机会。

四、丝绸之路经济带、欧亚经济联盟、国家战略与上海合作组织的潜在机会

"丝绸之路经济带"的想法起初是由中国国家主席习近平于2013年9月对中亚国家进行访问中提出来的，这是一个长期的、多维度的形成"共同发展"区的战略，它覆盖东亚、中亚、外高加索、东欧和中欧地区。

试想一下，在"丝绸之路经济带"框架内，将产生出三个大的陆路"经济走廊"：（1）中国—中亚—西亚；（2）中国—东南亚；（3）中国—哈萨克斯坦—俄罗斯—欧洲。与"丝绸之路经济带"相伴的还有建设"21世纪海上丝绸之路"：中国—印度洋—欧洲和中国—东南亚—太平洋南部地区。

实施"丝绸之路经济带"和"21世纪海上丝绸之路"，这两个概念有一个共同的名称："一带一路"，中国方面以上关键方针的出发点是：协调政策，消除贸易投资壁垒；综合发展跨境交通物流、能源和电信基础设施；提高可持续的金融系统，在双边贸易中使用本国货币；通过加强人们之间的交流扩大国家间关系的社会基础。

就上述项目启动"丝路基金"（初期启动资本为 10 亿美元，可能扩大到 400 亿美元）和"一带一路"投资基金（启动资本为 32 亿美元，到 2020 年计划扩展到 160 亿美元），宣布法定资本为 1000 亿美元的亚洲基础设施投资银行的使命是成为其落实的最有分量的工具。

在建设丝绸之路经济带和 21 世纪海上丝绸之路事业中，中国主要面向缔结双边合作备忘录，几乎与多个位于所规划线路的"轨道里"的国家签署了 30 多份文件，其中包括与亚美尼亚、哈萨克斯坦、吉尔吉斯斯坦、塔吉克斯坦及其他国家。

欧亚经济联盟是区域性经济一体化国际组织，它拥有国际法律主体性，并由欧亚经济联盟条约所确认。在欧亚经济联盟里，保证商品、服务、资本和劳动力自由流动，以及实行协调协商或在经济领域的一致政策。欧亚经济联盟的国家有亚美尼亚、白俄罗斯、哈萨克斯坦、吉尔吉斯斯坦和俄罗斯联邦。建立欧亚经济联盟的目的是全面现代化、合作和提高国家经济的竞争力，为成员国人民生活水平的稳定提高创造条件。

从 2015 年起，哈萨克斯坦着手实施国家经济发展战略——《光明之路》，宣布为国家的新经济政策方针。

为促进国家经济，拟从国家基金中拨出资金，对实业提供优惠贷款，促使银行业健康化，吸引新投资，组织和实施 2017 年国际博览会，建设可以租赁的住宅，发展阿斯塔纳的交通基础设施，建设阿斯塔纳新机场。规划了发展哈萨克斯坦基础设施、工业基础设施、专门经济区、旅游基础设施等举措。计划建设艾基巴斯图兹—谢梅易—乌斯季—卡缅诺戈尔斯克和谢梅易—阿克套盖—塔尔德科尔干—阿拉木图快线。

　　所确定的主要交通项目是中国西部—欧洲西部公路、阿斯塔纳—阿拉木图、阿斯塔纳—乌斯季—卡缅诺戈尔斯克、阿斯塔纳—阿克秋宾—阿特劳、阿拉木图—乌斯季—卡缅诺戈尔斯克—卡拉干达—热兹卡兹干—克兹洛尔达、阿特劳—阿斯特拉罕公路。

　　还计划建设工业和旅游区，发展能源基础设施，住宅基础设施，建设有社会意义的设施。吉尔吉斯斯坦正在持续地实施2013—2017年国家发展战略。特别关注发展采矿业、能源、旅游、农业、交通、金融领域，以及基于新的面向生态技术的实业领域。战略包含具体的基础设施项目，包括吉尔吉斯斯坦从"交通死胡同"进入过境国行列。计划建设铁路，旨在为国家区域经济发展注入动力，以及解决吉尔吉斯斯坦领土上通向有用矿产地的交通问题。

　　塔吉克斯坦国家发展战略规定了发展农业、工业、能源和基础设施，贸易多元化、提高对居民地社会服务（供水、卫生保健、社会保障、生态）的普遍性和质量，提高国家的能源潜力，包括弥补目前的电能短缺，提高电能的出口量，提高农业生产的劳动生产率，恢复和发展灌溉系统。

　　乌兹别克斯坦顺利地落实进一步改革、结构变革和2015—2019年经济多元化纲要。所采取的措施旨在基于原料和半成品深加工，加速实现现代高技术生产，生产出有竞争力的产品。

　　在落实通信工程和道路交通基础设施2015—2019年发展与现代化纲要框架内，对铁路的一些路段进行修复，建设新铁路，开展建设新的电气化铁路的工作，建设火车站，组织对旅客列车的高速运行。根据2013—2020年电讯技术、网络和通讯基础设施发展纲要，将根据当代技术建设宽带光纤网络。

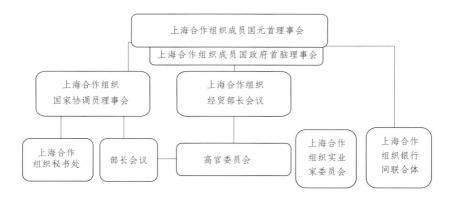

上海合作组织在经济和人文领域相互协作结构图

上海合作组织成立 15 年来，形成了相当大的经贸联系和投资合作潜力，将保证发展地区经济相互协作的良好趋势，促进合作机制的完善。

上海合作组织空间内的和谐发展符合地区整体经济平衡增长的利益，因此成员国采取协调措施，在组织框架内进一步拓展互利经贸协作，其中包括通过为贸易、相互投资和商业界的合作创造良好条件。

鉴于 2015 年 12 月 15 日郑州市通过的上海合作组织成员国关于区域经济合作的声明中所强调的落实协议的重要性，成员国将促进国家发展战略对接，加强经济贸易纲要的协作。

综合工作的目的将保证可持续的社会经济增长，提高居民的生活和福利水平，进一步加强贸易、生产、金融、投资、农业、海关、电讯方面的合作，包括卫星导航系统的运用及其他能够引起共同兴趣的领域。特别予以关注的是有效对抗经济增速放缓经验的交流，采用创新技术，形成良好的投资和营商气候、在优先合作方面实施长期项目和发展基础设施。

五、上海合作组织成员国政府首脑理事会 2001—2016 年会议大事记及其通过的文件清单

上海合作组织政府首脑（总理）会议

政府首脑（总理）会议通过组织预算，研究并决定组织框架内发展各具体领域，特别是经济领域相互协作的主要问题。

政府首脑（总理）会议例会每年举行一次。例会主办国政府首脑（总理）担任会议主席。

例会举办地由成员国政府首脑（总理）预先商定。

（摘自 2002 年 6 月 7 日圣彼得堡《上海合作组织宪章》）

2001 年 9 月 14 日　哈萨克斯坦共和国　阿拉木图

——签署了《上海合作组织成员国政府间关于区域经济合作的基本目标和方向及启动贸易和投资便利化进程的备忘录》；

——通过了《关于建立负责对外经济和对外贸易活动的部长会晤机制》的决议；

——通过了《关于制定多边经贸合作项目方案》的决议；

——通过了谴责发生在美国的恐怖主义行为的声明。

2003 年 9 月 23 日　中华人民共和国　北京

——签署了上海合作组织成员国政府首脑(总理）会晤联合公报；

——批准了《上海合作组织成员国多边经贸合作纲要》；

——签署了《技术上启动上海合作组织北京（中华人民共和国）秘书处和塔什干地区反恐怖机构这两个常设机构备忘录》；

——通过了关于《上海合作组织二〇〇四年度预算》及《上海合作组织常设机构编内工作人员工资、保障和补贴条例》的决议；

——批准了《上海合作组织地区反恐怖机构执行委员会的机构设置和人员编制方案》。

2004 年 9 月 23 日　吉尔吉斯斯坦　比什凯克

——签署了《上海合作组织成员国政府首脑（总理）理事会联合公报》；

——批准了 2003 年 9 月 23 日北京总理会议通过的《上海合作组织成员国多边经贸合作纲要》的落实措施计划；

——批准了《上海合作组织财政保障条例》；

——批准了《上海合作组织预算划分条例》；

——批准了《上海合作组织秘书处关于落实〈上海合作组织成员国多边经贸合作纲要〉进度的报告》

——通过了《建立专家组制订上海合作组织发展基金建立程序和运作规则的决定》；

——签署了《就上海合作组织实业家理事会问题建立委员会的决议》；

——进行了《上海合作组织区域经济合作官方网站》http://www.sco-ec.gov.cn 的展示仪式。

2005 年 10 月 26 日　俄罗斯联邦　莫斯科

——签署了《上海合作组织成员国政府首脑（总理）理事会会议联合公报》；

——批准了《〈上海合作组织成员国多边经贸合作纲要〉落实措施计划》实施机制；

——批准了《上海合作组织财政规则》；

——批准了《上海合作组织秘书处关于落实〈上海合作组织成员国多边经贸合作纲要〉进度的报告》；

——签署了《上海合作组织银行间合作（联合体）协议》；

——签署了《上海合作组织成员国政府间救灾互助协定》。

2006 年 9 月 15 日　塔吉克斯坦　杜尚别

——签署了《上海合作组织成员国政府首脑（总理）理事会会议联合公报》；

——通过了《上海合作组织地区反恐怖机构执行委员会的机构设置和人员编制新决议》；

——签署了《关于加快制定上海合作组织成员国政府间国际道路运输便利化协定草案的谅解备忘录》；

——批准了《上海合作组织秘书处关于落实〈上海合作组织成员国多边经贸合作纲要〉进度的报告》。

2007 年 11 月 2 日　乌兹别克斯坦共和国　塔什干

——签署了《上海合作组织成员国政府首脑（总理）理事会会议联合公报》；

——签署了《上海合作组织成员国政府海关合作与互助协定》；

——通过了《上海合作组织地区反恐怖机构执行委员会的机构设置和人员编制新决议》；

——批准了《上海合作组织秘书处关于落实〈上海合作组织成员国多边经贸合作纲要〉进度的报告》。

2008 年 10 月 30 日　哈萨克斯坦共和国　阿斯塔纳

——签署了《上海合作组织成员国政府首脑（总理）理事会会议联合公报》；

——批准了新修订的《〈上海合作组织成员国多边经贸合作纲要〉落实措施计划》；

——批准了《上海合作组织秘书处关于落实〈上海合作组织成员国多边经贸合作纲要〉进度的报告》；

——签署了《上海合作组织成员国海关能源监管信息交换议定书》。

2009 年 10 月 14 日　中华人民共和国　北京

——签署了《上海合作组织成员国政府首脑（总理）理事会会议联合公报》；

——批准了《上海合作组织秘书处关于落实〈上海合作组织成员国多边经贸合作纲要〉进度的报告》。

——签署了《上海合作组织成员国海关培训和提高海关关员专业技能合作议定书》；

——批准了《上海合作组织成员国关于加强多边经济合作、应对全球金融经济危机、保障经济持续发展的共同倡议》；

——通过了《上海合作组织地区防治传染病联合声明》。

2010 年 11 月 25 日　塔吉克斯坦共和国　杜尚别

——签署了《上海合作组织成员国政府首脑（总理）理事会会议联合公报》；

——批准了《上海合作组织常设机构人员条例》；

——批准了《上海合作组织秘书处关于落实〈上海合作组织成员国多边经贸合作纲要〉进度的报告》。

2011 年 11 月 7 日　俄罗斯联邦　圣彼得堡

——签署了《上海合作组织成员国政府首脑（总理）理事会会议联合公报》；

——通过了《上海合作组织成员国政府首脑（总理）关于世界和上海合作组织地区经济形势的联合声明》；

——批准了《上海合作组织秘书处关于落实〈上海合作组织成员国多边经贸合作纲要〉进度的报告》；

——签署了《上海合作组织银联体中期发展战略（2012—2016年)》。

2012 年 11 月 5 日　吉尔吉斯共和国　比什凯克

——签署了《上海合作组织成员国政府首脑（总理）理事会会议联合公报》；

——批准了《上海合作组织秘书处关于落实〈上海合作组织成员国多边经贸合作纲要〉进度的报告》；

——签署了《〈上海合作组织成员国政府间救灾互助协定（2005年 10 月 26 日)〉议定书》；

——签署了《上海合作组织成员国海关关于开展知识产权保护合作的备忘录》。

2013 年 11 月 29 日　乌兹别克斯坦　塔什干

——签署了《上海合作组织成员国政府首脑（总理）理事会会议联合公报》；

——批准了《上海合作组织秘书处关于落实〈上海合作组织成员国多边经贸合作纲要〉进度的报告》；

——通过了《关于成立上海合作组织开发银行和上海合作组织发展基金（专门账户）下一步工作的决议》；

——通过了《上海合作组织成员国政府首脑（总理）关于进一步开展交通领域合作的联合声明》；

——通过了《上海合作组织成员国传染病疫情通报方案》。

2014 年 12 月 15 日　哈萨克斯坦共和国　阿斯塔纳

——签署了《上海合作组织成员国政府首脑（总理）理事会会议联合公报》；

——责成梳理《上海合作组织成员国多边经贸合作纲要》落实措施计划中的项目，着手制订《2017—2021 年上海合作组织进一步推动项目合作的措施清单》；

——签署了《上海合作组织成员国海关关于发展应用风险管理系统合作的备忘录》；

——签署了《上海合作组织成员国海关执法合作议定书》。

2015 年 12 月 15 日　中华人民共和国　郑州

——签署了《上海合作组织成员国政府首脑（总理）理事会会议联合公报》；

——通过了《上海合作组织成员国政府首脑（总理）关于区域经济合作的声明》；

——批准了《上海合作组织秘书处关于落实〈上海合作组织成员国多边经贸合作纲要〉进度的报告》；

——通过了《继续就建立上海合作组织开发银行和上海合作组织发展基金（专门账户）开展工作的决议》；

——签署了《2016—2021 年上海合作组织成员国海关合作纲要》。

2016 年 11 月 3 日　吉尔吉斯共和国　比什凯克

——签署了《上海合作组织成员国政府首脑（总理）理事会会议联合公报》；

——批准了《上海合作组织秘书处关于落实〈上海合作组织成员国多边经贸合作纲要〉进度的报告》；

——通过了《2017—2021 年上海合作组织进一步推动项目合作的措施清单的决议》

——通过了《继续就建立上海合作组织开发银行和上海合作组织发展基金（专门账户）开展工作的决议》；

——通过了《上海合作组织科技伙伴计划》；

——通过了《上海合作组织成员国政府间科技合作协定及2016—2020 年落实措施计划的决议》；

——通过了《上海合作组织公路协调发展规划的决议》。

六、上海合作组织空间内的经贸合作：现状和前景

世界经济目前依然处于严重的风险区。新的更加深刻和持久下滑的危险性证明，世界经济健康化依然是脆弱和不可持续的。

在经济全球化普遍趋势下，经济地理区域的碎片化进程还在发展，而形成新的、经常是封闭或"俱乐部式"经贸集团的企图促使在世界和区域贸易中寻找新的途径和轮廓。

大部分专家一致的看法是，最近十年来，欧亚宏观区域将成为世界经济的火车头。先进的技术将集中在这里，建设新的现代基础设施，聚集起基础性的人力资本，其开发将为强有力的经济增长创造条件。

根据国内生产总值、对外贸易和吸引外资数量，加入上海合作组织的国家的经济特点是稳健、活力和持续发展。而且引人注目的是，这些指标的活跃度超过世界总体水平。

决定经济合作的形式、方法和方向的上海合作组织框架内的现行

文件，为发展经济合作提供了广阔的基础，可以就各经济领域广泛的问题清单进行有针对性的对话，在经济轨道中制定务实的步骤。

为了这些目标，相关部门理顺了相互协作关系，在上海合作组织成员国形成了专家层面和相关国家权力部门领导人会晤机制，定期进行会晤。包括负责经贸、财政交通、农业和卫生、文化与教育、中央（国家）银行行长等相关部门负责人的定期会议和会晤机制顺利运作。

发展经济合作的重要机制是上海合作组织实业家理事会和银行间联合体，他们的活动有助于上海合作组织空间内实施共同项目的经济界和金融界人士的密切关系。

这样，在组织内建立了法律法规和工具性平台，有助于使参与者在广泛的区域经济日程、为共同发展的一致目标而集中力量等问题上的立场和主张接近起来。

上海合作组织是个年轻的国际组织。15 年来，它赢得了应有的威望，并牢固地进入了国际关系现代格局中。同时，上海合作组织走自己的路，这符合成员国的根本利益。因此，时或在组织框架内可以听到对经贸相互协作成果的批评性评价。建立在科学分析基础上的建设性评价总是有益的，它有助于把新观点提炼出来，形成真正的突破性思想。

目前，在欧亚地区，上海合作组织大家庭形成了其地理核心，正在实施大规模的经济倡议。就形式来看，这些倡议是不同的，但是就实质看，瞄准一个统一的结果——对区域经济发展赋予新的活力。这首先是指上海合作组织成员国国家战略和发展纲要，中国的建设丝绸之路经济带倡议，以及形成全面的欧亚伙伴关系。

在政治和学术界，已经就探寻对接的最佳模式和道路这些内容或这些倡议的接轨激烈地交换看法。显然，为了完成这些最复杂的任务，必须进行经得起考验的科学分析，立足于对当代世界经济发展的全球趋势进行深入思考。上述倡议对接或接轨的任务，就其规模和复杂性来看，都是前所未有的，同时对整个欧亚地区都是非常有前景的。

上海合作组织经济日程最重要的一个问题是项目活动。这个领域已经很好地做了大量工作，然而范围比较窄。目前已经有了互利的项目，这是潜在的增长点。为此，制定和批准了上海合作组织 2017—2021 年进一步发展项目活动的举措清单。

重要的内容是对上海合作组织的项目形成资金配套机制。继续探索形成制度化的途径、确定形成和运作的原则。无论上海合作组织未来的金融机制叫什么，采取什么形式，其使命都是促进区域经济发展，为组织的所有成员国的利益服务。

在上海合作组织成员国最近一次财政部长和中央（国家）银行行长会晤中，通过了决议，决定更积极地吸收学术界加入共同工作，探索金融领域更加有效互动的方式。

在交通方面的工作中，已经取得了看得见的成果。2014 年在杜尚别签署的国际公路运输便利化协定的落实，将保证建设从太平洋到大西洋具有统一程序的全程穿越性公路，为在广阔的欧亚地区经贸协作领域互利伙伴关系的形成开辟新阶段。协定生效之后，任何国家都可以加入，这将为在所有方向形成跨境交通走廊创造独特的可能性。在不远的将来，需要对这些多层次的内容进行深入研究，并考虑其远景的科学分析。

在上海合作组织活动的优先方向中，宪章规定，促进贸易和投资创造便利，以逐渐实现商品、资本、服务和技术自由流动。因此，特别关注贸易领域的相互协作问题。这个问题特别敏感，首先是因为上海合作组织各成员国生产潜力各不相同。重要的是要注意到，基于科学分析，全面研究整个问题，依据现有实际，以及为小经济体提供最惠国待遇的世界经验。经贸部长们已经批准了上海合作组织成员国简化贸易程序特别工作组条例。

上海合作组织中的海关、科技、农业、通讯信息技术等领域得到积极发展。这些方向的工作依然在继续，并经常交换意见、交换先进经验和技术。

显然，上海合作组织中经济相互协作方向正在加大力度，"上海合作组织大家庭"的成员国为此赋予其一个关键的意义，因为它符合各国人民的根本利益。近期，在政府层面，在专家层面，正在推出值得关注的建议和想法，旨在扩展这个领域的合作。其中关于建立"上海合作组织经济智库"的建议特别值得研究和支持。它提及的是发展共同的智力合作，以便为上海合作组织全方位的经济互利合作做出自己的贡献。当然，这个建议需要进行详细的论证。人们越来越积极地提出必须认真研究国家经济发展战略对接的路径以及探讨新的增长点的问题。总体来看，还需要进行大规模的讨论，分析每个国家在对接实践中的作用，以便国家战略与新路径合拍，获得崭新的意义和活力。还有一个内容就是建立上海合作组织自由贸易区。对此问题有不同的观点。这些观点反映了各方的某些立场。显然，这个内容有其赞同者，也有人认为提出这样的问题为时尚早。对这个问题进行系统的研究，有助于探索促进整个贸易和经济合作的最佳模式。

同时，目前的现实促使上海合作组织各成员国必须更务实、更合理和协调一致地在区域层面对多边贸易体制的当代挑战做出回答，采取措施，改善实业气候，简化传统贸易手续，发展电子对话，吸引投资，发展过境潜力和基础设施，推进各方共同感兴趣地方的工业合作。

第 四 章

观察选举——上海合作组织的重要使命

根据《上海合作组织宪章》，上海合作组织的一个主要目标和任务是"根据成员国的国际义务及国内法，促进保障人权及基本自由"。为了具体实施该纲要，一个主要步骤是在该组织框架内，形成对上海合作组织空间内举行的选举和全民公决的国际观察机制——上海合作组织观察员的使命。

一、法律基础

观选的法律基础是依据 2006 年 5 月 15 日由上海合作组织成员国外交部长理事会决议批准的《上海合作组织观察员团观察总统和（或）议会选举及全民公投的条例》。观察基于举行选举的国家的宪法和选举法律法规。

二、观察员团史

上海合作组织第一次国际观察是于 2004 年 9 月应哈萨克斯坦共和国议会选举进行的。从那时起，该组织就形成了一个多专业的社会政治领域务实合作。上海合作组织在自己空间内，开始掌握促进推动民主变革的方法。

从 2004 年 1 月 1 日起，上海合作组织秘书处开始正式运作，并着手解决包括形成机制和工具问题，这可以有效地实施《上海合作组织宪章》、上海合作组织成员国元首理事会和政府首脑理事会所规定的目标和任务。

根据上海合作组织秘书处的倡议，在与成员国互动方面，制定了《上海合作组织观察员团观察总统和（或）议会选举及全民公投的条例》，并在上海由上海合作组织成员国外交部长理事会决议批准。文件规定了该组织对总统或议会选举以及全民公决和全民投票进行国际观察的总则、工作规则和职能。

根据举行选举的国家的邀请，上海合作组织秘书处与国家协调员理事会协商，组织和协调选举观察员使团。

观察员团的活动由接待国的选举法以及《条例》中的法规和国际义务所规范。

观察员团的主要目的是，从选举是否符合国家立法、国际条约和接待国的义务角度出发，对选举过程和结果做出评价。

从 2004 年起，组建了 39 个观察员团，其中三个团曾在上海合作组织观察员国开展工作：在蒙古国（2005 年总统选举），在白俄罗斯共和国（2015 年总统选举和 2016 年议会选举）。

在上海合作组织成员国领土上，在活动过程中，该组织的观察团成员考察了 29 个州，包括卡拉卡尔帕克斯坦共和国和 40 多个大城市。

上海合作组织秘书长 27 次担任观察团团长，27 次由副秘书长担任团长。

共有约 400 人参加了观察团。观察团由专业观察员组成，他们知晓选举过程的特点，具有举行选举或组织类似活动的经验。这些人有：议员、中央选举委员会的代表、地方选举委员会的代表、上海合作组织成员国外交部门的代表、国家战略研究所和友好协会的代表。在 2016 年乌兹别克斯坦共和国总统选举中，来自俄罗斯联邦的具有传奇色彩的花样游泳运动员、三次奥运会冠军、十次世界杯冠军、国家杜马代表伊丽娜·罗德尼娜就积极地参加了观察团。

三、观察方法

从 2004 年在上海合作组织成员国启动选举进程观察机制后，秘书处对选举进程的观察和举行选举的做法进行了总结，积累了经验，并对监督选举的实际方面进行了总结和分析。在过去一段时期里，上海合作组织对组织和观察的实施形成了行之有效的做法，总体上不逊于其他权威国际组织的选举监督方法。

观察团成员独立自主地进行活动，遵循政治客观，中立，不偏不倚，拒绝对选举机关、国家和其他机关、官员、选举参与者表达某种预告和偏好的原则。

观察团成员基于个人观察和事实资料，自己的所有结论都言之有据。

观察团成员无权运用自己的地位来实施与观察选举无关的活动，或者干预选举进程。如果观察团成员违反接待国法律，观察团承认接待国收回对观察团成员资格（登记）的权利。

在实际层面，收到对上海合作组织组织监督即将举行的选举和筹备的邀请后，该组织秘书处马上以规定的程序，开始组建上海合作组织观察团的手续。同时，秘书处对接待国调整选举进程、监督大众传媒对选举过程的客观和独立宣传、为选民提供必要信息的现行法律法规进行收集和分析。

上海合作组织观察团不参与对选举进程的长期监督，只限于短期的观察。观察团成员在选举开始前的5—7天内抵达这个国家，在选举之前和投票日对选举进行监督。秘书处负责对工作人员进行一般阐释，解释观察团的工作方法和程序，对观察团成员提供指导，组建2—5人观察组，划定进行观察的地区和居民点，确定互动的程序。按照对每个观察点的观察职能的巡视结果，填写检查表格，签上观察员和选区委员会主席的名字。在选举日，观察团的代表一般在选区开放时就出现在现场，观察选民的投票和计票过程。

观察团履行自己的职能，遵循政治中立和不干涉国家内政的原则。

选举结束，观察团所有成员从各地回来，集体准备观察团对观选进程的声明。观察团的结论建立在亲身观察、官方信息、筹备和执行选举的选举委员会和国家管理机构提供的事实材料、与选举参与者谈话获得的数据以及选举表格的信息之上。

声明的稿件由观察团团长签署，并递交接待国的中央选举委员会，让社会和大众传媒所周知。在选举之后的次日，观察团成员参加记者招待会，会上观察团团长宣读对所进行的选举工作（或者他所做的基本结论）结果的声明，给出可能的解释，并予以祝愿。

地团秘书处把观察团活动结果的报告通过国家协调员理事会使成员国知悉。观察团工作成果的文件和资料交由秘书处存档。

观察团与大众传媒的工作具有特殊地位，因为该工作能够使传媒公开及时地报道观察团活动的各个阶段。观察团准备有关自己工作的新闻摘要，与表现出兴趣的媒体进行互动。观察团成员定期进行吹风会，讲述自己对组织和实施选举的印象，参加吹风会、记者招待会和报道选举过程的电视转播。

四、关于上海合作组织观察团对组织成员国选举（全民公决）工作的若干总体成果

对从 2004 年开始的观察团的声明、结论和报告进行的比较分析，可以说，迄今为止，所进行的选举实际上是民主的。无论在立法层面，还是在组织和实施选举过程中出现问题的方面，国际观察员一开始就予以了关注，比如对候选人不平等的条件，与选举名单有关的违法，有组织地把选民送到选区，即所谓的"急速转场""家庭（委托）投票"等。今天这些实际上已经不存在。

这总体上体现了社会对类似标志性的历史性举措态度的改变，变得更加为自己国家的命运负责，说明了公民自我意识的成长。另一方面，国家也渴望进行民主变革，展示整个选举过程的开放性和透明度。上海合作组织的观察员去过的国家，其立法规定了基本的民主原则和准则：

公民有选举和被选举权；

选举的开放性和公开性；

对公民的选举权和自由予以司法和其他保护；

对选举进行公众和国际监督；

保证和保障选举进程的参与者实施选举权和自由；

遵守公正、真实和自由的选举原则，在保证选民的意志自由表达和无记名投票基础上，实施普遍平等的选举。

为了加强选民对选举结果的信任，某些国家引进了最新技术，诸如运用生物数据和自动计票的投票箱，用带有展示在线投票过程的联网摄像头来装备选区。在个别国家，观察员也注意到对选民的关心：在选区有儿童房，为残障人士准备了选举小厅，为视力有问题的人士印刷了盲文选票，医务工作者也在场。为了给达到成年并首次参选以及为达到某个年龄的人士营造节日气氛，选区委员会还赠送鲜花和纪念礼物。在音乐学校或文化中心改造的选区里，还免费举行古典和民族音乐会。

考虑到上海合作组织观察团的成员来自成员国的中央和地方选举委员会，类似的特点也在组织和实施选举中体现出来，这对交流经验是非常有益的。

观察员们也对选区选举委员会的工作作出正面回应。委员会的负责人和员工敬业精神的增进有目共睹。

五、上海合作组织观察团观察的选举和全民公决（2004—2016 年）

次数	时间	活动	观察团团长	人数	备注
1	2004 年 9 月 19 日	哈萨克斯坦共和国议会第三届马日里斯（下院）选举	张德广秘书长	2	未发表观选声明

续表

次数	时间	活动	观察团团长	人数	备注
2	2004 年 12 月 26 日	乌兹别克斯坦共和国立法院奥里马日里斯（议会）选举	维·扎哈罗夫副秘书长	2	未发表观选声明
3	2005 年 2 月 27 日	吉尔吉斯共和国若格尔古吉内什（议会）选举	塞·纳雷舍夫副秘书长	6	2005 年 3 月 8 日将观选声明发送给吉尔吉斯斯坦中选委
4	2005 年 2 月 27 日	塔吉克斯坦共和国马吉利斯（议会）和地方马吉利斯选举	日·库鲁巴耶夫副秘书长	2	观察团考察了杜尚别市 2 个投票站。观选报告于 2005 年 3 月 18 日发送塔方
5	2005 年 3 月 24 日	蒙古国总统选举	塞·纳雷舍夫副秘书长	3	观察团考察了乌兰巴托市和中央省 14 个投票站。观选报告于 2005 年 3 月 27 日发送给蒙古国中选委
6	2005 年 7 月 10 日	吉尔吉斯共和国总统选举	塞·纳雷舍夫副秘书长	4	观察团考察了比什凯克市 10 个投票站。观选报告于 2005 年 7 月 22 日发送给吉尔吉斯斯坦中选委
7	2005 年 12 月 4 日	哈萨克斯坦共和国总统	张德广秘书长	4	观察团考察了阿斯塔纳市 10 个投票站。观选声明于 2005 年 12 月 9 日发送给哈萨克斯坦中选委
	2006 年 5 月 15 日（上海）	批准《上海合作组织观察员团观察总统和（或）议会选举及全民公投的条例》			上海合作组织外长理事会第 8 个决议
8	2006 年 11 月 6 日	塔吉克斯坦共和国总统选举	维·扎哈罗夫副秘书长	4	观察团考察了杜尚别市、基萨尔、库尔干秋别、库利亚布、唐加尔、努列克等 40 多个投票站

续表

次数	时间	活动	观察团团长	人数	备注
9	2007 年 8 月 18 日	哈萨克斯坦共和国议会马日利斯和马斯里哈特选举	高玉生 副秘书长	13	在阿拉木图市进行了观察
10	2007 年 10 月 21 日	吉尔吉斯共和国就通过《吉尔吉斯共和国关于对吉尔吉斯和国宪法新修正法案》和《吉尔吉斯共和国选举法新修正案》的全民公决	什·乔诺诺夫 副秘书长	5	观察团考察了比什凯克的 14 个投票站点，还去了楚河州的阿拉木桐和索库卢克区
11	2007 年 12 月 2 日	俄罗斯联邦会议第五届国家杜马选举	高玉生 副秘书长	13	观察团考察了莫斯科的 30 个投票站
12	2007 年 12 月 16 日	吉尔吉斯共和国若格尔古吉内什（议会）提前选举	什·乔诺诺夫 副秘书长	缺乏信息	观察团考察了比什凯克的 10 个投票站，还去了托克马克、肯特、卡拉巴尔塔以及楚河州的莫斯科区
13	2007 年 12 月 23 日	乌兹别克斯坦共和国总统选举	博·努尔加利耶夫 秘书长	3	观察团考察了布哈拉和卡刚市的 6 个投票站
14	2008 年 3 月 2 日	俄罗斯联邦总统选举	博·努尔加利耶夫 秘书长	15	观察团考察了莫斯科市和莫斯科州 96 个投票站
15	2008 年 10 月 4 日	哈萨克斯坦共和国上院选举	缺乏信息	5	在阿拉木图市进行了观察。没有声明
16	2009 年 7 月 23 日	吉尔吉斯共和国总统选举	什·乔诺诺夫 副秘书长	7	观察团考察了比什凯克市、托克马克市、肯特、卡拉巴尔塔市的投票站，还去了楚河州的伊塞克卡廷、索库卢克区和莫斯科区的一些居民点

次数	时间	活动	观察团团长	人数	备注
17	2009 年 12 月 27 日	乌兹别克斯坦共和国立法院奥里马日里斯（议会）选举	什·乔诺诺夫 副秘书长	11	观察团考察了塔什干市 87 个投票站，还考察了塔什干州和塞尔达林州的一些城市和居民点
18	2010 年 2 月 28 日	塔吉克斯坦共和国马吉利斯（议会）和地方人民代表马吉利斯选举	米·科纳洛夫斯基 副秘书长	16	观察团考察了杜尚别市、库尔干秋别、努列克、萨尔邦德、唐加尔、图尔孙扎德等城市的 45 个投票站，还考察了瓦赫达特、基萨尔、鲁塔基、沙赫里纳夫和费扎巴德等区
19	2010 年 6 月 27 日	吉尔吉斯共和国就通过新宪法举行全民公决	宏九印 副秘书长	7	观察团考察了比什凯克、肯特、卡拉巴尔塔、托克马克市和楚河州的 47 个投票站
20	2010 年 10 月 10 日	吉尔吉斯共和国若格尔古吉内什（议会）提前选举	巴·多多夫 副秘书长	12	观察团考察了比什凯克、肯特、卡拉巴尔塔和托克马克市以及楚河州的几个区的 44 个投票站
21	2011 年 4 月 3 日	哈萨克斯坦共和国总统选举	米·科纳洛夫斯基 副秘书长	没有资料	观察团考察了阿斯塔纳、阿拉木图和卡拉干达市的 31 个投票站
22	2011 年 10 月 30 日	吉尔吉斯共和国总统选举	米·科纳洛夫斯基 副秘书长	20	观察团考察了比什凯克、肯特、卡拉巴尔塔和托克马克市的 62 个投票站以及楚河州的其他几个居民点
23	2011 年 12 月 4 日	俄罗斯联邦会议第六届国家杜马选举	宏九印 副秘书长	15	观察团考察了莫斯科市和莫斯科州的 56 个选区
24	2012 年 1 月 15 日	哈萨克斯坦共和国议会马日利斯和马斯里哈特选举	阿·纳塞罗夫 副秘书长	11	观察团考察了阿斯塔纳市和阿克莫林州的 51 个投票站

续表

次数	时间	活动	观察团团长	人数	备注
25	2012 年 3 月 4 日	俄罗斯联邦总统选举	穆·伊玛纳利耶夫	22	观察团考察了莫斯科市的 51 个投票站
26	2013 年 11 月 6 日	塔吉克斯坦共和国总统选举	纳·阿克什卡洛夫 副秘书长	22	观察团考察了杜尚别、基萨尔和鲁塔基市的 21 个投票站
27	2014 年 10 月 1 日	哈萨克斯坦共和国上院选举	穆·哈克多多夫 副秘书长	9	在阿斯塔纳市和阿拉木图市进行了观察
28	2014 年 12 月 21 日	乌兹别克斯坦共和国立法院奥里马日里斯（议会）选举	穆·哈克多多夫 副秘书长	15	观察团考察了塔什干市和塔什干州其他居民点的 73 个投票站
29	2015 年 3 月 1 日	塔吉克斯坦共和国马吉利斯和奥里马吉利斯选举	谢·伊曼多索夫 副秘书长	10	观察团考察了杜尚别市的 33 个投票站
30	2015 年 3 月 29 日	乌兹别克斯坦共和国总统选举	德·梅津采夫 秘书长	12	观察团考察了塔什干、撒马尔罕、布哈拉、奇尔奇克市和塔什干州的几个居民点的 97 个投票站
31	2015 年 4 月 26 日	哈萨克斯坦共和国总统非例行选举	德·梅津采夫 秘书长	10	观察团考察了阿斯塔纳、阿拉木图、卡拉干达、科克切套、铁米尔套、奇姆肯特市、阿克莫林州和南哈萨克斯坦投票站选区
32	2015 年 10 月 4 日	吉尔吉斯共和国若格尔古吉内什（议会）选举	谢·伊曼多索夫 副秘书长	10	观察团考察了比什凯克市和楚河州的 66 个投票站
33	2015 年 10 月 11 日	白俄罗斯总统选举	德·梅津采夫 秘书长	7	观察团考察了戈梅利州、格罗德诺、明斯克州和莫吉廖夫州、布列斯特、博布鲁伊斯克、鲍里索夫、日洛宾、若迪诺和明斯克市的 59 个投票站

续表

次数	时间	活动	观察团团长	人数	备注
34	2016 年 3 月 20 日	哈萨克斯坦共和国马吉利斯议会选举	阿·诺西洛夫副秘书长	9	观察团考察了阿斯塔纳、科克什套、卡拉干达、埃基巴斯图兹、铁米尔套市、阿克莫林州、卡拉干达州和巴甫洛夫达尔州的几个居民点的 65 个投票站
35	2016 年 5 月 22 日	塔吉克斯坦共和国就宪法进行修改和增补所进行的全民公决	王开文副秘书长	9	观察团考察了杜尚别市、基萨尔市、瓦赫达特市和瓦尔佐布市以及中央直属区和库利亚布州的几个居民点的 78 个投票站
36	2016 年 9 月 11 日	白俄罗斯共和国国民会议代表院选举	拉·阿利莫夫秘书长	11	观察团考察了明斯克市、莫吉廖夫市、布列斯特市以及明斯克州、莫吉廖夫州和布列斯特州的几个居民点的 73 个投票站
37	2016 年 9 月 18 日	俄罗斯联邦会议第七届国家杜马选举	拉·阿利莫夫秘书长	12	观察团考察了莫斯科市和阿布列列夫卡市和莫斯科州的 94 个投票站
38	2016 年 12 月 4 日	乌兹别克斯坦总统选举	拉·阿利莫夫秘书长	18	观察团考察了 13 个选区（乌兹别克斯坦总共有 14 个选区）的 235 个投票站
39	2016 年 12 月 11 日	吉尔吉斯共和国就宪法修改举行全民公决	王开文副秘书长	10	观察团考察了比什凯克市和楚河州、伊塞克－库尔州和纳雷州的 63 个投票站

六、来自上海合作组织观察团人员的国别和选举类型

国家	总统选举	议会选举	全民公决	总共
哈萨克斯坦	3	6		9
吉尔吉斯斯坦	3	4		10
俄罗斯	2	3		5
塔吉克斯坦	2	3	3	6
乌兹别克斯坦	3	3	1	6
白俄罗斯	1	1		2
蒙古国		1		1
				39

七、2004—2016 年，观察团活动的地理范围

国家	城市	州
哈萨克斯坦	阿斯塔纳、阿拉木图、卡拉干达、科克切套、铁米尔套、奇姆肯特、埃基巴斯图兹	阿克莫拉、阿拉木图、卡拉干达、南哈萨克斯坦、巴甫洛夫达尔
吉尔吉斯斯坦	比什凯克、托克马克、肯特、卡拉巴尔塔、巴雷克奇、乔尔邦阿塔	楚河、伊塞克－库尔、纳雷
俄罗斯	莫斯科、阿布列列夫卡	莫斯科
塔吉克斯坦	杜尚别、基萨尔、库尔干秋别、库里亚布、努列克、图尔孙扎德、萨尔邦德	哈特隆
乌兹别克斯坦	塔什干、布哈拉、撒马尔罕、卡刚、奇尔奇克、乌尔根奇、希瓦、纳沃伊、卡尔什、古利斯坦、吉扎克、努库斯、昆格拉德	
白俄罗斯	明斯克、布列斯特、博布鲁伊斯克、鲍里索夫、日洛宾、若迪诺	明斯克、布列斯特、戈梅利、格罗德诺、莫吉廖夫
蒙古国	乌兰巴托	中央省

第 五 章

政治学家眼中的上海合作组织
（英文媒体的报道）

　　上海合作组织的巩固，其全面合作循序渐进地发展，它在国际事务中的作用的提高，引起国际社会、主流学者、政治学家和记者对该组织的兴趣不断增强。上海合作组织不仅以其在自己的责任区内保证安全与稳定所取得的成就，并且以在经贸和人文领域相互协作加强而吸引人们越来越多的关注。上海合作组织开始了吸收印度和巴基斯坦的进程，在全球范围内，它的潜力和机会获得相当大的拓展。尽管东西方对上海合作组织前景的评价和预测有分歧，但是它本身的发展足以引起关注，并使人们从新的视角观察其在全球事务中的作用和地位。因此，我们决定向我们的读者呈现英语报道的分析，这些文章2016 年发表，在文章内，专家对上海合作组织进行讨论，阐述它的主要趋势。曾有 43 篇文章对此进行了阐释，发表在 28 家分析性刊物上。2016 年 6 月之前，评论文章数量获得增长，毫无疑问，这是由上海合作组织塔什干峰会日期临近所决定的。

　　无论研究文章是发表在著名的还是不太出名的期刊上，其深度和广度都有所不同。至于西方的出版物，其中主要提及的是，上海合作组织塔什干峰会是在英国退出欧盟对俄罗斯政策优势的评价背景下召开的。在著名的分析性杂志《对外政策》2015 年 7 月号中，在所有文章中，该组织的名称总共提到 16 次。

关于塔什干峰会前夕上海合作组织的活动以及峰会结果的文章可以分为两个范畴：上海合作组织结构的变化和该组织在国际舞台上的作用。

一、扩员

上海合作组织扩员首先应该从接受印度和巴基斯坦，以及伊朗可能获得成员国资格背景下来审视，该进程无论从这三个国家单个来看，还是从上海合作组织本身来看，都有优点和缺点。

印　度

大部分作者，包括印度的作者，谈到上海合作组织峰会，首先指出印度为获得核供应国集团的会员资格所做的徒劳无益的尝试。新德里和平与调解冲突中心的教授 A. 萨英在《欧亚观察》中指出，北京在向印度打开上海合作组织大门的同时，也关闭了其走进核供应国集团的大门。在该作者看来，印度在该组织"只起次要作用，因为俄罗斯和中国向上海合作组织提供动力"（Sign 2016）。

上海合作组织的地理和战略空间无论从经济和能源角度看，还是从安全领域看，对印度都是极其重要的。在印度开发伊朗恰合别哈尔港、铁路网络和国际南北运输走廊战略的视角下，加入上海合作组织是正确的外交步骤（Sajjanhar 2016a）。这个步骤不仅"有助于捍卫新德里在阿富汗的利益，观察俄罗斯与巴基斯坦的接近，抵制巴基斯坦将在上海合作组织提出的没有意义的决议，而且可以发展与中亚国家的关系"（Banerjee 2016）。这也将为印度以另外的视角看待能源安全、地区一体化和工业发展项目，也可以审视中国"一带一路"倡议（Bhadrakumar 2016）。

沿着这个思路，文章作者在《印度快报》上发表文章认为，上海合作组织发展经济的合作将取决于它与"一带一路"倡议的对接。因此，德里与这个倡议保持距离，其立场将变得软弱。这样，对印度而言，加入上海合作组织的好处在很大程度上将取决于其对丝绸之路的政策（Palit 2016）。

巴基斯坦

对巴基斯坦而言，上海合作组织的成员国资格被《巴基斯坦观察家》视为既可以提供多样政治选择的可能性，也可以打击上海合作组织所称的"三股邪恶势力"，这与巴基斯坦的反恐政策的内容等同（Nasir 2016）。在华盛顿南亚地区中心专家伍德罗·纳尔逊·M.库戈尔曼看来，建设中巴经济走廊将对中亚和巴基斯坦的发展起到相当大的作用（Mazumdura 2016）。

紧张的印巴关系并不被分析家们视为总会给上海合作组织带来不谐音符。人们注意到，上海合作组织平台在解决这两个国家的分歧中将起到建设性作用。在《亚洲时报》也可以看到类似的评论。作者认为，上海合作组织将为双边关系"前所未有的规模上相互协作"提供可能性。（Bhadrakumar 2016）。《印度快报》的专家也认为，印巴冲突不会对该组织的运作造成消极影响，因为其他成员国乐于同这些国家的双边关系保持距离（Palit 2016）。还有一种观点认为，随着印度和巴基斯坦加入上海合作组织，该组织将不会出现剧烈的变化，因为在中亚的主要玩家依然是俄罗斯和中国（Mazumdura 2016）。

应该指出的是，西方媒体的某些资料反映出它们对上海合作组织运作的基础性文件所知甚少。特别是，从事上海合作组织国家研究的权威研究中心的某些专家是如此阐释新成员国加入该组织的："如果印度和巴基斯坦想成为成员国，印巴问题就应该解决或得到有效控制，否则，就未必会被接纳"（Kucera 2016）。在塔什干峰会之前，媒体报道说，印度将在塔什干获得该组织成员国资格。峰会闭幕之后，就有声明说，在塔什干峰会签署义务备忘录之后，巴基斯坦就成为该组织的全权成员国。《上海合作组织扩员：巴基斯坦的前景》说，可能新成员国不得不批准在上海合作组织框架内签署的 28 个决议和文件方案（Stopban 2016）。同时，有的媒体表现出怀疑，认为应该没有任何先决条件地提供成员国资格，新成员国将像创始国一样享有这些权利（Stopban 2016）。人们也以同样的视角看待伊朗加入问题。他们还特别推测，将视伊朗与国际原子能机构的合作情况，以这种附加的条件为它提供成员国资格（Almedia 2015）。

伊　朗

在伊朗加入上海合作组织问题上，无论在该组织的成员国立场团结方面，还是在上海合作组织的成员国资格对伊朗本身的意义方面，都存在着看法。

《Al-Monitor》的文章作者指出，随着俄美和中美关系紧张的加剧，莫斯科和北京就伊朗加入上海合作组织的立场逐渐接近（Aziz 2016）。然而，在签署《联合全面行动计划》后，伊朗特别关注于同西方理顺关系，对德黑兰成为上海合作组织的成员国的合理性表示怀疑（Aziz 2016，Zare 2016）。在伊朗与俄罗斯、中国的双边关系顺利发展的局势下，专家们提出的问题是，加入上海合作组织会给伊朗带来什么新东西。人们还推测说，对这方面兴趣不足使德黑兰只派外交部长（总统出席了以往几届峰会）出席塔什干峰会（Aziz 2016）。还要指出的是，在目前阶段，观察员国地位更符合伊朗的利益（Zare 2016）。

相反，《路透社》和分析性杂志《外交事务》的资料凸显了莫斯科和北京在伊朗获得上海合作组织成员国地位立场上的分歧。譬如，在《路透社》发表的《尽管有莫斯科支持，但北京领导下的集团使伊朗保持触手可及的距离》中指出，上海合作组织"拒绝开始伊朗加入的进程，尽管它得到莫斯科的支持，这显示莫斯科与北京之间可能不在一个频道上"（Dyomkin and Mamatkulov 2016）。《外交事务》（Lim 2016）杂志的文章《伊朗的上海理想》和库尔德通讯社（Rudaw Media Network）的文章《尽管俄罗斯坚持，但中国拒绝伊朗的上海合作组织成员国地位》（2016）也持同样的立场。

其他专家历数了放弃加入上海合作组织对伊朗的好处。在所有邻国都是某个安全组织的成员国的情况下，伊朗不加入它们中的任何一个，其在上海合作组织的成员国地位是战略上重要的步骤（Karami 2016）。它们还指出，伊朗与该组织既分享"向占主导地位的美国发起挑战的雄心"，同时，在安全方面"聚焦于打击三股势力"；"在任何情况下，在没有获得其他组织成员国地位时，上海合作组织对伊朗都是最亲近的国际力量"。他们还认为，加入上海合作组织能在该组织这个平台上促进与印度的双边关系（Lim 2016），以保持在中东的战略平衡（Bhadrakumar 2016、Karami 2016）。据传随着印度大使 M. 布哈德拉库玛拉的离任，伊朗将于本十年末加入上海合作组织（Bhadra-kumar 2016）。

二、上海合作组织扩员的意义

谈到该组织的扩大，首先想到的就是该组织空间内幅员和人口的增多（Park 2016、Stopban 2016、Zare 2016、Mazumdaru 2016、Palit 2016、Sajjahar 2016）。

至于具体国家，那么，按照西方专家的看法，伊朗的加入很好地体现在该组织的工作中，尤其体现在支持中国的丝绸之路经济带事务中。同时，专家认为，作为连接中国与中东和欧洲的桥梁，甚至在北京与莫斯科在这个问题上出现紧张的条件下，伊朗将会有助于在上海合作组织框架内加强对中国方案的支持。伊朗的加入将把天然气的总储量扩大到 50%，石油达到世界总储量的 18%。这与伊朗的欧佩克成员资格加在一起，将扩大上海合作组织国家影响能源价格调整的可能性（Lim 2016）。

在专家看来，巴基斯坦可以在上海合作组织框架内在阿富汗问题、打击恐怖主义、分裂主义和极端主义、建设富有前景的能源和贸易走廊方面起到建设性作用，与中亚国家的文化和历史联系、与中国可靠的战略与经济关系，以及与俄罗斯关系的改善，都有助于这些作用的发挥。此外，巴基斯坦可以视上海合作组织为解决与印度争端的另一个平台（Lim 2016）。

伊朗的加入会加重该组织的"分量和力量"，特别是在世界经济持续萎缩的情况之下。印度不断增长的需求为资源丰富的俄罗斯和中亚国家提供有保证的市场。此外，在最近 30 年来，印度是恐怖袭击的牺牲品，它可以与中亚国家分享打击恐怖主义的经验（Sajjanhar 2016）。一些专家还指出，印度目前加入上海合作组织是中国与俄罗斯在该组织中竞争的平衡因素（Palit 2016）。

专家们除同意印度和巴基斯坦加入将提高上海合作组织的声望和影响的看法外，他们也表达了不安，说这两个国家关系的紧张将阻碍成员国更紧密地合作，就如同南亚地区合作联盟那样。在 M.库戈尔曼看来，正是"印度与巴基斯坦的紧张关系对南亚联盟的机制性活动造成消极影响，使该组织瘫痪"。哈萨克斯坦战略研究所副所长 C.库什库姆巴耶夫认为，"印度和巴基斯坦这两个核国家加入上海合作组织，将改变该组织框架内的平衡，已经有两个核国家是其成员国了。建立了无核武器区的中亚国家，在这种构架中找到平衡并不容易。"

卡内基基金会专家、美国国务院南亚和中亚事务前助理国务卿艾·费根鲍姆在接受"美国之音"采访时指出，"当国际组织的形式开始超越其职能，其运作能力将减弱。所以，随着印度和巴基斯坦的加入，该组织将变得更弱，而在其中工作更难协调"（Feigenbaum 2016）。

谈到上海合作组织扩员进程，专家们也指出其中经济合作的成分，对此必须予以关注，因为"国际组织扩大的所有成功的例证都集中于成功的经济模式"（Karami 2016）。

三、国际舞台上对扩员的评价

英文媒体上对上海合作组织的评价有非常多自相矛盾的地方。西方部分政治学家把该组织或者视为反西方的联盟，其任何决定都被视为与西方国家政策抗衡，或者视为讨论决议的平台，其中大部分难以落实。还有如下定语："修正主义国家俱乐部""纸老虎"或者"独裁者俱乐部"（Stopban 2016），"在政治、安全和经济与文化领域讨论问题的地区平台"（Lee 2016），等等。塔什干峰会被称为"上海合作组织国家更多地向中国显示自己忠诚的仪式，而不是致力于制定解决地区问题的方案"（Ibragimova 2016）。然而也有一些专门研究中亚和具体的该组织的专家们的专业性评价值得关注。

第一，他们指出，"俄罗斯与中国在上海合作组织的竞争是，哪些合作领域（经济与安全）应该优先，这妨碍着该组织的实际运作"（Aziz 2016、Stopban 2016、Zare 2016、Palit 2016）。

第二，他们似乎提出了上海合作组织框架内成员国存在的不信任问题。专家们指出，《上海合作组织至 2025 年发展战略》中预判，成员国在联合国和其他国际组织中就广泛的相互利益保持相似的政治立场，这就意味着，"上海合作组织有意设计世界政治日程"（Palit 2016）。然而，他们指出，具体实施这样的计划，上海合作组织的准备还远远不够，因为"第一，在形成自己的政治日程时，它遇到了困难；第二，它苦于资金不足；第三，上海合作组织的地理区域非常复杂，充满了种族、宗教、领土和社会冲突；最后，上海合作组织遇到了成员国之间互不信任问题，而建成一个有影响的国际机制，其成员国互不信任是不可能的"（Pak 2016）。所以，他们错误地断言，"当上海合作组织没有加强其成员国信任之前，在没有形成自己的财政制度和没有开始有规模的共同发展项目之前，该组织依然将在主流全球政治中居于次要地位"（Pak 2016）。

美国贝尔维尤大学教授 M. 克罗斯顿发表题目为《上海合作组织的成熟：有意义的国际组织的出现》的文章，指出上海合作组织成立以来所取得的成就，并以更加乐观的语调谈及上海合作组织的未来。然而，根据他的观点，他的全部论据归之为反恐中心执委会的顺利工作，而没有涉及其他合作领域（Crosston 2016）。在一些专家看来，无论是上海合作组织在经济领域的合作，还是安全领域的合作，都建立在双边基础之上。在安全领域的合作进展缓慢，因为"乌兹别克斯坦更趋向于这个领域的双边合作"（Ibragimova 2016）。至于经济，《印度防务评论》指出，"上海合作组织的成就在很大程度上是中国双边倡议的结果，而该组织则由于中国的资金资助而随波逐流"（Stopban 2016）。作为世界非盎格鲁·撒克逊势力的论坛和丰富能源资源的储备国，上海合作组织不能制定建设性的经济日程。在 2010 年提出的建设上海合作组织开发银行的倡议依然没有实施之后，中国提出了超出上海合作组织框架之外的倡议，如金砖新开发银行和亚投行。2006 年普京总统提出的上海合作组织能源合作作为该组织的一个主要目标，也还是没有得到关注（Palit 2016）。

根据《外交》杂志作者的看法，"上海合作组织 2005 年使世界感觉到该组织的能力，当时上海合作组织要求提出美国军队和所有与上海合作组织国家无关的军事基地从中亚撤离的期限"（Lim 2016）。艾·费根鲍姆也持同样的看法，他在接受"美国之音"编辑部的采访时阐述说，"要求美国加大力度，以便与中亚国家讨论这个步骤，之后，就没有了类似的声明"（Feigenbaum 2016）。"在该组织所采取的政治步骤中，上海合作组织国家就南海问题支持中国是有意义的步骤，在地缘政治意义上来说，它比 G7 的声明更有意义，这多亏了该组织框架内的共识机制"（Bhadrakumar 2016）。同时，研究者们也指出，上海合作组织成员国没有就俄罗斯参与在叙利亚的行动进行评论（Park 2016）。

总体来看，大多数专家把上海合作组织峰会视为关键的地区伙伴们会晤的机会。在对上海合作组织作为实际是富有行动能力的组织批评占优的背景下，某些分析资料对上海合作组织的活动做了肯定性评价。皇家联合国防研究所（Royal United Services Institute）国际安全研究处处长拉法埃尔·潘图奇认为，尽管有各种问题，上海合作组织是能够提供解决"被分割"的地区的问题的一个组织。上海合作组织是一个为数不多的组织，它能够保证领导人在中立地区举行经常性会晤（Pantucci 2016）。

四、若干结论

所有发表的文章均以这样或那样的方式首先涉及的就是上海合作组织的扩员和结构变化的内容。印度、伊朗和巴基斯坦的媒体所持的立场是，上海合作组织扩员对本组织来说具有积极意义。正是由于上海合作组织的结构变化，西方分析中心的专家们就此列举了该组织失去行动能力的担忧。

作为对上海合作组织工作效率的主要障碍，大多数分析者提出两个因素：所谓的目前成员国之间的互信不足，导致工作效率的丧失，以及该组织成员国之间的合作以双边为基础。

与前几年英文媒体的评价文章相比较，2016 年出现了某些变化。首先，关于上海合作组织在地区的意义和重大的作用，出现了有论据的变化，这在以前是根本没有的事；在文章中没有对峰会期间所通过的决议予以直接对抗和批评。

至于组织的扩员，值得对伊朗的观点予以特别关注。在发表的大部分文章中，研究的不是关于伊朗加入后上海合作组织结构变化的问题，而是伊朗伊斯兰共和国加入组织的合理性问题。

第 六 章

上海合作组织问答

1. 问：什么时候、由谁提出、在哪里产生了建立上海合作组织的想法？

答：建立多边、多部门相互协作的区域机构的想法，后来以上海合作组织形式呈现的机构，植根于"上海五国"时期的活动，该五国有哈萨克斯坦、中国、吉尔吉斯斯坦、俄罗斯和塔吉克斯坦。2000年7月4日，在"上海五国"杜尚别峰会上，通过了《杜尚别宣言》，参加国的领导人在宣言中，表达了集中力量将"上海五国"变成不同领域多边合作的地区机构的意图。后来在2001年6月14—15日在上海举行的哈萨克斯坦、中国、吉尔吉斯斯坦、俄罗斯、塔吉克斯坦和乌兹别克斯坦领导人出席的历史性峰会上，宣布由六国建立完整的国际组织——上海合作组织，成为地区新型相互协作的基础。

如果从更加广泛的地缘政治意义上来说，那么，建立上海合作组织的前提早在20世纪90年代后半期就出现了，当时在世界政治出现全球性变化的背景下，由于"上海五国"卓有成效的活动和后来前苏联的四个加盟共和国——俄罗斯、哈萨克斯坦、吉尔吉斯斯坦和塔吉克斯坦与中华人民共和国为另一方达成了相互信任协定。正是他们在未来上海合作组织的空间内开创了国际关系发展的新阶段。

2. 问：上海合作组织的活动基于哪些文件？

答：属于上海合作组织的基本文件有，《上海合作组织成立宣言》《上海合作组织宪章》《打击恐怖主义、分裂主义和极端主义上海公约》《上海合作组织成员国长期睦邻友好合作条约》和《上海合作组织至2025年发展战略》。正是这些文件在过去和将来明确了该组织活动的方向、工作机构和程序。

2001年6月签署的《上海合作组织成立宣言》确定了合作的主要领域，其中包括巩固参与国之间相互信任、友好和睦邻关系，鼓励在政治、经贸、科技和人文及其他领域平等合作。共同努力保持地区的和平、安全和稳定、建立新型民主的国际政治经济关系被予以特殊关注。《宣言》中特别强调，上海合作组织不是政治联盟，其活动不针对别的国家和地区。这个文件还规定了国家元首和政府首脑会晤的程序；以此为基础，建立了上海合作组织地区反恐怖机构，建立了国家协调员理事会，在这个框架内，制定了上海合作组织的基础性文件《上海合作组织宪章》。

上海合作组织成立一年后，在下一次峰会上签署了《宪章》。文件详细阐述了该组织的目标和任务、原则和合作方向以及运行机构，拨款办法、成员国资格、与其他国家和国际组织的关系、通过决议的权利、落实所通过的决议和其他规定，包括组织和行政问题。

《上海合作组织宪章》中的主要任务是，巩固成员国之间的相互信任、友好与睦邻关系、发展多部门合作，以保持地区稳定、促进新的民主、公正的国际秩序、共同打击三股势力——恐怖主义、分裂主义和极端主义，打击非法贩卖毒品和武器，打击各种形式的跨国犯罪活动，以及打击非法移民；鼓励地区在共同感兴趣的各个领域进行合作；促进经济平衡发展和地区的社会文化发展；在与世界经济一体化中协调立场等。

《打击恐怖主义、分裂主义和极端主义上海公约》是首次尝试明晰这些概念，其中规定了恐怖主义的定义，这不仅为上海合作组织框架内拓展相互协作做出了重大贡献，而且为深化对整个恐怖主义问题的研究做出了重大贡献。因此，可以充满信心地确认，上海合作组织不仅是首个对恐怖主义威胁的深度作了清晰界定的组织，而且还宣布准备打击各种形式的恐怖主义。

2007 年签署的《上海合作组织成员国长期睦邻友好合作条约》确定了各成员国的义务，相互尊重选择政治、经济、社会和文化发展道路的权利，国家主权和领土完整、边界不可侵犯原则。这个条约规定成员国的义务是通过和平手段解决彼此间的争端，不结盟和不参加针对其他成员国的组织，积极发展其他领域的合作，打击恐怖主义、分裂主义和极端主义。还规定了一旦出现了成员国安全遭到威胁的局势，为了对所出现的局势做出对应的反应，在上海合作组织框架内进行磋商的可能性。

为巩固上海合作组织有效性和多领域的特性，2015 年通过了《上海合作组织至 2025 年发展战略》，该战略规定了成员国在下一个十年合作的主要方向。

必须提到的是，明确了上海合作组织结构的 2010 年通过的《上海合作组织接收新成员条例》是基础性文件。文件体现了该组织准备接收地区有兴趣的国家来扩员，这些国家有义务遵守《上海合作组织宪章》所规定的目标和原则，以及在其框架内所通过的国际条约和文件。还有《观察员国或对话伙伴国地位的备忘录》和与其他全球和区域组织——联合国、东盟、集体安全条约组织、独联体等相互谅解的文件，明确了该组织的运行。

3. 问：什么是《上海合作组织宪章》，为什么这样称呼它？

答：《上海合作组织宪章》是其主要文件。它于 2002 年 6 月 7 日在上海合作组织圣彼得堡峰会上通过。其中规定了该组织的目标和任务、活动的原则和方向，确定了其职能运作和工作程序的主要机构，明确了成员国的概念，与其他国家和国际组织的相互关系、执法能力、通过和执行决议的程序、特权与豁免权，以及官方语言等。换句话说，宪章就是上海合作组织的宪法。

至于问题的第二部分，应该指出，任何组织的主要文件都可以有不同的称谓，比如宪章、章程等。如联合国的被称为《宪章》，上海合作组织也称为《宪章》。

4. 问：上海合作组织的主要活动方向是哪些？

答：上海合作组织的创始之父们起初在该组织的基础性文件中确定了四个活动方向——动力，这保证了新组织循序渐进地得到发展。主要是：在政治和安全领域、经济领域和文化人文相互协作领域的合作，而主要的是，所有创始成员国始终不渝地致力于共同发展，作为三个其他组成方面和综合指标及其综合体现的主要合成指针。

感觉到建议把上海合作组织活动的四个组成部分称为该组织的"动力"是公正的。

5. 问：众所周知，上海合作组织的决议是基于共识做出的。为什么选择了这种形式呢？

答：确实，上海合作组织的决议的确是基于共识做出的。该关键原则是由上海合作组织的创始之父——我们国家的元首们在《上海合作组织宪章》中固定下来的。

共识，即不经投票共同同意——是一个要比所规定的以多数通过决议的投票原则更加复杂的过程。在我看来，在投票中，有对不同意所提议的决议者进行强迫的成分。共识是更加公正的形式，因为它考虑到每一方的具体利益。

当然，取得共识要求付出相当多的努力和时间。但是，同时在上海合作组织所通过的决议凝结了所有成员国的观点、看法和主张以及考虑的成果。

基于共识通过决议，该组织因此就展示了团体的所有参与者的权利绝对平等，而不是取决于其潜力和已有的可能性。换句话说，一国一票。

正是上海合作组织这些成员国完全平等地奠定了我们组织的"上海精神"的哲学基础。

6. 问：国家元首理事会和政府首脑理事会是如何运作的？

答：根据《上海合作组织宪章》规定，国家元首理事会是其最高机构，它确定优先方向和制定该组织的主要活动方向，解决其内部结构和运作的原则性问题，解决与其他国家和国际组织的互动问题，还将审议最急迫的国际问题。

理事会一年召开一次例行会议。例会的东道国担任主席国，举行会议的地点按照上海合作组织名称的俄文字母顺序来决定。

至于政府首脑（总理）理事会，它的权限是通过该组织的预算，审议和通过属于具体特别是组织的经济、发展和相互协作领域的主要问题，并做出决议。如同国家元首理事会一样，政府首脑理事会每年举行一次，举行会议的国家的政府首脑担任会议的主席。至于举办会议的地点，则由预先协商来决定。

根据 2010 年通过的《上海合作组织程序规则》，国家元首和政府首脑非例行会议，可以根据任何上海合作组织的一个成员国的倡议召开，在其他国家同意的情况下，在会议倡议国举行。

7. 问：为什么组织要以上海冠名？上海合作组织的总部设在哪里？

答：该组织是以上海合作组织首届峰会的举办地——中华人民共和国的上海市而命名为上海合作组织。正是在上海，通过了成立上海合作组织的决议。此外，1996 年 4 月 26 日，在上海，在这个具有丰富历史和特殊氛围的伟大城市的土地上，签署了"上海五国"的边界地区加强军事领域互信的协定。

总体来看，上海发挥了较大作用，对中国与上海合作组织其他成员国关系的形成和发展方面做出了巨大贡献，它有权成为我们组织的摇篮。我还想指出的一个事实是，这座充满活力的务实的现代城市也向上海合作组织传递了这些品质，而该组织也与时俱进，不会忘记自己的历史，并尊崇自己的根源。同时，重要的是要知道：尽管组织是在上海建立的，其秘书处（总部）位于中华人民共和国的首都——北京市，地址是朝阳区日坛路 7 号。正如你们所知道的那样，秘书处是上海合作组织的常设行政机构。

还想特别指出的一个事实是，中华人民共和国政府和北京市对上海合作组织秘书处的活动给予大量支持，对此我们深表谢意。

8. 问：上海合作组织的国家协调员理事会的职能有哪些？它从事哪些活动？

答：首先必须指出，国家协调员理事会，或者是简称 C H K，是上海合作组织的一个机构，它对该组织的日常活动进行协调和管理。理事会在上海合作组织的多方面规则和整体架构中占有非常重要的地位。它为上海合作组织的国家元首理事会、政府首脑理事会和外长理事会会议准备一整套必需的资料。

理事会由国家协调员组成，他们由每个成员国根据其内部规则和程序任命。一般而言，他们是非常有经验、各方面训练有素的外交官，他们非常熟悉该组织的历史和日常事务，拥有上海合作组织法律法规基础的丰富知识，在他们背后是大量的外交队伍。

理事会定期举办会议。举办上海合作组织成员国例行峰会的国家协调员担任主席国。从 2016 年 6 月 25 日起，在塔什干峰会后，理事会主席转到了哈萨克斯坦共和国。

9. 问：上海合作组织的干部队伍是如何形成的？其构成是怎样的？"普通人"是否可能成为上海合作组织总部的集体成员？

答：不行，"路人"不能成为上海合作组织秘书处的集体成员。该组织总部的干部队伍的形成要严格按照上海合作组织文件所确定的规则和程序。

比如，上海合作组织的秘书长对秘书处的活动实行日常领导，他由国家元首理事会根据外交部长理事会的推荐，按照成员国国名的俄文字母顺序，从成员国公民中产生，任期三年，定期轮换，不得连任。在上海合作组织产生以后，担任该组织的主要官员是来自哈萨克斯坦、中国、吉尔吉斯斯坦和俄罗斯。从 2016 年 1 月 1 日起，塔吉克斯坦的代表担任上海合作组织的秘书长职务。

上海合作组织的副秘书长则由成员国的国家协调员推荐，由外交部长理事会批准，任期两年，有权延长任期 12 个月。

秘书处的官员是国际职员，根据额度（考虑到向该组织预算缴纳会费和份额），从成员国公民中雇佣，根据派出国的推荐，任期 2 年，有可能延长任期 2 年。

上海合作组织成立 15 年来，130 多人经历了秘书处外交工作的历练。他们中的大多数人目前都成了世界级的高级外交官，一些人担任了部长，副部长，担任外交部所属主要部门的领导，在国外担任本国外交使团的领导，还出任国际组织代表处的负责人。无论他们在哪个领域和方面工作，他们都始终不渝遵循"上海精神"，确认其为国家间关系和整个世界政治的基本原则。

目前，上海合作组织秘书处共有 31 名外交官，他们来自 6 个成员国。这是一个具有高度职业素养的团结的集体，其成员各种各样的专业知识和职业素养不仅突出，而且在对知识的渴求、渴望研究、专注、勤奋和智慧和健康的思想、相互温暖和反应敏感方面与众不同。

秘书处官员的平均年龄 40 岁多一点，同时几乎半数人员是不到 35 岁的年轻外交官，其中包括 10 人，他们还不到 30 岁。秘书处的所有官员都接受过高等教育，同时，其中 4 人接受过两个最高教育，还有 4 人是三种最高教育。秘书处有一名科学博士和三名副博士。除母语外，超过 55% 的人掌握两门外语，4 人懂三门或三门以上外语。秘书处 24 人有超过 10 年的外交经历。13 人在秘书处工作超过两年，其中 5 人不到 2 年，12 个人不到一年。秘书处有 10 名妇女。3 名官员有特命全权大使职衔。

可以形象地说，秘书处就像是一条水量丰沛的河流，新鲜的支流不断更新，使它的水保持清洁。六条支流中的每条支流都有自己的民族和职业特色，自己的经验和能量，自己的外交手笔。它们汇到一起后，各种不同历史的外交学派赋予这条河流实力和力量、能力，无论遇到什么障碍，这些力量都会开辟共同前进的道路，走向新的胜利，走向新的成功。

10. 问：上海合作组织秘书长的任命程序是怎样的？哪些人可以成为秘书长？

答：只有来自该组织成员国的公民才能成为上海合作组织秘书长。秘书长是主要行政代表，根据外交部长理事会的推荐，由国家元首理事会任命。

自上海合作组织成立起，共有五位秘书长——中国的代表张德广、哈萨克斯坦的代表博拉特·卡布德尔哈米托维奇·努尔加利耶夫、吉尔吉斯斯坦的代表穆拉特别克·桑塞兹巴耶维奇·伊马纳利耶夫、俄罗斯的代表德米特里·费多罗维奇·梅津采夫。

2015年7月10日，在上海合作组织国家元首乌法峰会上，来自塔吉克斯坦的代表拉·科·阿利莫夫自2016年1月1日到2018年底，被任命为秘书长职务。

11. 问：上海合作组织秘书处所属的成员国常驻代表的职能是什么？

答：在我们的组织内，隶属于上海合作组织和地区反恐怖机构执行委员会设有常设代表机构。常设代表由上海合作组织成员国任命和解除职务，他们属于成员国相应使馆的外交人员，在北京和塔什干也是如此。

这些常驻代表的任务是，在上海合作组织，相应地在地区反恐怖机构执行委员会秘书处中保证派出国的利益；对上海合作组织与成员国相关机构进行互动，对成员国之间基于"上海精神"全面发展友好关系时给予协助。上海合作组织和地区反恐机构秘书处常驻代表活动中的一个并非不重要的方面是，对向上海合作组织机构提交的文件草案进行起草、把关和商定。

12. 问：上海合作组织地区反恐机构执行委员会是如何运作的？

答：上海合作组织地区反恐怖机构执委会的活动有文件依据，其基础就是《打击恐怖主义、分裂主义和极端主义上海公约》。打击恐怖主义的协定，诸如《关于组织和实施联合反恐行动和演习办法》《揭发和封堵参与恐怖主义、分裂主义和极端主义活动有关人士渗透渠道领域合作公约》《就边界问题培养干部合作公约》等。根据三年规划，地区反恐机构协调合作打击恐怖主义、分裂主义和极端主义，该规划从 2007 年起得到国家元首理事会的批准。

在地区反恐机构框架内，就国际恐怖主义组织头目的计划和意图的行动信息进行交流，这有助于及时警告和切断恐怖主义和极端主义性质的犯罪。由于执委会的这些活动，2015 年，上海合作组织成员国相关部门预先制止了成百上千起恐怖主义和极端主义性质的犯罪，200 人被提起承担刑事责任，消灭了 150 多个恐怖分子，拘捕其追随者 1000 人左右。

执委会协调上海合作组织成员国联合实施的首长司令部和战术行动反恐演习，诸如"和平使命""反恐""东方""友谊"等。2015 年10 月，上海合作组织成员国在中国还举行了相关部门的联合反恐演习，以打击利用网络来进行恐怖主义、分裂主义和极端主义活动("厦门 2015")。活动的特别方向是收集和分析来自成员国的信息，形成数据库，参加学术研讨会和座谈会的筹备和实施。最后，第四个方面是上海合作组织成员国与观察员国之间打击国际恐怖主义和极端主义合作领域的会议，除上海合作组织成员国的代表外，观察员国的代表也参加这类会议，2016 年 10 月曾在塔什干举办。

与从事打击恐怖主义、分裂主义和极端主义问题的国际组织和机构（包括联合国和东盟）保持各种接触和相互协助，也有助于提高地区反恐机构工作的效率。

13. 问：一个国家依据什么样的原则可以成为上海合作组织的主席国？它是如何运作的？

答：上海合作组织主席国地位的获得，依据该机构下一次会议举办地点来定。例如，本组织的主席国地位一年之内由成员国执行，按照俄文字母顺序，从一个成员国接力传递到下一个国家。下一个主席国在国家元首理事会会议、政府首脑理事会会议、外交部长理事会会议和国家协调员会议上担任主席。主席国任期从国家元首理事会最后会议结束到该机构下一次会议的日期结束。

举办下一次会议的地点按照事先协商原则进行。政府首脑理事会和各部部长会议或部门领导人会议的主席国，则由举办下一次政府首脑理事会的上海合作组织成员国担任，各部或部门领导人会议也按相应原则进行。专家小组的主席国则由主办者的倡议者行使，或者根据成员国的协商决定。他们之间形成一个谅解，就是如果一个成员国不准备履行主席职能，则按照成员国国名俄文顺序，或者根据协议，主席国转到下一国。还应该补充的是，在上海合作组织成立的 15 年内，主席国地位总是按照字母顺序的原则转交。

14. 问：在上海合作组织框架内，成员国、观察员国和对话伙伴国的合作机制是如何运作的？

答：在"上海合作组织大家庭"中，目前共有六个成员国。这些国家是哈萨克斯坦共和国、中华人民共和国、吉尔吉斯共和国、俄罗斯联邦、塔吉克斯坦共和国和乌兹别克斯坦共和国。观察员国也是同样的数量，包括阿富汗伊斯兰共和国、白俄罗斯共和国、印度共和国、伊朗伊斯兰共和国、蒙古共和国、巴基斯坦伊斯兰共和国，以及六个对话伙伴国：阿塞拜疆共和国、亚美尼亚共和国、柬埔寨王国、尼泊尔联邦民主共和国、土耳其共和国和斯里兰卡民主社会主义共和国。观察员国地位是在 2004 年国家元首理事会批准的。同时，对上海合作组织观察员国未赋予参与文件起草和签署的权利，以及制定上海合作组织机构的决议的权利。

对话伙伴国地位是某个国家参与"上海五国"合作的第一步。这种地位于 2008 年得到批准，并授予赞同上海合作组织的目标和原则、愿意与它建立平等互利伙伴关系的国家或组织。对话伙伴国与该组织就《宪章》和本组织框架内的其他国际条约及其地位所规定的单项活动方向进行合作。根据相互协商，还要举行部长级和其他受权人士的"上海合作组织+"模式的会晤。同时，最近这种做法越来越充满活力。

15. 问：在上海合作组织的官方发言和文件中，经常把它描述为"新型组织"。这具体指的是什么？

答：我们认为，一系列崭新的特点使上海合作组织有别于其他国际组织。

第一，上海合作组织建立伊始，其创始之父们就决定，该组织的活动旨在建设民主、公正的国际关系格局。

第二，在政治和安全领域的相互协作与信任达到了前所未有的水平。上海合作组织的生命力和潜力就在于此，在其中没有也不可能有占有优势、压力或强制的成分，没有你赢我输，只有一个共同的团结的成果。换句话说，本组织建立了世界上最大的地区合作体系之一，其重点在于保障政治稳定、巩固安全，拓展经济协作，共同发展和各国人民富裕。

第三，目前，上海合作组织成了不同规模、不同体量、不同国家制度、具有多样民族文化传统的国家共处的真正典范。可以毫不夸张地说，上海合作组织为兼顾有目的和有价值的方针、富有成果地理顺和发展文明间对话、旨在取得共同成果的文化交流创造了条件。

第四，上海合作组织的吸引力在增大。15 年来，本组织变成了有影响力的国际团体，其声音越来越多地在国际舞台上得到考虑。一系列国家努力以不同形式——从对话伙伴国到完全成员资格加入本组织就是吸引力的证明。

这样，一切越来越表明，上海合作组织确实是"新型国际组织"。它在某种意义上承载着建设平衡、公正和有效的国际关系体系的富有前景的模式。

16. 问：近年来，国际政治中越来越多地提到"软实力"。这个过程对上海合作组织的活动是否接受？

答：确实，在国际交往中，"软实力"成为越来越广泛传播的术语。这个术语的作者是美国政治学家约瑟夫·奈。如果简短地为这个术语做个定义，那么，它指的就是运用人文和文化因素，一般而言，更经常地运用语言和文化来保证国家的对外政策利益。

应该遗憾地指出，世界事务中目前的趋势有时证明，"软实力"越来越经常被非常固执地用于不加掩饰、事实上常常是一国或国家集团把自己的范式和概念强加于别国和别国人民。最明显的例子就是所谓的"颜色革命"。

"软实力"原则在上海合作组织成员国相互关系中，如果它一般可运用于我们的组织的话，那么，这有原则上不同的政治和哲学尺度。基于"上海精神"，它指的是广泛的文化、人文和人的交流，相互熟悉每个国家的文化，发展对我们国家各民族历史文化传统的尊重感。换句话说，"软实力"在上海合作组织是我们的组织的主要原则——"上海精神"的物质体现，它是实施其一个战略任务，即保持上海合作组织空间内的和平与稳定，为所有国家和每个国家发展利益、不对其他国家利益带来某种损伤的有机补充。明显的例子就是，在上海合作组织框架内，通过了一系列具体文件，其中基础性的就是2007年8月16日通过的《上海合作组织成员国长期睦邻友好合作条约》。

17. 问：上海合作组织成员国中可能出现的某些矛盾和公开的问题如何影响其活动？

答：这样的问题是存在的，它们以双边形式得到讨论，并在友好和建设性轨道中得到解决。至于说上海合作组织，那么这个组织不享有全权，相应地没有解决其成员国双边关系问题的某种工具。同时，本组织的所有活动、其成员国在"上海精神"的原则上就所有共同感兴趣的密切接触、就此协商所通过的决议创造了重要的积极的政治氛围，这有助于信任、尊重和友好氛围的保持与全面发展。

18. 问：拟就推进上海合作组织的形象、阐释其活动在信息领域采取哪些具体步骤？

答：上海合作组织秘书处对阐释本组织活动的信息赋予特殊意义。在这些目标中，信息技术得到积极运用，这使第一手信息可以获得迅速传播。这个工作旨在形成上海合作组织可信的形象，以及赋予其平息歪曲其想法的可能性的使命。2016年，上海合作组织秘书处积极与大众传媒开展合作。

第一个步骤就是启动了上海合作组织秘书处的网站的更新，它有了新的栏目，充实了新的有意思的内容。3月，与世界主流通讯社——塔斯社和新华社签署了合作协议。这使信息工作走向崭新的水平。

信息方面还有一个重要的步骤是与中国社交媒体"微博"签署协议，借助其资源，组织对上海合作组织的活动从世界各个不同角落进行网络直播。"微博"上对上海合作组织的账户的访问量已经达到150多万次，并且数量还在继续增长。所有这些证明本组织的开放性，有助于正确理解它所面临的任务，对其活动形成可靠的图景。

19. 问：上海合作组织中是否有一些主要行为体，它们会不会把自己的意见强加于该组织的其他成员国？

答：上海合作组织活动的奠基性原则即寻求共识，排除某种类似的东西。此外，我们组织的"上海精神"建立在友好、彼此良好的态度和具体考虑每个成员国利益的基础之上，上海合作组织的所有成员国都遵循这些原则，这也预先决定了没有类似的成分。

20. 问：上海合作组织15年来取得了哪些成就？

答：第一，就国际和地区关系所有关键问题所举行的定期多边磋商机制已经理顺并顺利运作。这些机制建立在完全平等并相互考虑彼此利益之上。所有这一切可以就解决涉及各方切身利益，首先在保证地区安全稳定问题上采取共同的基本立场。

第二，对多边经济合作的长期节奏进行积极探索，包括在欧亚空间形成新的积极的物流机制。

第三，确立并不断完善伙伴式接触及与其他国际机构，首先是联合国和地区组织的交往。这不仅提高组织本身的威信，而且对在自身地位框架下积极与它们在国际和地区舞台上互动提供了可能性。

第四，上海合作组织成立 15 年来，变成了有影响的国际组织，其声音越来越多地在国际舞台上被考虑，越来越多的国家对与它合作的愿望更加强烈。

21. 问：在上海合作组织乌法峰会（2015 年）通过了该组织最近十年发展战略。其主要方向、目标和任务有哪些？

答：首先必须指出，《上海合作组织至 2025 年发展战略》是该组织历史上第一次制定，并且为 2015 年 7 月 10 日乌法峰会成员国元首理事会决议所批准。基于《上海合作组织宪章》和《上海合作组织成员国长期睦邻友好合作条约》，该战略考虑了全球和地区未来十年发展的前景，确定了新的战略指针。

所通过的文件内容非常丰富，详细地阐释了上海合作组织未来十年相互协作的主要方向，以及明确了该组织的目标、任务和原则。战略的主要前提是列入其中的指针，按照该指针，成员国在发挥联合国协调作用的前提下，将共同为建设民主、公正和合理的国际秩序做出贡献。同时，在世界风云变幻的条件下，上海合作组织的活动一如既往地成为非集团化、多方位联合体的榜样，从而有效地保障国际安全。

《上海合作组织至 2025 年发展战略》——这是一份综合性文件，它描述了上海合作组织成员国政治协作和保证地区安全的问题，阐述了在经济和人文领域相互协作的特点，在各方共同感兴趣的其他领域的合作。我试着简短地对这些主要方向做些说明。

保证地区安全领域合作的优先方向依然是打击恐怖主义、分裂主义、极端主义、非法流通毒品、跨国有组织犯罪、保证国际信息安全等问题。将对快速应对所产生的威胁的机制予以完善、打击国际恐怖主义组织、打击极端主义和分裂主义思想扩散，首先是在青年中扩散予以特别关注。为了这些目标，成员国近年制定并将通过《上海合作组织打击极端主义公约》。打击毒品方面的相互协作将达到新的水平，这里的重点是举行联合行动，切断毒品及其前体的非法流通，制定专门方案，打击毒品非法流通。

在战略中清晰地确定，成员国将采取措施，旨在于上海合作组织空间内，扩大经贸合作：发展产能，与世界经济接轨，在上海合作组织框架内，实施具体的经济和投资项目；就建立上海合作组织银行和上海合作组织发展基金（专门账户）继续工作；采取措施，实现上海合作组织的跨境潜力，在基础设施和物流领域发展相互协作。

上海合作组织将对在该组织框架内制定和实施科技伙伴关系予以优先关注。成员国优先合作的一个方向将依然是农业。计划就生产和加工农产品的共同高科技项目、引进创新技术予以更多关注。在海关服务领域继续合作。

在文化人文领域相互协作方面，战略中确定，成员国将在研究和保护上海合作组织地区的文化和自然遗产、促进非政府组织、非商业团体和成员国公民之间的文化人文交流等方面进行合作。在卫生领域，其中包括预防传染性疾病、疫病监控和慢性病预防领域、保证药品的安全和质量等领域合作，其作用将加强。

上海合作组织将促进相互旅游交流的进一步增长，促进旅游服务质量的提高。顺便说说，在 2016 年塔什干峰会上，批准了《旅游合作纲要》。

还要指出战略的实施细则，其中特别强调上海合作组织忠实于开放性原则，它是上海合作组织扩员的基础，也是观察员国和对话伙伴国参与该组织活动的基础。

实施这个重要文件的实际工作已经开始。我们深信，始终不渝地履行发展战略将巩固上海合作组织作为协调一致、富有效率的多方位新型国际组织的作用。

22. 问：近年来，"上海精神"这个术语作为国际关系的新现象越来越得到传播。这具体指的是什么？

答："上海精神"是开放性与合作、相互尊重与努力不断完善上海合作组织的多面性关系。"上海精神"的特点是权利平等和睦邻关系，是相互尊重和实际考虑不同国家的特点和价值取向，是共同建设与共同创造。

这个独一无二的原则有权认为是六个国家形成地区相互协作新模式合作的中轴。上海合作组织 15 年来的活动证明，"上海精神"实际上有助于该组织不断成长和发展，创造共同体气氛，共同创造的氛围。作为上海合作组织一体化的基本概念和最重要活动原则，"上海精神"丰富了当代国际合作的理论与实践，体现了国际社会对国际关系民主化的普遍渴求。

23. 问：有时候上海合作组织被认为是新的军事集团，它作为北约的对立者活动。是这样吗？

答：时不时（首先在西方，特别是在筹备和举行上海合作组织例行峰会期间）出现这种投机现象和各种各样的推测，这反映出为了政治利益有意歪曲上海组织的实质及其实际活动的企图。它从来不会也不可能去针对谁，这在该组织的基础性文件中有明确规定。而且，按照历史尺度来衡量，在短期内，在国际和地区事务中，上海合作组织的分量和威望得到很大的增强，而上海合作组织的和平与友好的话语满怀信心地捍卫长期和平发展与睦邻友好。

同时，考虑到地区形势剧烈变化的特点，这首先是由没完没了的阿富汗冲突以及外部因素所滋生，还要看到新威胁和新挑战的特点，目前主要威胁之一是国际恐怖主义，上海合作组织成员国对此优先关注，加以防御。这也与坚决打击分裂主义和极端主义的方针相符合。所有这些预先决定着上海合作组织成员国在反恐战略框架内，包括其地区反恐怖机构的活动中，进行相应的积极的预防性合作。在这种背景下，在上海合作组织成员国领土上，基于透明原则，定期进行联合反恐演习，有关部门和国防部还进行必要的交流。

上海合作组织吸收印度和巴基斯坦的扩员也促进了其维和潜力的扩大。在这种背景下，可以完全同意上海合作组织前任秘书长穆·塞·伊马纳利耶夫的看法，他说，这个因素也将"消除把上海合作组织视为军事集团和反西方组织的问题"。

24. 问：最近上海合作组织塔什干峰会取得哪些成果？该组织下届峰会在哪里举行，什么时间举行？

答：首先必须指出，具有纪念意义的塔什干峰会已经载入历史，它令人信服地证明，上海合作组织将一如既往坚定地沿着落实其2025 年发展战略的道路前进。根据已经达成的令人印象深刻的成果和特点来看，可以大胆地把塔什干峰会视为具有历史意义的事件。

峰会鲜明地表明，上海合作组织成立 15 年来，它能够成为团结、货真价实和非常有威望的国际团体，不仅在欧亚空间，而且在全球层面赢得了尊重和承认。

成员国、观察员国和对话伙伴国、国际组织的最高级代表相聚于塔什干峰会。这确实是该组织在各个领域务实合作空前活跃的时期。应该指出，在筹备峰会的道路上，在乌兹别克斯坦担任主席国的 350 多天里，举办了 380 多项各种层次和方向的活动。来自世界 18 个国家的约 400 名记者对活动进行了报道。在上海合作组织塔什干峰会的旗帜下，不同文明、不同传统和信仰的高级代表聚会于此，一个目标把他们团结起来——积极促进和平与共同发展，加深睦邻友好和伙伴关系，加强地区相互尊重与信任氛围。

此外，峰会前夕，就落实乌法峰会所通过的启动该组织扩员进程的决议，完成了综合性工作。在创始成员国国家元首在场签署的《关于印度和巴基斯坦的义务的备忘录》直观地证明了上海合作组织的开放性原则和在实际中予以遵循的坚定愿望。

利益的联合、相互有益的合作、有效的相互协作是上海合作组织到 2025 年发展战略的核心因素，该战略一年前在乌法峰会上通过，现在与塔什干通过的实施纲要将逐步得到具体落实。

总体可以得出结论，塔什干峰会的决议为该组织的发展注入了新动力，促使它继续前进。同时，其目标依然前后一致、明白易懂——就是上海合作组织空间的和平、稳定和发展。它以所通过的决议为欧亚空间和全球局势的稳定做出了显著的贡献。峰会证明，上海合作组织是活生生的不断发育的机体，同时严格地守护着业已形成的传统和对话文化。

上海合作组织的下届峰会将于 2017 年 6 月 7—8 日在阿斯塔纳举

行。值得注目的是，2017 年，阿斯塔纳将成为世界博览会之都。无疑这将为上海合作组织阿斯塔纳峰会再次注入动力。我深信，等待着我们的将是对加强成员国全面伙伴关系的富有意义、内容丰富和有益的共同工作。

25. 问：2016—2017 年哈萨克斯坦作为上海合作组织的主席国，将有哪些优先方向？

答：塔什干峰会后，上海合作组织主席国的职能第三次转到哈萨克斯坦共和国。因此，还应该提及的是，独立以来，在努·阿·纳扎尔巴耶夫总统的领导下，这个国家变成了所有国际关系中积极而活跃的主体。这也体现在阿斯塔纳对国际生活的许多方面提出了一系列重要的对外政策倡议之中。哈萨克斯坦充满活力的对外政策也预先决定了它在上海合作制框架内的积极性，这也体现在它所倡议的在该组织内的一系列有益的想法和项目中。

迄今为止，对 2011 年峰会的记忆栩栩如生，当时在哈萨克斯坦首都举办了庆祝了上海合作组织诞生十周年的活动。在塔什干上海合作组织 15 周年峰会上，哈萨克斯坦总统勾画了例行主席国的主要优先方向。首先，属于优先方向的有，进一步加强地区安全，发展经济合作，开拓成员国跨境运输潜力，深化该组织框架内的文化与人文交往。落实这些任务的具体指针是上海合作组织到 2025 年发展战略和在塔什干通过的落实该战略的第一个五年纲要。峰会对应对新威胁和新挑战赋予巨大意义，哈萨克斯坦认为，快速制定和通过上海合作组织打击极端主义和该组织成员国 2017—2022 年禁毒战略是当务之急。基于所描绘的新方向和上海合作组织活动的前景，阿斯塔纳也对经济方面的相互协作予以高度关注。在这个方向的各种倡议具有互补性，其中一些已经开始落实，将为地区国家经济增长和基础设施建设再次开辟广泛的前景。在这种背景下，在最近的塔什干峰会上，哈萨克斯坦方面特别倡议建立欧亚跨境交通枢纽，这将不仅把上海合作组织成员国联合起来，而且会把观察员国联合起来。

塔什干峰会后，以上海合作组织秘书处为基础，哈萨克斯坦主席国的作用得到展示，还签署了哈萨克斯坦驻华使馆与上海合作组织在哈萨克斯坦担任该组织主席国期间共同活动计划。计划包括文化、艺术、旅游和体育等一系列活动，以及该组织的主要目标与任务的普及化等。还规划在上海合作组织总部举行哈萨克斯坦日和阿斯塔纳日。该国旅游潜力的展示无疑会引起人们的兴趣，上海合作组织成员国民族菜肴和服装交易会、"21世纪领袖"的大学生竞赛、青年就"上海合作组织在当代世界的作用与地位"内容的辩论、"上海合作组织模式"的大学生中举行的游艺活动、儿童绘画展览等活动值得期待。

哈萨克斯坦担任上海合作组织主席国期间的"桂冠"是于2017年6月峰会召开前开幕的专业性"未来能源"国际博览会，在哈方协助下，上海合作组织也参与了这次博览会。在这方面，值得指出的是，哈萨克斯坦是继中国之后，上海合作组织中第二个主办这种国际活动的国家。还有象征性意义的是，目前哈萨克斯坦的上海合作组织主席国地位与它在2017—2018年当选为联合国安理会非常任理事国同时。这也是对哈萨克斯坦在国际舞台上的国际威望的一个认可。

26. 问：目前，上海合作组织接收新成员国的程序已经启动。这对上海合作组织未来的前景产生哪些动力？其扩员会不会要求对组织的宪章性文件做出根本性修改？

答：上海合作组织的扩员是在其基础性文件中作了规定的，其创

始国认为，这对组织的进一步发展和在广义上提高它的潜力具有重要
意义。

众所周知，2015 年，上海合作组织在乌法举行的峰会上，国家
元首理事会通过了接纳印度和巴基斯坦为上海合作组织成员国的决
议。自然而然，这个进程无论对组织，还是对进入组织的成员国来
说，都是新现象，要求对细节予以特别关注，对乍看上去不太实质性
的问题举行细致的研究。

根据上海合作组织所确定的程序，上海合作组织接收新成员国要
求它们履行一系列义务，其中最重要的是无条件地加入组织的所有最
重要的文件，目前这样的文件有 30 多个。

特别强调的事实是，在过去一年，印度和巴基斯坦的代表与上海
合作组织成员国的代表进行了密切的工作接触，做了大量工作，其成
果就是就一些原则性问题达成了协议。下一个步骤就是在今年 6 月底
纪念性的塔什干峰会迈出的，在那里印度和巴基斯坦的领导人签署了
德里和伊斯兰堡为获得成员国地位的义务备忘录。就我们所理解，他
们试图在最短期间内完成他们应该承担的义务。只有经过这些程序以
后，创始国的元首们才会审议向他们提供上海合作组织成员国的地位
问题。

至于对宪章性文件的修改，那么对这个问题的回答是否定的。一
个很好的例子就是联合国成员国地位的获得，其接收新成员国不会对
这个组织活动的基础产生原则性影响。联合国的基本文件是其宪章，
已经运作了 70 多年，即从这个组织成立起，宪章直到目前依然是组
织的基石。同时，考虑到时代的变化，宪章作了修改，把联合国安理
会的非常任理事国的数量进行了扩展（从 6 个到 10 个）。当然，也不

能排除对上海合作组织的相应日程做出某种修正。然而，这主要具有技术性，不会违反其奠基性文件——宪章和章程。

总体来看，诸如印度和巴基斯坦这样的有威望的大国加入上海合作组织，不仅实质性地扩展了上海合作组织的地理范围，而且将开辟广泛的合作领域。

27. 问：上海合作组织成员国如何就阿富汗问题进行相互协作？

答：阿富汗始终是上海合作组织关注的焦点。成员国致力于看到阿富汗成为和平与中立国家，尊重和遵守人的权利和基本自由，与所有邻国保持友好关系。这个国家及其周围的现状是上海合作组织成员国历届峰会、政府首脑、外交部长和其他首脑部门的日程。阿富汗获得稳定与安全始终体现了上海合作组织成员国的根本利益。

上海合作组织成员国对阿富汗问题给予特殊关注，体现在官方文件和每年的宣言中。譬如，在 2002 年圣彼得堡宣言中，强调了中亚安全与阿富汗问题和平解决具有密不可分的联系。这在 2016 年 6 月上海合作组织 15 周年塔什干峰会的宣言得到清楚的宣示。宣言中再次强调了阿富汗作为地区保持和巩固安全的重要因素快速获得和平与稳定的意义。

上海合作组织成员国就阿富汗问题保持协调的立场在于，通过推进支持民族和解包容性进程，在这条道路上应该执行阿人所有、阿人治阿来实现，而联合国应该就阿富汗问题起到国际合作的中心协调作用。坚定地支持促进阿富汗局势稳定的国际努力，近 15 年来，上海合作组织成员国加大了其对喀布尔援助的幅度。在双边和多边基础上，在国防、执法、交通网络发展、能源领域，在打击毒品方面和培训民族干部以及在经济发展领域，都给予协助。近来，除了塔利班反对派外，伊斯兰国的武装人员也进入该国，这再次引起人们的不安，这些武装人员大部分来自高加索和中亚国家。在国际恐怖主义分子方面作战的这些武装人员回流到其祖国——上海合作组织的国家，将是地区稳定的另一个威胁。

上海合作组织与阿富汗的相互协助走过了漫长的道路。从 2004 年起，阿富汗伊斯兰共和国的总统就参加了上海合作组织每年的峰会，2009 年，为再次吸引国际社会对阿富汗问题的关注，上海合作组织就阿富汗问题举行了专门的代表会议。2012 年，阿富汗绕过对话伙伴国地位，直接成了上海合作组织的观察员国，2015 年，阿富汗提交了获得组织的完全成员国地位的申请。

上面已经指出，上海合作组织考虑到，解决阿富汗国内冲突的努力应该在联合国的中心协调作用下进行。因此，成员国支持联合国及其专门机构的相应努力，还支持联合国促进阿富汗问题使团的活动。

28. 问：上海合作组织解决毒品问题有哪些途径？

答：多年来，毒品威胁问题是在阿富汗的军事和经济危机下培育出来的，它是上海合作组织框架内各国相互协助的最重要的领域之一。其成员国间就打击毒品、精神类药物及其前体非法流通的协议早在 2004 年就已签署。这个问题是该组织许多工作组和相关部长会晤，以及每次成员国峰会所特殊关注的领域。打击毒品非法流通已经作为最重要的优先任务，也在上海合作组织到 2025 年战略中列入。在就毒品威胁所发表的专门声明中，2015 年峰会强调忠实于保持和加强国际毒品监管体系的路线，这基于联合国的三个基础性公约，并在联合国发挥中心协调作用的情况下运作。成员国也支持 2016 年联合国大会专门会议就世界毒品问题的共同立场，其就此所发表的声明已经列入日程并作为组织的专门文件予以发布。

在上海合作组织框架内的打击毒品威胁领域的合作，已经制定和落实五年反毒战略。该合作采取的具体措施有，包括铲除非法种植含毒作物及其加工的产品、建立对新的合成毒品和其他神经活跃物质的出现做出法律反应的机制，加强在治愈毒品依赖领域的相互协助和减少对毒品的需求等。上海合作组织成员国的活动也在于在地区与其他有关国家和反毒与金融安全"带状"国际组织进行密切协作，利用在集体安全组织监护下所进行的"渠道"国际反毒行动的潜力。为此，与国际机构理顺了相应的相互协助关系，2011 年签署了《上海合作组织秘书处与联合国毒品和犯罪问题办公室谅解备忘录》。

29. 问：上海合作组织如何在打击网络犯罪方面进行合作？

答：信息安全威胁，包括军事技术、犯罪和恐怖主义性质的威胁，是对世界和地区安全的新威胁，要求刻不容缓地共同予以抵制。

在上海合作组织框架内，注意力集中于在保障国际信息安全、打击网络恐怖主义和网络犯罪、打击通过信息沟通网传播恐怖主义、分裂主义和极端主义性质的思想等领域发展合作，抵制利用信息沟通技术来干涉其他国家的内部事务。上海合作组织关于对地区和平、安全与稳定造成威胁采取政治外交措施和反应机制条例对此予以特殊关注。

2007 年，批准了信息安全长期行动计划，其中明确了上海合作组织解决此类问题的途径和解决手段，2009 年签署了保障信息安全领域合作的政府间协定。基于后一个文件，对这类合作制定了必要的措施，以抵御利用信息传播技术来从事恐怖主义活动，保证全球互联网的安全、稳定运行和国际化管理。所制定的共同信任措施起着实质性作用，它有助于保证国际信息安全，抵御利用信息传播技术进行恐怖主义活动，抵御信息犯罪。

成员国就信息安全的立场在 2016 年塔什干峰会的宣言中得到清晰阐述。在这个宣言中，成员国呼吁国际社会形成和平、安全、公正和开放的信息空间，以合作、尊重国家主权和不干涉其他国家内政为原则，声明准备在互联网管理领域加大相互协助，在所有国家权利平等的条件下，首先保证在自己的国家互联网管理上的国家主权。

30. 问：近年，在国际舞台上越来越多地涌现出信息安全问题。在上海合作组织框架内存在这一领域内的合作吗？

答：对，在信息领域开展的合作已经超过 10 年，上海合作组织成员国对这一合作都予以高度重视。在前文已经部分地回答了这个问题。2006 年 6 月，在上海合作组织成立 5 周年的纪念峰会上，通过了关于国际信息安全的专门声明。在这一文件中，各方表明了本国在与国际信息安全相关的一系列关键问题上的相近立场，并宣布，为应对国际信息安全的新挑战和新威胁，将就遵守包括《联合国宪章》和《世界人权宣言》在内的国际法原则和准则做出一致努力。这一文件的内容还包括，决定成立由上海合作组织成员国专家组成的该领域专门工作小组。保障在上海合作组织框架内的相关问题上实现相互交流的核心文件，是 2009 年 6 月由 6 个成员国共同签署的《上合组织成员国保障国际信息安全政府间合作协定》。根据这一文件的原则，上海合作组织成员国的信息政策得以经常性地协调，并深化实际合作。在上海合作组织成立 15 周年的塔什干宣言中，各成员国元首再一次呼吁国际社会建立基于国家间合作、尊重国家主权和不干涉内政原则之上的和平、安全、公平、开放的信息空间。上海合作组织成员国在这一领域内与联合国有着密切合作，特别是在形成通用原则和规范国家在信息空间的责任行为方面。2015 年 1 月，中华人民共和国以上海合作组织成员国的名义将修改后的《信息安全国际行为准则》作为正式文件提交给联合国大会。上海合作组织成员国对联合国大会专门委员会决议通过俄罗斯关于《在国际安全背景下信息和电信领域成就》的倡议表示全面支持。

上海合作组织支持所有国家在国际互联网管理上享有平等权利，首先是保障主权国家在国际互联网管理上的自己国家空间。我们将继续并进一步加强以制止恐怖主义和极端主义团伙利用信息与通信技术从事非法行为和颠覆活动为目的的有益互动与交流。

31. 问：如何定性上海合作组织与全球性综合组织（如联合国）的互动？

答：首先要指出的是，肯定联合国在国际关系体系占据中心地位及其在众多已有多边合作组织中最权威的作用，是上海合作组织的原则立场。此外，在上海合作组织成员国的共同文件中一贯强调自己关于联合国作为国际关系中结构性主干的立场，它具有特定的合法地位，并拥有应对国际和平与安全挑战和威胁的必要充足资源。这种做法不仅注定了上海合作组织将维护与加强联合国的核心协调作用作为既定方针，而且还将促进建立在各国平等伙伴关系上深化合作与积极发展作为固定路线。通过这些，上海合作组织也在强化着联合国宪章赋予安理会维护世界和平与安全的主导作用。

在上海合作组织与联合国之间实现互动的法律基础，是 2004 年 10 月联合国大会通过的《关于赋予上海合作组织联合国大会观察员地位的特别决议》。从这时起，上海合作组织即获得了参加联合国大会的权力。2010 年春天，在塔什干通过了《上海合作组织秘书处与联合国秘书处合作联合声明》。这份文件促进了上海合作组织与联合国一些主要机构建立密切的互动，如联合国毒品和犯罪问题办公室、联合国亚洲及太平洋经济社会委员会、联合国中亚地区预防外交中心以及联合国的其他一系列专门机构。其他的重要合作方向，是两个组织秘书长之间举行经常的磋商。最近的一次类似的会晤是 2016 年 10 月 26 日在纽约的联合国总部。按照已经形成的传统，联合国的高级代表作为客人参加每年举行的上海合作组织峰会。按照联合国的要求，上海合作组织秘书处与各成员国和上海合作组织地区反恐机构执行委员会定期为联合国安理会和联合国大会起草一系列决议提供信息。随着近年上海合作组织的威信和影响在地区及国际舞台上大幅度上升，它在反对恐怖主义、分裂主义、极端主义、非法毒品贸易及其他跨国犯罪活动的斗争等重要方向上与联合国的互动积极发展。具体的事实例证有，在 2016 年联合国大会关于世界毒品问题的特别会议上，上海合作组织成员国发表了联合声明，这一文件被列为特别会议的日程之一，并作为联合国正式文件下发。2016 年 10 月，上海合作组织秘书长参加了联合国安理会关于联合国与集体安全条约组织、上海合作组织、独联体等地区性和次地区性组织合作的辩论会。值得单独提出的本组织的一个卓越贡献，是批准实施 2008 年联合国大会的全球反恐战略。上海合作组织成员国一贯主张，尽快通过联合国关于全面反对国际恐怖主义和建立有效应对地区安全挑战与威胁的广泛合作平台的公约。

上海合作组织地区反恐机构高度重视与联合国反恐委员会及其执行主任的制度化联系。可以确信，与这些机制对话不仅有利于巩固上海合作组织的国际地位，而且将为提高上海合作组织反恐潜力做出贡献。2016 年 11 月 21 日，联合国大会通过了《关于联合国与上海合作组织合作》的决议，在第二天于纽约联合国总部举行了题为"联合国与上海合作组织：共同应对挑战与威胁"的高水平专门活动。应该强调指出的是，上海合作组织与联合国举行的这场活动对这个全球性组织来说是第一次，由此可见其意义重大。在这次重要活动的开幕式上，联合国秘书长潘基文和作为组织者的哈萨克斯坦常驻上海合作组织秘书处代表都作了发言。

总之，可以充分肯定的是，在相对短暂的时间里上海合作组织与联合国关系的加强及其成就称得上全球性权威国际组织与地区性国际组织之间实现有效互动的典型范例。

32. 问：上海合作组织与联合国的哪些机构实现了合作？

答：上海合作组织于 2004 年 10 月获得联合国大会观察员地位，以及于 2010 年 4 月通过的《上海合作组织秘书处与联合国秘书处合作联合声明》，不仅给予了我们的组织积极参与联合国一般性活动的可能性，而且还为发展上海合作组织与联合国各专业部门和专门机构的实质性合作提供了可能。

联合国秘书处领导机关的代表被邀请参加每年的上海合作组织峰会已经成为传统。上海合作组织秘书长参加每年的联合国大会，并参与会见各地区性组织的领导人。上海合作组织的专家也经常参加联合国各常设机构举办的各种活动。

上海合作组织与联合国开发计划署、联合国亚洲与太平洋经济社会委员会、联合国毒品和犯罪问题办公室、联合国中亚地区预防性外交中心、联合国反恐委员会、联合国阿富汗问题委员会、国际公民服务委员会，以及联合国国家治理办公室都保持了经常性的接触。

本组织将坚定不移地继续与联合国及其下属机构全方位、多领域合作的路线，而且对其作为全球安全支点和解决国际问题重要平台的综合性国际机构的意义坚信不疑。

33. 问：如何评价上海合作组织与联合国亚洲及太平洋经济社会委员会的合作关系？

答：上海合作组织所有成员国全部与联合国的这个有影响力的、高效率的机构确立了合作关系。我们的合作最值得强调的是具有其自身特征的性质，主要的方面体现在经济、贸易和交通物流领域中。

这种合作的法律基础是 2008 年签署的两个组织秘书处之间为期 3 年的相互理解共同宣言。今天采用的文件签署于 2015 年 10 月。共同宣言保障了上海合作组织和联合国亚洲及太平洋经济社会委员会主要方向上的合作，其中包括：经济与贸易、能源、交通与运输、环境保护与可持续发展、信息和通信技术及其设备、减少贫困、社会发展。依据这个共同宣言，亚洲及太平洋经济社会委员会领导人按时参加上海合作组织成员国国家元首理事会和政府领导人（总理）理事会的定期峰会。两个组织还实现了定期互访。

当前，我们的合作主要体现在交通领域，这对多个国家和多方向发展计划框架中的地区集合项目活动的发展具有重要意义。这样，联合国亚洲及太平洋经济社会委员会的专家积极参加了 2014 年开始的上海合作组织成员国关于建立国际公路运输有利条件的政府间协议起草工作。它将促进建成从中国东部沿海到西欧的公路干线，帮助没有出海口的中亚国家获得使用俄罗斯和中国港口的可能性，并从法律意义层面使上海合作组织成员国在交通领域达到统一。联合国亚洲与太平洋经济社会委员会的专家参加了本组织成员国交通部长和专门小组关于交通潜力研究的工作，其中包括对上海合作组织利用西伯利亚大铁路、贝加尔—满洲里公路和其他成员国之间的公路建立统一交通网络的前景研究。上海合作组织秘书处的工作人员从本组织立场出发有选择地参加联合国亚洲与太平洋经济社会委员会从事交通问题专业工作小组的专门活动、学术研讨会和协商咨询会议。在未来上海合作组织制定的《上海合作组织至 2025 年发展战略》的经济活动框架内，与联合国亚洲与太平洋经济社会委员会的合作将继续占据非常重要的地位。

34. 问：怎样看待上海合作组织与诸如独联体和集体安全条约组织等地区性组织的特殊关系？

答：独立国家联合体和集体安全条约组织，在上海合作组织海外合作伙伴中占有毋庸置疑的重要地位。其中一个重要原因，是上述三个组织的活动构成了共同地缘政治空间，而且一些上海合作组织成员国同时也是独联体和集体安全条约组织的成员。具体举例，如俄罗斯和"上海合作组织六国"中的中亚国家成员都是独联体的成员，而哈萨克斯坦、吉尔吉斯斯坦、俄罗斯和塔吉克斯坦同时也都是集体安全条约组织的成员。

应该指出的是，这三个机构建立的共同地缘政治背景是上个世纪末的国际环境新变化，尤其是苏联的解体。由于这种政治上的特殊性，独联体和集体安全条约组织的推动者只有原苏联范围内的共和国，而后来建立上海合作组织的倡导者中还有中华人民共和国。由于客观的原因，独联体和集体安全条约组织的成立事实上比上海合作组织早。众所周知，这个组织是经过以中华人民共和国为一方，俄罗斯、哈萨克斯坦、吉尔吉斯斯坦和塔吉克斯坦为另一方的边境问题协商和互信措施的几年谈判，并签署了一系列协定后达到制度化的。奠定上海合作组织与独联体及集体安全条约组织合作关系基础的最重要活动，是一系列关于共同努力保障地区和平、稳定和安全的文件的成型，从而达成了公开、协商通过决定的原则，然而却不具有超越国家的权力。当然，由于每个组织的具体特点（如上海合作组织、独联体和集体安全条约组织机构的高级机关是秘书处），它们之间具有相同的共性特征。无论在上海合作组织，还是在独联体，都对人文及其他领域的紧密合作给予高度关注，而集体安全条约组织在反恐和禁毒领域主导的活动却积极与上海合作组织驻塔什干的地区反恐机构实现互动，或创造着这种可能性。

包括组织构成特点在内的某些差别，决定了它们不同地位的事实。例如，在独联体内有着两个层面的成员：创始国和成员国，而在集体安全条约组织则是正式成员和观察员。而上海合作组织的组织机制是另外一种的：组织内的成员国、观察员国，还有对话伙伴国。与此同时不能不看到，上海合作组织和独联体、集体安全条约组织之间也存在着现实的差异，这种差异性体现在他们各自的活动特点上。对此存在一种说法，独联体在很大程度上可以称作一体化组织，而从上海合作组织已经确立的原则来看却不属于这样的组织。集体安全条约组织的特性，是在军事政治适应所有在该地区出现的情况和为执行相应任务建立的机构。而这与上海合作组织完全不同，因为它不是一个军事组织，地区反恐机构的所有措施完全出于确保上海合作组织范围内可能出现的威胁。

独联体和集体安全条约组织的政治活动内容与上海合作组织的任

务相吻合，并在预设的上海合作组织秘书处合作保障机制中与这两个组织的机构相适应。2005 年春季，上海合作组织秘书处与独联体执委会之间签署了《相互谅解备忘录》，2007 年秋季，上海合作组织秘书处又与集体安全条约组织秘书处签署了类似的文件。这些文件规定，在法律的框架内就保障国际及地区的和平与安全、反对恐怖主义和非法毒品与武器交易、跨国犯罪等方面保持组织间的接触。在与独联体执委会共同签署的备忘录中甚至还规定了在经济和文化领域中的合作。为此，还规定了加强协商和交流双方感兴趣的信息、制订共同的计划、相互邀请参加各自的活动等等。

35. 问：东南亚国家联盟与上海合作组织都是广阔亚洲大陆上最成功的国际联合体。上海合作组织与东南亚国家联盟之间的关系将如何发展？

答：在当今世界上，地区性组织和机构对于各个国家在最广泛领域中的问题上协调共同立场有着关键作用，其中首先是国家安全和地区经济发展。

必须指出的是，根据上海合作组织相关文件规定，与重要的国际及地区性组织发展伙伴关系是其活动的最重要方向之一。此外，每年的上海合作组织国家元首会议上也都强调这一方向，并将其反映在上海合作组织峰会的联合公报中。

东南亚国家联盟（以下简称"东盟"）是亚洲地区最成功的国际合作组织之一，与之全方位地建立关系是上海合作组织无可争辩的优先选择。两个组织在政治、经济、人文等领域有着很多近似的目标和任务。除此之外，上海合作组织与东盟有着几乎相同的法律地位，在各自的责任区内巩固和平与稳定的共同利益使我们走近。

时间已经证明，发展上海合作组织与东盟之间的伙伴关系是大势所趋。上海合作组织建立三年后，它的成员国在亚太地区建立起了多边合作网络。显然，两个组织对地区和全球方向的评估在很大程度上相互吻合。这一事实为两个组织关系的制度化奠定了基础。

2005 年 4 月，在印度尼西亚首都雅加达《关于上海合作组织秘书处与东盟秘书处相互谅解备忘录》的签署，确定了两个组织间主要的合作方向与合作领域。对于上海合作组织来说，这是与其他国际机构签署的第一批同类文件之一。根据这个文件，反对恐怖主义和跨国犯罪的斗争、打击毒品与武器走私、反洗钱和非法移民等成为优先合作的重要领域。经双方协议，还将在以下领域开展进一步合作，如经济、金融、旅游、环境保护、水资源利用以及其他所有能源问题。

总之，上海合作组织与东盟的相互关系中最关键的方向可以说是保障地区安全。正如前文所述，东盟是讨论和解决如何应对东南亚地区当代挑战和威胁等问题的有效机制。反之，上海合作组织的存在是广大亚洲地区集体安全保障体系的重要环节。两个组织在投资和金融领域积极建立和开展合作、扩大商业领域接触等方面也有着共同愿望，其中包括通过共同的项目来实现。正向我们展示的所有这些活动，必将为我们各国的人民带来福祉。

当前，上海合作组织与东盟的合作是通过我们两个秘书处积极交换信息和经验、进行专家咨询实现的。在 2016 年 5 月 20 日上海合作组织秘书处与东盟秘书处的最近一次会晤中，俄罗斯与东盟就上海合作组织秘书处与东盟秘书处之间达成相互谅解备忘录框架内的合作、以及拓宽两个组织之间的联系交换了意见。我们还将不断积极推动两个组织间形成相关的协议，前不久即已提交东盟秘书处新的备忘录文本供其研究。

还需要指出的是，东盟诞生于近半个世纪前，而 2007 年通过了它的章程后才半正式地成为具有国际法主体地位的地区性组织。上海合作组织则更加年轻。与东盟不同，上海合作组织一开始就确立了自己在确保地区安全利益上的政治合作目标，并在此基础上立即制定了相应的制度和规定。我们十分乐观地看待两个组织未来的伙伴关系。

36. 问：上海合作组织与亚洲相互协作与信任措施会议有哪些异同？

答：首先，上海合作组织成员国和亚洲相互协作与信任措施会议（以下简称"亚信会议"）之间在地理上是接近的，并有着共同的历史，这两个平台的活动也毋庸置疑地体现出了在同一地理空间上的重叠。亚信会议形成的事实是耐人寻味的，1992 年 10 月，哈萨克斯坦总统努尔苏丹·纳扎尔巴耶夫在第四十七届联合国大会上首次提出建立亚信会议的设想。同一时间也开始了它的准备工作（众所周知，上海合作组织首届峰会是在 2001 年，而亚信会议的第一次大会是在 2002 年），以使其具有相应的功能。两个组织共同的目标——针对巩固和平、稳定和安全、开展政治对话和互利经济合作的意向。由此应该指出的是，两个统一的合作机制在经济领域里刚刚开始加速。

在关键性的合作文件中——《上海合作组织宪章》和《阿拉木图文件》——申明了各自成员国的立场，他们的立场在共同的领域中具有方向上的一致性：倡导核安全、防止大规模杀伤性武器扩散、谴责一切形式和表现的恐怖主义、关注毒品非法交易问题、关注人道主义问题等等。"上海精神"的原则——"尊重多样文明"——与《阿拉木图文件》规定的"相互尊重、相互理解和不同文明之间相互宽容的关系"原则相呼应。

无论是上海合作组织还是亚信会议，通过决定的最高机构都是国家元首会议和政府首脑会议。在这两个组织中还定期举行外交部长会议。然而，这两个组织召开会议的频率却是不同的：上海合作组织成员国元首峰会和外交部长会议每年都举行，而亚信会议框架内这类活动的组织制度是：国家元首峰会四年召开一次，外交部长会议两年召开一次。

至于成员国上的区别，两个组织的差异主要在成员国的数量上。到 2016 年时，上海合作组织由 6 个成员国和同样数量的观察员国以及对话伙伴国组成。而亚信会议的组成已经有 16 个成员国和 12 个观察员国。亚信会议的特点还在于，在观察员中有国际组织。而上海合作组织的不同在于，有着另外一种国家参与组织活动的形式——对话伙伴国。两个组织在结构上也有所不同：目前上海合作组织已经是长期活动的政府间国际组织，而亚信会议在功能上还只是一个国际论坛。亚信会议以其伙伴关系支持一年一度的"上海六国"宣言。2014年上海合作组织秘书处与亚信会议秘书处之间签署的谅解备忘录也规定两个组织将谋求进一步合作。根据相关文件，双方在促进地区安全和稳定，与恐怖主义、非法毒品交易作斗争，应对其他出现在共同利益领域中的新挑战与威胁等问题上进行了交流。双方参加上海合作组织和亚信会议举行的活动，并交流工作经验。

37. 问：上海合作组织是否在各国选举时派出自己的监督小组？

答：是的，这种派出形式是上海合作组织活动的重要内容。因为上海合作组织成员国都认为，有国际观察员的存在可以促进提升总统选举或议会选举以及全民公投的公开性和透明度。上海合作组织成员国均致力于邀请国际观察员参与各自的选举过程。

观察团成员可以与各政治党派和党团联盟、候选人、私人代表、选举机构的工作人员在国家通过和制定的选举法范围内自由接触。他们被获准能够参观任何一个选区和东道国境内的任何一个投票点，其中包括在正式投票日当天。他们在东道国选举机构的代表公布投票结果前进行观察活动，然后进行总结和发表正式声明。

观察团成员由秘书处官员和成员国立法机构、行政机构、选举机构的代表组成。2016 年 12 月初，上海合作组织及其秘书处的代表团在乌兹别克斯坦共和国参与观察了新一届国家总统选举。

38. 问：希望加入上海合作组织的国家应该符合哪些标准？上海合作组织扩展的范围有多大？

答：上海合作组织最重要的原则之一，是它的开放性。2010 年通过的《上海合作组织接收新成员条例》和《上海合作组织程序规则》，在实践上为接收那些感兴趣的国家加入上海合作组织做好了准备。前提是这些国家承诺遵守上海合作组织宪章规定的目标和原则，以及上海合作组织通过的所有国际条约和文件。

希望加入上海合作组织的国家应该符合下列条件：属于亚欧地区；与上海合作组织所有成员国建立有外交关系；具有上海合作组织观察员国地位或上海合作组织对话伙伴国地位；与上海合作组织成员国保持积极的经贸和人文联系；在安全领域的国际承诺不应违背上海合作组织框架内通过的相关国际条约及其他文件；不应处于同其他一国或多国的武装冲突状态中；必须认真履行《联合国宪章》规定的义务、公认的国际准则和国际法原则；不应成为联合国安理会制裁的对象。在 2014 年的上海合作组织杜尚别峰会上，完成拟定了成为上海合作组织新成员具体义务的文件（《给予上海合作组织成员国地位程序》《关于申请国加入上海合作组织义务的备忘录范本》）。

2015年峰会后，随着印度和巴基斯坦的加入进程，上海合作组织接收新成员的实际程序开始启动。

39. 问：哪些是上海合作组织框架内经济合作的主要方向？

答：要回答这个问题，还应该结合参照上海合作组织的基本文件——《上海合作组织宪章》。《上海合作组织宪章》中的主要经济发展目标和任务规定，以不断提高各国人民生活水平为目标，共同促进地区经济增长、社会和文化发展，并协调融入世界经济一体化进程。

作为这一工作的方式和方法，《上海合作组织宪章》确定支持和鼓励各种形式的区域经济合作，利用交通通信基础设施，改善成员国运输中转潜力，发展能源体系，合理利用自然环境，共同制定环保方案，为逐步实现商品、资本、服务和技术的自由流动创造有利的贸易和投资条件。

除此之外，在这里应该注意到有关经济合作的一些关键性文件，其中包括2001年签署的《上海合作组织成员国政府间关于开展区域经济合作的基本目标和方向及启动贸易和投资便利化进程的备忘录》、2003年签署的《上海合作的组织成员国多边经贸合作纲要（至2020年）》、《〈上海合作组织成员国多边经贸合作纲要〉落实措施计划》（2004年9月比什凯克）以及《上海合作组织进一步推动项目合作的措施清单》（2012年12月比什凯克、2016年11月比什凯克）。

值得指出的是，这些文件最基本的特点是营造发展经济联系的广阔空间，使不同门类的经济合作问题进行广泛对话成为可能，在经济方向上迈出实际的步骤。为此，在上海合作组织内建立了专门部委和部门在不同水平上的定期交流机制。这些机制成功地运作，其中包括负责对外经济和对外贸易活动、交通、农业、卫生、文化、教育等各部委及各部门领导以及中央银行总裁等级别的定期会议和会晤。

同样成为经济合作发展重要机制的是上海合作组织实业家委员会和银行联合体。实业家委员会是以促进上海合作组织框架内经济合作为目标，联合成员国实业界和金融界，建立起成员国工商界代表之间直接联系与对话，并吸引他们参与经贸和投资领域全面合作的非政府组织。

关于上海合作组织银行联合体也必须作一些说明。建立上海合作组织银行联合体的主要目的，是为上海合作组织各成员国政府投资项目形成一个融资和银行服务组织。银行联合体鼓励为实现项目投资吸引资金，这些项目应该是国际银行重点扶植的基础设施建设、基础产业、高科技产业、定向出口的经济领域、具有社会意义的项目。银行联合体还要为促进上海合作组织成员国之间的经贸关系发展组织适当的融资。

这样一来，上海合作组织形成了自己的法律制度和可操作平台，这一平台能够促使参与者在广泛的地区经济议题中协调立场和态度，并将各方的努力集中于共同的发展和相应的实际步骤上。

40.问：如何解读上海合作组织对中国"丝绸之路经济带"概念的做法？

答：正如大家都知道的，关于建立"丝绸之路经济带"的重大倡议是中华人民共和国主席习近平于2013年访问中亚国家时首次提出的。事实上，这个长期的、多方向的发展战略涵盖其所形成的共同发展区域，覆盖了东南亚和中亚、外高加索、东欧、中欧和西欧等地区，实际上达到了英吉利海峡。在这一概念框架内预计将建立三大陆路"经济走廊"：1. 中国—中亚—西亚；2. 中国—东南亚；3. 中国—哈萨克斯坦—俄罗斯—欧洲。作为对"丝绸之路经济带"的补充，还有"21世纪海上丝绸之路"：中国—印度洋—欧洲和中国—东南亚—南太平洋。

2015年夏季，上海合作组织成员国国家元首们签署的《乌法宣言》充分反映了各成员国对这一倡议的兴趣。这一倡议受到了普遍支持，并有代表强调了在上海合作组织成员国相关部门间建立相互协调和信息交流机制的必要性。在这一年的12月，上海合作组织成员国政府首脑会议签署的《上海合作组织成员国政府首脑（总理）关于区域经济合作的声明》强调，成员国将共同致力于与观察员国和对话伙伴国的紧密合作，其中包括实现"丝绸之路经济带"范围内的国家，将致力于保障和维护地区和平与稳定，促进经济持续稳步增长。

在2016年的《塔什干宣言》中，上海合作组织成员国国家元首们表示了在这一方向进行深入工作的共同立场。其中，各成员国尤其强调了实现2015年12月15日签署的《上海合作组织成员国政府首脑（总理）关于区域经济合作的声明》决定内容的重要性。并宣布将准备实现与各国的发展战略对接和加强各自经贸计划与之协调，而且再次重申了支持中华人民共和国关于"丝绸之路经济带"的倡议和继续为实现这一促进地区经济合作发展形成有利条件而努力的意图。

41. 问：上海合作组织如何看待欧亚地区一体化进程？

答：今天，大多数专家一致认为，在不久的未来，欧亚地区将成为世界经济的火车头。我完全赞成这一观点，因为我们看到这一地区积累着先进技术，建造着新的现代设施，聚集着人类主要的潜能。

显然，上海合作组织正在欧亚地区凸显成为带来巨大经济机遇的最大的综合性组织。"上海合作组织大家庭"中有 18 个国家，在这些国家生活着全球总人口的 45%，其中近 70% 的居民年龄不到 50 岁。根据一些专家的评估，"上海合作组织大家庭"各国的国内生产总值（GDP）总量在 2015 年超过 21 万亿美元，占全球经济指标总量的 27.1%，而同年的贸易指数超过 6 万亿美元，占全球贸易总数的 18.3%。

目前，在欧亚地区的广大空间及其周边地区正在实施着大规模的经济发展举措。在太平洋次区域正在形成跨太平洋伙伴关系，这种伙伴关系意味着高水平的贸易规则自由化，这不仅包括贸易中的商品和服务，而且还包括知识产权。其他的区域经济一体化中心主张全面的地区经济伙伴关系，例如东盟成员国就坚持这样的主张。

在欧亚地区的中心，正积极展开以建立欧亚经济联盟为框架的区域经济一体化进程，它的组成包括了这样一些上海合作组织成员国，如哈萨克斯坦、吉尔吉斯斯坦、俄罗斯，还包括上海合作组织的观察员国白俄罗斯，以及上海合作组织的对话伙伴国亚美尼亚。参加国正在进行目的明确的保障商品、服务、资本和劳动力自由流动的工作，而且以全面现代化、全面合作以及提高国家经济竞争力和创造提高成员国居民生活水平的经济稳定发展条件为目标，实行协调、一致、统一的经济政策。应当指出的是，正在加入上海合作组织谈判过程中的印度也考虑建立它与欧亚经济联盟之间的自由贸易区。

这样一来，上海合作组织就处在了区域经济一体化进程的中心，而这一进程正积极地在广袤的欧亚地缘政治空间展开，而一些上海合作组织的成员国同时也成为欧亚经济联盟框架下一体化进程的积极参与者。显而易见，中国的参加推动着这项工作产生了极大吸引力，它表示了对"一带一路"倡议与合作伙伴发展战略相对接的兴趣，以及与其他一体化机制对接的兴趣。

这样，联动一体化的思想被表述在 2016 年 6 月 25 日的俄罗斯与中华人民共和国联合声明中。在这个声明里，双方主张在透明的原则和兼顾相互利益的基础上建立欧亚全面伙伴关系，其中包括连接欧亚经济联盟、上海合作组织、东盟成员国的可能性。为了推动地区一体化进程的继续深化，两国政府在这方面责成有关主管部门开展工作，并采取了一系列实现这一倡议的措施。

显然，完成这一复杂的任务，要求在深刻理解现代世界经济发展趋势基础上的科学评估和分析。这些倡议指出的联动和对接任务的规模与复杂性是前所未有的，同时对于欧亚地区的经济发展又是前途广阔和极受欢迎的。

42. 问：上海合作组织成员国之间在农业领域中的合作有什么特点？

答：一般来说，农业是上海合作组织成员国在经济领域中合作的优先方向之一。在上海合作组织框架内加强这一领域里的多边合作，不仅符合各方的利益，而且对地区经济社会发展具有极其重要的意义。

自 2007 年开始，相关部委高级官员的活动为建立并启动农业合作机制做出重大贡献。从 2010 年开始定期举行成员国农业部长会议，设立了常设的专家工作小组，制定并采取相应计划措施。

2010 年 6 月，在塔什干签署了《上海合作组织成员国政府间农业合作协定》。这一协定规定了以下方向的合作：农耕、畜牧、养蜂、兽医、选种、育种、水利、灌溉、农产品加工和贸易、农业机械和农业科技。作为规定任务的现实执行机制，各方展开了科学与创新成果、专家与学者、先进技术、育种材料、植物防疫和检疫等方面的交流。为使这一领域的技术干部水平提高，还组织了科学研究和考察，并举办了展销会等活动。

按照《上海合作组织至 2025 年发展战略》，对农产品生产和加工的高科技项目以及在农业领域（包括粮食部门）采用创新技术给予高度关注。在最近几年，与上海合作组织观察员国和对话伙伴国的合作水平发展得越来越高，而且有银行联合体和实业家委员会在上海合作组织成员国实施的农业项目上的对接。

43. 问：上海合作组织在交通领域的合作有怎样的发展？

答：由于交通运输以及在这一领域中的合作对上海合作组织每一个成员国的经济发展具有特殊的意义，在上海合作组织范围内从 2002 年起就在交通运输方向开展积极的合作。在举行交通部长定期会议的基础上，还组成了讨论研究发展地区交通运输潜力的专家工作小组。

在这一方面的重要成果之一，是 2014 年 9 月在杜尚别上海合作组织峰会上签署的《上海合作组织成员国政府间国际道路运输便利化协定》。这一文件生效后将建成贯通的公路干线——全程由太平洋（中国，连云港）到大西洋（俄罗斯，圣彼得堡）的统一标准公路，在上海合作组织空间内的经贸合作领域开启建立互利伙伴关系的新时代。这一文件的重要意义在于，为所有希望加入的国家提供了可能性，为在欧亚空间建立跨大陆交通走廊创造了非常有利的条件。

当前，上海合作组织成员国关注的焦点集中在起草发展各成员国道路项目的规划上，这些项目旨在确保道路系统发展和基础设施建设。2016 年 11 月，上海合作组织另一次政府首脑（总理）理事会在比什凯克通过了《2017—2021 年上海合作组织进一步推动项目合作的措施清单》。其中重点强调，要保障地区交通网络建设和建成有成效的交通物流基础设施的共同项目。

为了发展交通合作，各方愿意采取旨在加强交通基础设施合作的更深入更实际的步骤，进一步形成发展国际运输及交通走廊的有利条件和实施共同项目，建成上海合作组织框架内高效的交通物流基础设施。

在这方面，2016 年 11 月底在阿什哈巴德举行的第一届"全球可持续发展交通大会"（由联合国主导，土库曼斯坦政府主办），无疑为上海合作组织成员国在这一方面与土库曼斯坦以及更广大地理维度的国家开展实质性合作带来更多机会。

44. 问：在上海合作组织框架内的海关合作有哪些特点？

答：上海合作组织各成员国海关总署的积极合作已取得了卓越成果。各国海关部门领导和专家的多年定期会晤，促进了上海合作组织框架内海关合作稳定法规基础的形成，保障了对相关实际问题的有效解决。在上海合作组织框架内形成的文件保障着成员国之间在海关事务上的合作和相互协助，其中包括培训和提高海关官员的专业水平、在保护知识产权上的各国海关之间的交流协作、在开发和应用风险管理体系上的合作以及在能源管控领域中的信息交换。

目前，各方正在研究制定"上海合作组织成员国海关机构之间关于信息交换、制订和管控海关商品价格、准备预设文本、建立上海合作组织成员国统一过境系统等问题的备忘录"。在海关合作领域中的长远考虑议题之一，是研究起草上海合作组织成员国实现电子商务海关监管多边实施备忘录的可能性。

45. 问：在上海合作组织框架内的哪些领域中实施着金融合作？

答：2005 年 10 月 26 日，在莫斯科签署了《上海合作组织银行间合作（联合体）协议》。

这个机构建立的主要目的，是形成一个能对上海合作组织成员国政府支持投资项目服务的金融组织和银行服务机构。银行联合体鼓励和吸引着国际银行向基础设施建设、基础产业、高新技术产业、定向出口型经济、具有社会意义的项目进行融资，并通过组织融资促进上海合作组织成员国之间的经贸联系，提供潜在客户和合作项目的信息交换。

自 2009 年以来，在上海合作组织框架内建立了成员国财政部长和中央银行行长会晤机制。这促使成员国间关于社会经济发展问题和在国家层面为加速经济发展采取相应措施、就应对全球性金融危机和经济危机的不利影响展开实质性对话，并开始讨论在上海合作组织框架内建立投资项目和金融活动保障机制的前景。这个会晤形式还使金融、经济、银行等广大范围内问题的定期对话与讨论得到保障。

2016 年 9 月 29 日至 30 日，在比什凯克的上海合作组织财政部长例行会议上，各方重申了继续开展旨在广泛讨论金融、经济、银行领域问题的财政部长和中央（国家）银行行长对话的重要性。

46. 问：上海合作组织投资合作的现状和前景如何？

答：上海合作组织成员国对发展投资和金融合作予以了特别的关注。对此，《上海合作组织宪章》将"支持和鼓励地区内各种形式的经济合作，推动以逐步实现商品、资金、服务和技术流通为目标的便利化条件"定为优先方向。

为协调金融领域合作的展开，2004 年成立了下属于上海合作组织成员国财政部长会议的促进投资专家工作小组，这一小组专门负责对外经济与贸易活动。专家小组执行《上海合作组织成员国多边经贸合作纲要》和《上海合作组织贸易和投资领域合作》项目活动深入发展的措施清单。

专家工作小组还要完成完善投资法规资料和上海合作组织区域经济合作投资项目网站（http://www.sco-ec.gov.cn）的工作，并正在努力编制《上海合作组织成员国投资指南》。

上海合作组织成员国财政部长与中央（国家）银行行长的经常性会晤，协调着金融和银行领域的合作。为了鼓励投资（首先是对上海合作组织空间内基础设施建设项目的投资），从 2011 年开始在专家层面着手探讨建立上海合作组织发展银行和上海合作组织发展基金（专门账户）问题。在 2016 年 9 月于比什凯克举行的上海合作组织成员国财政部长与中央（国家）银行行长例行会议上，启动了实施解决建立这些机构问题的进程，并通过了继续开展由相关专家进行咨询工作的决定。

应该指出的是，我们上海合作组织的非政府组织——上海合作组织实业家委员会和上海合作组织银行联合体在经济和金融领域中发挥了最重要的作用。他们的主要任务是促使在不同经济合作领域建立专业的接触和吸引金融机构参与实施《上海合作组织多边经贸合作纲要》规定的项目。

《上海合作组织至 2025 年发展战略》和《〈上海合作组织至 2025 年发展战略〉2016—2020 年落实行动计划》确定了一系列基本的合

作领域，其中即包括投资和金融领域。在地区经济合作方面完全有理由相信，上海合作组织框架内保障各类项目进行的新金融机制将为成员国经贸发展注入实际动力。这将使地区内已有的金融组织的力量和潜力联合起来，其中既包括亚洲基础设施投资银行，也包括"丝绸之路"基金和中国—欧亚经济合作基金，为在上海合作组织空间内实施重大地区项目打造强大金融基础。

47. 问：上海合作组织成员国之间在经贸合作发展和建立促进相互经贸关系便利条件上都有哪些成就？

答：在上海合作组织框架内的 15 年活动中，形成了巨大的经贸合作潜力，这种潜力为地区合作的发展提供了积极的趋势。上海合作组织成员国掌握了广阔的市场、具有世界意义的矿产原料资源、重要的生产基地和科技能力。这是在高科技和投资领域完成共同项目的重要保障。上海合作组织经贸发展的总势头已经显现，可以看到的是，根据上海合作组织各成员国相关政府部门提供的数据，2014 年的对外贸易总量为 52705 亿美元，在 2015 年则为 46049 亿美元，占全世界贸易总数的 11.1%。这些数字证明了上海合作组织成员国经贸联系发展的活力。

同一时期还在经贸合作领域奠定了坚实的法律基础，通过了一系列条约和政治、法律文件。其中主要包括 2003 年制定的《上海合作组织成员国多边经贸合作纲要》和 2016 年制定的《〈上海合作组织成员国多边经贸合作纲要〉落实措施计划》《2017—2021 年上海合作组织进一步推动项目合作的措施清单》。

具体涉及广泛经济领域问题并具有重要纲领性意义的文件，是 2015 年通过的《上海合作组织至 2025 年发展战略》和 2016 年批准的《〈上海合作组织至 2025 年发展战略〉2016—2020 年落实行动计划》。
这些文件规定了各方在地区基础设施建设和物流现代化、在上海合作
组织空间内扩展国际物流中心网络和建立沿交通主干线的产业集群网
络等合作项目。除此之外，2016 年 11 月 3 日，在比什凯克举行的上
海合作组织成员国政府首脑（总理）理事会上，通过了《2017—2021
年上海合作组织进一步推动项目合作的措施清单》，将重点确保交通
网络合作和实施建立高效交通物流基础设施共同项目上的合作。

作为关键性的经贸合作机制之一，是上海合作组织成员国负责对
外经济和对外贸易活动的部长级会议机制。这个会议每年在上海合作
组织成员国中的某一国举行，其任务包括提出关于发展相关领域合作
的建议与对策、组织实施完成上海合作组织的决定、制定计划和国际
条约并协调其落实，以及有关信息和经验的交换。

2016 年 10 月，这个会议的最近一次会晤指出，当今世界经济形
势要求在地区层面上必须以更加务实、更加合理、更加协调的措施应
对多边贸易体系的现实挑战。这些对策包括改善商业环境、简化贸易
流程、发展电子商务以及在共同关心的方向吸引投资等措施。促使上
述目标的完成，需要建立部长会议之下负责对外经济和对外贸易活动
的高级官员委员会，以及专家工作小组，特别是在电子商务、简化贸
易流程、扩大过境潜力、吸引投资和海关合作方面。在这些机制框架
下，要讨论和研究继续加深优化经贸关系、增强实质性的商品贸易和
服务交流、消除贸易壁垒、并改进现有贸易程序等等。经贸与投资关
系发展的实际益处，是上海合作组织实业家委员会和银行联合体促使
中小企业合作结构更加巩固。

48.问：上海合作组织范围内的文化与人文合作是怎样实施的？

答：在上海合作组织各成员国人民之间有着丰富的历史和紧密的文明交往，客观上决定了在上海合作组织范围内的广泛文化与人文合作。在这一背景下必须了解这个事实，数百年前的上海合作组织成员国空间被古代"丝绸之路"主干道连接在一起。它深刻象征着，欧亚大陆各国在 21 世纪全球化条件下准备以新的方式恢复古老传统，重新发展经济、文化和人文联系。这为加强合作、共同富裕和文化和睦，了解上海合作组织范围内各民族传统与风俗的信息和知识奠定坚实的基础，在文化与人文领域里的合作极具发展潜力。自 2002 年以来，在定期举行的文化部长会议基础上，又开展了研究实施在各个方向上人文合作计划的文化合作专家小组工作。2007 年签署的《上海合作组织成员国政府间文化合作协定》提出了在多个领域中开展创作活动的合作。

在上海合作组织框架内的合作，传统的实施方式多体现为双边合作。如交互举办国家年、文化日、电影周、电影节、美术展、文化论坛、集体创作旅行等。文化合作的视野得到扩展，并向多边合作领域发展。在各方的努力下，画册《文化面对面：上海合作组织成员国文化概览》的出版，展示着文化领域交流与合作的成就。多边活动中值得列举的有，在哈萨克斯坦举办的国际音乐节《大草原之乐》、在中国举办的国际艺术节《丝绸之路》、在吉尔吉斯斯坦举办的国际戏剧节《阿拉套》、在俄罗斯举办的艺术节《合作》、在塔吉克斯坦举办的国际木偶艺术节《恰达里哈耶尔》、在乌兹别克斯坦举办的国际音乐节《东方音韵》等。从众多的绘画艺术展览和实用装饰艺术展览中，又分为《西湖绘画》国际美术论坛、《"丝绸之路"——加深兄弟情》

上海合作组织成员国国际美术双年展、《友爱全球儿童》国际儿童画展览等。这些活动形式为上海合作组织各成员国的艺术创作团队集中于同一个平台展示成果和反映各国多彩的民族特色提供了可能。

深入发展与上海合作组织观察员国和对话伙伴国包括在双边基础上或多边基础上的合作具有重要意义，以此公开展示本组织的公开性及与有兴趣的国家、国际组织、地区组织积极建立平等互利关系的诚意。

为了在全世界范围内提高上海合作组织的威信，本组织设在北京的秘书处也为成员国在深化文化与人文合作做出了自己的贡献。尤其是自 2016 年以来，在它的基地开展了名为"上海合作组织——我们共同的家园"的系列活动。在这一框架内，举办了上海合作组织成员国国家日、"圆桌"研讨会等。正在加紧建设中的"上海合作组织图书馆"，已经收藏了有各国国家元首、著名学者和文化活动家等作者授予版权的珍贵著作、图片和影视资料。在这个图书馆将开设经常性的展览，展品包括来自"上海合作组织大家庭"的艺术家们的上百幅作品，以及《上海合作组织 15 年：历史写真》纪念摄影展览。

鉴于上海合作组织继续深入发展的强大势头，对文化与人文方向——"第三个篮子"的活动——的关注将进一步拓展。《上海合作组织至 2025 年发展战略》对此提供了强大动力，并将为本组织所有方向的活动确立新的地标。

49. 问：上海合作组织范围内的健康卫生领域合作有哪些主要方面？

答：在上海合作组织成员国各自的社会计划中，都对保障国民健康给予了高度关注。这一方面也是上海合作组织成员国之间合作的重要组成部分，尤其在近期更为凸显。2010 年，启动了上海合作组织成员国卫生部长会议机制，通过了相关专家小组的工作规则，以及《在卫生领域的合作措施纲要》。

2011 年 6 日，在上海合作组织成立 10 周年的阿斯塔纳纪念峰会上，签署了《上海合作组织成员国政府间卫生合作协定》。这个协定确定了以下的主要合作方向：科学和技术创新、药品安全与质量、提供紧急状态与自然灾害时的医疗卫生援助、妇幼卫生保健以及其他更多方面。在由上海合作组织成员国举办的临床科学研讨会或讲座上，开展关于各国相关法规、先进经验、工作实践与研究方法等方面的信息交流。

各方还将致力于共同卫生保健体系的建立，并在打击医疗卫生产品造假的斗争中开展积极合作。对卫生防疫领域也给予了特别的关注，其中包括建立负责居民福利卫生防疫部门领导人会议。在 2013 年制定了监控流行性传染病疫情的计划。通过了在上海合作组织框架内双边层面和多边层面合作的发展，拓宽了卫生保健领域的学术合作，包括专业技术能力和医疗救助水平提高，临床实验网络等系统大大加强。《上海合作组织至 2025 年发展战略》中，也列入了关于在本组织平台上加强卫生保健合作的表述。

50. 问：在上海合作组织范围内的旅游合作有怎样的发展前景？

答：首先应该看到，这个方向是一个较新的合作领域。然而，在建立在文化历史联系和经济往来之上的共同旅游空间里，目前旅游合作的兴趣正集中体现为人员交流，而且越来越明确地成为文化与人文合作的重要元素之一。可以确信，这一趋势不仅将会继续存在，而且会有更加广阔的前景，尤其是在上海合作组织交通空间得到改善后。

从 2007 年开始，举行了关于旅游合作的定期专家专项会议，而且从 2015 年开始了上海合作组织国家旅游部门领导人的合作机制。2016 年在上海合作组织塔什干峰会上通过的《上海合作组织成员国旅游合作发展纲要》，开始了在这一领域合作的新时期。这个纲要依据世界旅游组织规定的目标和原则以及《上海合作组织宪章》和《上海合作组织成员国长期睦邻友好合作条约》的内容研究制定，并以实施《上海合作组织至 2025 年发展战略》为目标。这一文件规定，扩大在共同旅游空间内的双边与多边合作、提供高质量的旅游服务、确保旅游安全、促进旅游企业和相关部门之间的合作、吸引投资建立与完善旅游基础设施等。文件还强调了发展上海合作组织相关成员国边防部门以及地方之间合作的作用和前景。根据合作协调方案，组成了研究相应领域合作问题的专家工作组。由他们提出的相关建议，将提交两年召开一次的上海合作组织成员国旅游部门领导人会议。

作为实现上述任务的配套机制，计划组织一系列旅游展销会和推介会，扩大专门组织和专业协会之间的接触，为发展上海合作组织各成员国相互间游客流动创造优惠条件，交流这一领域中实施国家政策的经验，开创新的旅游线路等。为了促进这一方向合作的深入发展，各方之间有权签署相关的国际协定和制定其他的必要文件。自 2016 年起，在上海合作组织秘书处基础上开展的"上海合作组织——我们共同的家园"系列活动中，"上海合作组织大家庭"各国旅游潜力的推介引起各方的极大兴趣。在上述活动中，直观地展示了吉尔吉斯斯坦的旅游娱乐资源和第二次世界游牧民族运动会的盛况，哈萨克斯坦也展示了自己国家旅游产业的潜力。这些活动将在上海合作组织其他成员国的参加下继续举行。

51. 问：上海合作组织国家间的教育合作将在哪些方向开展？

答：还是在 10 年前的 2006 年，在上海举行的上海合作组织纪念峰会上，签署了《上海合作组织成员国政府间教育合作协定》，这个协定确定了在教育领域合作的主要方向。其中，最重要的是交流发展教育体系问题方面的经验、支持发展这一领域的一体化进程、推动大学生和教学机构教育科研工作者之间的相互交流、开展教学科研与教学实践学术研讨会和相关方向多边合作专题讨论会。

目前，各方对鼓励相互参加上海合作组织成员国举办的国际奥林匹克竞赛、艺术节、共同的环保、旅游、体育活动以及一般教学机构的语言、历史、文化和艺术研究给予了很大的关注。按照共同的协定，还建立起资料和档案交流制度。尤其有意义的是，拟定承认并建立同等教育证书机制。

上海合作组织成员国教育部长会议定期举行，促使所有这些措施开始实施。从 2006 年开始，这一级别的会议每两年举行一次。每次会议上都会提供一份关于教育领域合作热门话题的报告。在教育领域合作中成立常设活动的专家工作组，制定和通过为期两年的落实《上海合作组织成员国政府间教育合作协定》项目清单。目前，按照政府间文件的协商项目，旨在建立上海合作组织大学的工作正在进行，而事实上，上海合作组织大学已经存在多年了。

更有意义的事业开端，是开始举办"教育无国界"教育周活动，以及上海合作组织成员国大学校长论坛。2016 年，在上海合作组织秘书处组织下、被命名为"上海合作组织——我们共同的家园"和上海合作组织成立 15 周年的庆祝活动中，举行了题为"上海合作组织 15 周年：构建、发展、未来"的最佳学术论文竞赛。我们希望，这样的竞赛将形成一个优良传统。

52. 问：上海合作组织大学是个什么概念？建立它的目的是什么？它又分成哪些阶段？

答：在上海合作组织大学名义下的各成员国和观察员国高等教育机构网实际上已经形成，这些高教机构统一按照协商教育方案中规定的专业共同培养人才。而这些专业又是项目参与国经济与社会发展优先感兴趣的方向。

成立上海合作组织大学的倡议，是 2007 年 8 月 16 日在比什凯克上海合作组织成员国国家元首理事会上由俄罗斯首先提出的。而这个教育机构的规则和法律基础，是 2008 年 10 月 24 日通过的《上海合作组织教育部长宣言》。上海合作组织成员国教育部长会议以及教育合作专家工作小组会议的备忘录中，对上海合作组织大学的理念有所表述。此外，目前各参与方也在就政府间协定中关于上海合作组织大学的成立和运作开展相关的工作。

大学的模式基于上海合作组织成员国的大学合作，也就是基于各自高等院校在相关领域中的培训工作。各方依据相互协商的统一标准，确定出本国居于头等位置的数所大学（重点大学），由它们加入上海合作组织大学的教育网络。现已有 79 所高等院校加入了这一网络，其中包括哈萨克斯坦的 14 所、中国的 23 所、吉尔吉斯斯坦的 8 所、俄罗斯的 22 所、塔吉克斯坦的 11 所和白俄罗斯的 1 所。

校内教学最主要的任务（教学语言为俄语和汉语，以及教学实施国的国家语言，按照协议也不排除使用英语）是：维持统一的教学空间；交换大学生和研究生及教学科研工作者；扩大学术科研合作；引进现代教育方法和教学技术；为上海合作组织相关机构培养人才；制定学士、硕士、博士（3 年制研究生）教育制度和专业技能进修及远程教育方案。

根据上海合作组织成员国的需求，还将进行以下协同方向上的培训：区域研究、生态学、能源学、IT 技术、纳米技术、教育学、经济学、国际新闻学等等。按照各国教育部门间的协议，进一步的培训可能将在其他一些专业技术方向上开展。在其中的每个方向上将建立本国和国际的专家小组，并由其协商通过教学模块和大纲。

招生的实施按照相互协商的配额进行。入学者可以按照上海合作组织大学大纲从任何一个学期开始在国外执行协议教学纲要的重点高等院校继续学习。在这些高校学习的最低期限和外国高校伙伴的数量不受限制，但应该符合本国高等院校获得教育证书所必需的学期和学时。在上海合作组织大学的国外伙伴大学学习的大学生，建议学时不少于一个学期。

在上述高等院校完成学习大纲并通过相应考试后，按照学习成绩颁发高等院校毕业文凭。在按照共同的教学纲要顺利完成培训后，还可以获得第二学历证书。目前，正在着手进行上海合作组织大学统一文凭的工作。

在这些教学单位之上向上海合作组织教育部长会议负责的机构，是协调委员会（KC），这个委员会由每个成员国派出的一位代表组成，而校长理事会主席也来自各方。主席的选拔依据轮换的原则从成员中产生，秘书长从上海合作组织大学校长办公室的成员中任命。协调委员会会议每年不少于一次。为了协助大学实施共同的教学方案及科研项目，将吸引更多的预算外资金并成立董事会。

上海合作组织大学的常设机构是为信息分析、法律和金融保障而设立的校长办公室，这个机构由上海合作组织成员国重点高等院校的专家组成。它的所在地是上海合作组织大学校长工作的那所大学，这所大学由他直接领导并任命协调委员会提交校长理事会。校长理事会本身是大学的咨询机构，它由各成员国重点大学校长以及主管教育的国家机关代表组成。上海合作组织大学的常设工作机构是专家工作小组，它将确保各成员国重点高等院校在共同的教学计划合作中的协调工作。

各重点高等院校的活动依据上海合作组织大学参加国各自的法规进行融资，上海合作组织大学校长办公室活动的融资依据其所在参加国的法规进行。协调委员会和校长理事会会议的召开事宜，由它们所在参加国负责组织实施。

建立对国外教育和技能资格的认证制度，是国际教育合作的重要内容。到目前为止，在上海合作组织框架内尚缺乏这样的国际协定。然而在上海合作组织单独国家之间(如在独联体国家间或双边层面上)已签署了这个方面的国际协定。关于相互承认中等教育证书的类似文件已经形成。此外，在哈萨克斯坦、吉尔吉斯斯坦、中国和俄罗斯之间已经签署了双边的相互承认学历证书的协定。

53. 问：众所周知，上海合作组织的官方语言是中文和俄文。这对其他上海合作组织成员国学习这两种语言有什么影响?

答：毫无疑问，这两种语言作为上海合作组织官方正式语言的地位，对上海合作组织国家学习这些语言的兴趣持续产生了最实质性的影响。更何况这两种语言还包括在联合国规定的一系列正式语言中，也就是说它们具有国际地位。除此之外，这还具有深刻的历史背景。

中国北方和西边的邻居与中国数百年的联系，注定了它们对中国语言和文化的兴趣。例如，在俄罗斯帝国从 18 世纪初就成立学习中文的常设机构，而在现代乌兹别克斯坦则从 1918 年开始。然而，由于一些具体的情况，到上个世纪时中文学习还受到很多限制而保持在学院研究水平上。在近几十年中，这一形势发生了根本性改变，上海合作组织各国对学习中文在不同层面上表现出特别的兴趣。首先，中华人民共和国经济的快速发展及其积极扩大与上海合作组织国家的经济和文化联系，这些都促使了上海合作组织国家间的政治和人文关系水平的大幅提升。

包括上海合作组织空间在内的海外汉语教学推广，近几十年间中国政府建立的孔子学院占据着核心地位。利用在其他国家取得的经验，孔子学院还开设了向学生介绍中国文明特点和传统的课程，组织各种形式的社会文化活动、大学生的实习等等。中国政府向上海合作组织成员国提供了到中国学习的大量奖学金，也大大促进了汉语学习。

今天，在 5 个上海合作组织成员国中有数十所独立的孔子学院在工作，而且在一系列高等院校和中学也开设了中文专业或单独的汉语课程。

俄语在上海合作组织的中亚成员国中的特殊历史地位伴随着统一的国家——俄罗斯帝国，以及后来的苏维埃社会主义共和国联盟——存在多年，俄语在这些国家曾经是国语。苏联解体后，俄语成为了族际沟通语言，发挥着重要的社会、人文功能。在哈萨克斯坦、吉尔吉斯斯坦，它仍具有官方语言的地位。在政治、经贸和文化等各个方面大量使用俄语的事实，注定要求上海合作组织的中亚成员国在不同的教育机构中积极开展俄语教学，其中包括在中学。

在中国也有学习俄语的长期传统（从 1708 年开始），而研究俄语最繁荣的时期是上世纪 50—60 年代。近年，由于两国战略伙伴关系的确立，对学习俄语的兴趣再次显现出上升趋势，而且俄语研究在不同水平上呈现出明显扩大的前景，其中包括在各高等院校。俄语在中华人民共和国的突出发展还表现在，中国俄罗斯学专业群体的形成。

在上海合作组织各成员国的俄语教学还通过俄罗斯文化中心（在乌兹别克斯坦）、"俄罗斯世界"俄语研究基金会下属的各中心（在哈萨克斯坦、中国、吉尔吉斯斯坦和塔吉克斯坦）进行，或通过俄罗斯联邦通讯社实施。在上海合作组织成员国学习俄语和俄罗斯文化中发挥重大作用的，还有为在俄罗斯联邦接受高等教育或学术实习进修等提供的奖学金。

54. 问：上海合作组织框架内的科技合作有哪些特点？

答：我们认为，这个合作方向是个具有非常广大潜力的领域。这里的主要任务是提高上海合作组织成员国科学研究的效率和业绩，以及各国的科技潜力。从 2010 年开始，在这一方向建立了上海合作组织成员国科技部长或部门领导人会议机制。在定期会晤的基础上，还举行经常性的科技合作专家工作小组会议。在这一领域的重要成果之一，无疑是 2013 年 9 月签署的《上海合作组织成员国政府间科技合作协定》。这一协定规定了以下主要的合作方向，如环境保护和合理利用自然资源、农业科学、纳米技术和纳米材料、信息和通讯技术、能源和节能技术、地球科学（其中包括地震学和地质学）等等。相关合作的实施，既通过双边形式，也在多边的基础上通过科研组织、共同研究计划和项目的制定与实施以及在不同科学领域中创新技术的研发、科技情报、专家和学者的交流等形式进行。

为了进一步落实这一协定，2016 年 11 月的成员国政府首脑会议上批准了本协定 2016—2020 年的落实措施计划和《上海合作组织科技伙伴计划》。这样，使科技领域中的合作更加结构化和具体化，而现在已经共同取得的科学成果充分表明，上海合作组织在科技领域中多方面合作的长远前景。

55. 问：上海合作组织平台是否在环境保护领域中开展合作，如果有，那么具有什么特点？

答：大家都知道，环境保护问题随着世界后工业化的科技发展越来越迫切。这个问题作为全球化日程中的重要题目，已经需要世界各个地区和各个国家共同面对。如果对其关注不够，后果将是灾难性的。尤其令人不安的是，自然环境不断退化的过程是不可逆转的。近几十年，人类社会为解决这一全球性问题作出了很大努力。各种层面和各种形式的工作正在进行着，其中也包括在环境保护问题所有内容的国际法监管方面的进展。

这种毋庸置疑的认识反映在联合国的所有实际活动中，即环境保护问题应该成为所有经济和社会领域发展活动的组成部分。

上海合作组织各成员国完全赞同这些立场。特别是根据《上海合作组织宪章》，保障和谐的自然环境是成员国合作的主要方向之一。发展环保领域合作的意义在于保障生态安全，特别是在 2007 年签署的《上海合作组织成员国长期睦邻友好合作条约》中列入了加强环保管理的内容。采取必要措施制定并实施专门的方案和项目。2015 年 10 月，在政府首脑理事会的联合公报上，各成员国专门提出在环保领域中加强合作、交流建设节能经济和探索低碳排放发展道路的经验，其中包括进一步减少向大气排放有害物质以及减少电能消耗等。

2005 年以来，上海合作组织专家小组对加强相关领域中的合作做出重大贡献，并继续为开发相关领域中的合作项目寻找彼此能够接受的共同方法。在 2016 年 6 月的塔什干峰会上，各国元首重申了关注在环保领域中双边和多边形式合作发展的必要性。在 2015 年通过的《上海合作组织至 2025 年发展战略》中，环保问题占据着重要位置。

56. 问：上海合作组织成员国建立怎样的机制共同应对紧急状态？

答：首先，应该遗憾地指出，近些年人类越来越多地受到自然与人为灾难的威胁。因此，完善对居民和领土紧急状态造成危险防范的保护措施具有越来越重大的作用。

在这样的背景下，上海合作组织成员国在预防自然和人为性质的紧急状态以及消除其影响的措施上，在双边基础上已经成功合作了相当长的时间。在这个方向上的合作也开展在上海合作组织框架内。

在 2005 年 10 月签署的《上海合作组织成员国政府间救灾互助协定》是重要的里程碑，这个协定原则上规定了在紧急救灾领域中合作的主要方向，以及合作的方式和机制。为本组织在长期有效的基础上制定了相关的措施计划。这样，从 2005 年开始召开上海合作组织成员国部门领导人定期会议，研究预防和消除紧急状态的问题。在上述会议上分析信息，并评估发生在相关成员国里最重大的紧急状态，为实现这一领域中的多边合作积累经验和交流前瞻性评估，这一示范性文件强调必要的多边合作。在这个方向的行动还包括与相关区域部门和组织领导人的会晤机制。

从 2009 年开始举行的消除紧急状态定期联合演习，也是卓有成效的合作领域。在预防和消除紧急状态领域中，尤其重视对紧急救援人员的教学、进修和技能的提高，以及技术装备和高科技手段使用的问题。为此，各方积极参与上海合作组织范围内举行的消除紧急状态技术手段展览会。

57. 问："二轨"机制是上海合作组织交流的论坛。关于上海合作组织的这一活动形式有哪些可以介绍的？

答：在上海合作组织成员国之间的人文交流中，建立于 2006 年 5 月的上海合作组织论坛的重要意义受到关注。这个机构属于上海合作组织学术辅助活动的独立机制。这个机制本身由常设的多边专家咨询和学术研究机构组成，这个机制自主确定选题、方向和自己的工作计划，并开展符合上海合作组织已有文件规定的活动。这个机制倡导在上海合作组织过去和未来发展阶段的理论研究上做出越来越大的贡献，这不仅具有特殊意义，而且潜力巨大。在这一方面应当强调的，还有前不久通过的《上海合作组织至 2025 年发展战略》中各成员国学术共同体论坛参与者们做出的贡献。

上海合作组织论坛的主要任务，是在各国学术研究及政策研究中心之间建立联系、交流经验和信息，培养与上海合作组织独立活动相关各方的政策分析和咨询力量，参与多边合作方案中的项目评议，筹备和举办国际专题讨论会、研讨会、学术实践会议、"圆桌会议"等活动。上海合作组织每一个成员国在自己权威的科研机构基础上建立了论坛的本国分部。例如，在哈萨克斯坦有哈萨克斯坦首任总统基金会下属的世界经济与政治研究所，在中国成立了上海合作组织国家研究中心，在吉尔吉斯斯坦有吉尔吉斯共和国国家战略研究所，俄罗斯建立了莫斯科国际关系学院国际研究所东亚与上海合作组织研究中心，在塔吉克斯坦有直属塔吉克斯坦总统的战略研究中心，在乌兹别克斯坦有直属乌兹别克斯坦共和国总统的战略与跨地区研究所。这其中的每一个研究机构都具有上海合作组织国家研究中心的地位，而这些中心的领导组成了由论坛主席领导的协调委员会。

论坛的工作与上海合作组织秘书处国家协调员会议紧密互动，它每年举行的会议轮流在各国召开，有上海合作组织各成员国、观察员国、对话伙伴国的学术界代表和外交界代表参加。在《上海合作组织至 2025 年发展战略》中，上海合作组织论坛的作用受到关注，其中，提高论坛实效的必要性被专门强调。由于学术界对上海合作组织问题与活动的兴趣随着这个组织的威望和影响力的提高在不断上升，上海合作组织秘书处将从自身出发更多地倡导举办以扩大上海合作组织影响力的自主"圆桌会议"和专题研讨会。为此，预计邀请上海合作组织成员国、观察员国和对话伙伴国学术与专业界的代表参加。第一次这样的专题研讨会定名为"上海合作组织——我们共同的家园"，于 2016 年 5 月举行，中华人民共和国各权威学术研究中心的著名学者、专家参加了讨论会。同年 6 月，组织了上海合作组织秘书处与中华人民共和国商务部国际经贸合作研究院的合作，以鼓励开展学术研究合作和组织学术实践研讨会、专题讨论会和其他经济主题的学术活动。当年 10 月，又与这所科研机构共同举办了关于上海合作组织范围内各国经贸合作问题的国际研讨会，并且计划这个研讨会每年在本组织某一成员国内举行。

58. 问：秘书处在扩大上海合作组织框架内青年交往中发挥着什么作用？

答：为了提高上海合作组织在地区和世界层面上的威望和知名度，并考虑到年轻一代对本组织活动不断上升的兴趣，秘书处努力拓展与青年的接触。为此，从 2016 年开始实施的系列活动方案《上海合作组织——我们共同的家园》，其中就包括举办定期的开放日活动。这一活动的目的，就是向公民社会各界代表介绍上海合作组织及其秘书处的活动，其中也包括年轻一代。

在 2016 年中，《人民日报》电子版的年轻网络读者、中国中学的优秀学生、各国的年轻代表、中国共青团积极分子、其他青年组织、大学生和高等院校教师、"新浪微博"上海合作组织账户的积极使用者以及"上海合作组织青年夏令营"的代表团等，均应邀访问过上海合作组织总部。其中，来自本组织成员国和观察员国的青年积极分子有 150 名。

在庆祝上海合作组织成立 15 周年的活动中，按照秘书处的倡议在大学生中举行了题为《上海合作组织十五载：成立、发展和前景》的优秀学术论文征文活动。这种竞赛的举办得到了上海合作组织成员国教育部长例行会议的批准，我们打算把这种竞赛活动作为传统保持下去。

不久前，举行了"上海模式"在线游戏。主角是在俄罗斯驻中国大使馆中学的高年级学生。在游戏过程中，孩子扮演了国家协调员的角色，学生们展示出了很不错的有关上海合作组织方面的基础知识、足够广泛的学识、成熟的演讲技能和在竞赛时讨论各种问题时体现的能力。目前，按照计划，由哈萨克斯坦任轮值主席在北京高等院校举办大学生"21 世纪领袖"大赛。在学生们做客上海合作组织总部时，还组织了与秘书长或副秘书长的会见。这些活动对国际政治、地区及全球安全、多边合作等广泛领域形成了积极影响，其中包括青年交流、教育和旅游合作以及上海合作组织成员国在经贸的合作。这些形式的活动还为年轻一代了解上海合作组织秘书处建筑群提供了很好的机会，包括参观各成员国大厅、冬季花园、"上海合作组织草坪"和在"上海合作组织宪章大理石厅"合影留念。

第 七 章

上海合作组织 2016 年主要事件

上海合作组织的第十五个春天

2016 年 2 月 4 日，祝贺拉什德·阿利莫夫担任上海合作组织秘书长的招待会在北京隆重举行。来自中华人民共和国各部委的代表、上海合作组织成员国、观察员国和对话伙伴国外交使团的领导、上海合作组织地区反恐机构执委会主任、独联体、欧盟及其他各国驻华大使以及各国际组织驻北京代表处的领导等，共 300 多名嘉宾参加了招待会。出席活动的还有，杰出的学者、著名的政治和社会活动家、实业界代表以及中外媒体代表。

习近平会见拉什德·阿利莫夫

2016 年 2 月 29 日，中华人民共和国主席习近平在北京人民大会堂会见刚被任命为上海合作组织秘书长的拉什德·阿利莫夫。

习近平在会见中指出，"在过去的一个时期里，上海合作组织成为地区多边合作的重要环节之一。上海合作组织成员国在塔什干峰会上将总结本组织 15 年的活动成果，这具有重要意义。在成立纪念日前夕，上海合作组织成员国一定要一如既往地加强友谊、睦邻和坚持'上海精神'"。

习近平还说："中华人民共和国将继续尽一切可能的努力，在上海合作组织框架内用实际步伐充实多边合作和强化协作趋势。"中华人民共和国主席预祝上海合作组织新任秘书长在今后的工作中取得更多成就，并希望拉什德·阿利莫夫先生的丰富经验和渊博学识能有助于推动本组织向更高水平发展。

上海合作组织秘书长拉什德·阿利莫夫对习近平的祝贺表示感谢并指出，"中华人民共和国领导人支持上海合作组织框架内卓有成效合作的传统立场，有利于多边合作的巩固和发展，其充实的内容是给予'上海合作组织大家庭'的礼物"。

上海合作组织总部的新闻盛会

2016 年 3 月 11 日，在上海合作组织总部聚集了上百位客人，有来自上海合作组织成员国、观察员国、对话伙伴国的高级外交官，还有各大媒体的代表。这次盛会是"上海合作组织之家"的新闻节。在上海合作组织总部的历史上，世界上最大的新闻社——新华社的社长蔡名照先生和塔斯社社长米哈依洛夫首次前来访问。他们还签署了关于与上海合作组织秘书处合作的文件，这标志着这两大新闻社对共同活动的兴趣不断提高。

这次活动还通过了每年开春在"上海合作组织之家"举办新闻盛会的共同决定。

阿塞拜疆共和国——上海合作组织的对话伙伴

2016 年 3 月 14 日，在北京上海合作组织总部举行了隆重仪式，正式签署关于《关于给予阿塞拜疆共和国上海合作组织对话伙伴地位的备忘录》。阿塞拜疆共和国外交部长艾力马尔·马梅季亚罗夫代表阿塞拜疆方面在备忘录上签字。受上海合作组织成员国国家元首理事会委托，上海合作组织秘书长拉什德·阿利莫夫以本组织名义签署了备忘录。

在仪式期间，马梅季亚罗夫向上海合作组织总部赠送了礼品——阿塞拜疆著名画家沙希德的作品《巴库—2015 年》。

参加仪式的还有：哈萨克斯坦、柬埔寨、蒙古国、巴基斯坦、俄罗斯、土耳其、乌兹别克斯坦驻华大使，以及印度和塔吉克斯坦的临时代办，驻北京各外交使团的高级代表和上海合作组织成员国、观察员国和对话伙伴国的外交官，还有上海合作组织各成员国常驻秘书处代表等。

在阿塞拜疆共和国代表团访问期间，还举行了马梅季亚罗夫与阿利莫夫的双边会谈。

上海合作组织总部专题学术研讨会

2016 年 3 月 21 日，来自中国 40 个权威学术研究中心的学者和研究人员在北京上海合作组织总部讨论了上海合作组织框架内各领域合作的广泛问题。上海合作组织各成员国驻北京的大使及高级外交官也参加了此次活动。

上海合作组织秘书长在专题研讨会上做报告，介绍了本组织 15 年间的发展历程。在研讨会上大家还听取了来自中国国内各研究机构学者的报告，他们是：华东师范大学俄罗斯研究所的冯绍雷、北京大学国际战略研究所的关贵海、中国社会科学院边疆研究所的邢广程、上海社会科学院上海合作组织研究中心的潘光、中国国际问题研究院上海合作组织研究中心的陈玉荣、陕西师范大学中亚研究所的李琪、中国国务院发展研究中心欧亚社会发展研究所的孙长栋、四川大学当代俄罗斯研究中心的池济敏、吉林大学行政学院的刘清才等等。专题研讨会的成果，是通过了建立上海合作组织总部与各学术研究中心长期合作和建立本组织优先关切方向与问题的研究工作的本组织学术委员会的集体决定，这个学术委员会将由上海合作组织秘书长领导。

上海合作组织观察员代表团在哈萨克斯坦的工作

应哈萨克斯坦共和国外交部邀请，依据《上海合作组织观察员团观察总统和（或）议会选举及全民公投的条例》，2016 年 3 月 17 日至 20 日期间，上海合作组织观察员代表团参与监督了哈萨克斯坦共和国议会众议院议员选举的准备和实施过程。

2016 年 3 月 20 日（投票日），观察员代表团成员于 6：00 时来到投票站，参与观察员培训和票箱准备工作。观察员代表团成员走访了分布在阿斯塔纳、科克什套、卡拉干达、埃基巴斯图兹、铁米尔套等城市，以及在阿克莫林斯克州、卡拉干达州和巴甫洛达尔州等地的 65 个投票站。观察员代表团感受到了公民们在投票过程中表现出的高度积极性。所有观察员代表团成员走访过的投票站，都处于来自哈萨克斯坦共和国各政治党派的观察员、各社会团体以及各国际组织的观察员、各新闻媒体代表的监督之下。观察员代表团的代表们没有收到上述观察员们在投票过程中的投诉和批评意见。

观察员代表团成员在现场观察了投票站关闭、清点选票和填写投票记录。代表团成员在计票过程中没有发现违规行为。

在监督议会选举的过程中，观察员代表团成员还与来自独联体、伊斯兰合作组织、欧洲安全与合作组织观察议会选举的观察员代表团以及在哈萨克斯坦共和国中央选举委员会被认可的其他国际观察员举行了会见。

观察员代表团发表声明指出，业已举行的哈萨克斯坦共和国议会众议院选举是公开的、自由的、民主的，符合《哈萨克斯坦共和国宪法》《哈萨克斯坦共和国选举法》以及世界各国公认的国际义务。观察员代表团没有发现破坏国家选举法的现象。

尼泊尔——上海合作组织的对话伙伴

2016年3月22日，在北京的上海合作组织总部举行了隆重的签字仪式，在仪式上正式签署了《关于给予尼泊尔上海合作组织对话伙伴国地位的备忘录》。

尼泊尔官方代表团由尼泊尔总理卡·普·夏尔马·奥利阁下为首，并由政府各部门领导人组成。代表尼泊尔方面签署备忘录的是尼泊尔外事国务部长拜拉吉。受上海合作组织成员国国家元首理事会委托，上海合作组织秘书长阿里耶夫代表本组织签署了备忘录。

亚美尼亚、印度、蒙古、巴基斯坦、俄罗斯和乌兹别克斯坦驻北京大使参加了仪式，驻北京外交代表团的高级代表和上海合作组织成员国、观察员国及对话伙伴国的外交官以及上海合作组织各成员国在上海合作组织秘书处的常驻代表也参加了签字仪式。

在尼泊尔代表团访问期间，还举行了上海合作组织秘书长与卡·普·夏尔马·奥利总理的会见。

这次活动被中国媒体代表和驻北京的外国媒体广泛报道。

上海合作组织成员国安全会议秘书会议在塔什干举行

2016 年 4 月 13 日至 14 日，由乌兹别克斯坦担任轮值主席的上海合作组织成员国安全会议秘书会议在塔什干举行。

参加这次活动的有：哈萨克斯坦总统助理兼国家安全会议秘书叶尔梅巴耶夫、中华人民共和国国务委员郭声琨、吉尔吉斯共和国国防会议秘书朱马卡德罗夫、俄罗斯联邦安全会议秘书帕特鲁舍夫、塔吉克斯坦共和国安全会议秘书卡霍洛夫、乌兹别克斯坦共和国总统国家安全会议秘书马赫穆多夫以及上海合作组织秘书长阿利莫夫和上海合作组织地区反恐怖机构执行委员会主任瑟索耶夫。乌兹别克斯坦共和国总统卡里莫夫接见了各国代表团团长。

为筹备拟于 2016 年 6 月 23 日至 24 日在塔什干举行的上海合作组织成员国国家元首理事会会议，各方就本组织所在地区的安全与稳定形势交换了意见，讨论了就打击恐怖主义、分裂主义和极端主义，非法贩运武器和毒品及应对当今其他挑战与威胁继续开展合作、完善协作机制等问题。

亚美尼亚共和国——上海合作组织的对话伙伴国

2016 年 4 月 16 日，在北京上海合作组织总部举行了隆重的正式签字仪式，签署《关于给予亚美尼亚共和国上海合作组织对话伙伴国地位的备忘录》。

代表亚美尼亚共和国方面签署备忘录的是外交部长艾德华·纳尔班江，受上海合作组织成员国国家元首理事会委托，上海合作组织秘书长拉什德·阿利莫夫代表本组织签署了备忘录。

纳尔班江向上海合作组织总部赠送了礼品——亚美尼亚手工织毯。

哈萨克斯坦、俄罗斯、塔吉克斯坦、乌兹别克斯坦、蒙古、白俄罗斯和尼泊尔等国驻华大使参加了仪式，上海合作组织成员国、观察员国、对话伙伴国驻北京使团的代表以及上海合作组织各成员国驻上海合作组织秘书处的常驻代表也出席了签字仪式。

在亚美尼亚代表团访问期间，还举行了纳尔班江与阿利莫夫间的双边会谈。

孩子们在上海合作组织的游戏

2016 年 4 月 22 日，首届"上海合作组织模仿秀"互动游戏在北京上海合作组织总部举行。上海合作组织成员国在俄罗斯联邦驻华使馆中学就读的高年级学生是主要参与者。

在游戏中孩子们模仿了本组织重要的工作机构之一——上海合作组织成员国国家协调员理事会会议，参加者在游戏过程中讨论了本组织在保障地区的和平与稳定发展中扮演的角色和地位，并就各个领域中巩固多边合作关系提出建议。

互动游戏"上海合作组织模仿秀"展示了年轻人对本组织旨在增进地区各国互信、友谊和睦邻关系及"上海合作组织大家庭"繁荣活动的兴趣在不断增长。

上海合作组织秘书长向成功参与互动游戏的学生和教师颁发了证书和珍贵的礼品。除了学生，一些学生家长、教师和上海合作组织各成员国在秘书处的常驻代表也参加了这次活动。

哈萨克斯坦共和国总统
纳扎尔巴耶夫的著作收入上海合作组织图书馆藏书

哈萨克斯坦共和国总统纳扎尔巴耶夫的著作《哈萨克斯坦之路》收入上海合作组织图书馆馆藏，并附有总统先生的赠言和对上海合作组织新成就的美好祝愿。这本书介绍了哈萨克斯坦这一年轻的国家建立和发展的步伐，以及最近取得的成就。这部作品的文体采用了纳扎尔巴耶夫作为国家领导人告哈萨克斯坦青年书的方式。

哈萨克斯坦共和国外交部长伊德里索夫同时向上海合作组织图书馆赠送了 114 部书，这些书有哈萨克斯坦国家元首、国务活动家、知名学者和研究人员撰写的著作，其中还包括哈萨克斯坦政治家和外交家、哈萨克斯坦议会上院议长托卡耶夫的《战胜困难：外交官随笔》和《联合国往事追忆》。

哈萨克斯坦首任总统—民族领袖图书馆协助为上海合作组织图书馆挑选了上述书籍。

赠书仪式在北京上海合作组织总部的"阿斯塔纳"厅举行。

这次活动是为配合上海合作组织成员国国家元首理事会会议而举办的。

中国外交部长王毅向上海合作组织图书馆
赠送中国国家主席习近平亲笔签名的著作

2016 年 4 月 29 日，上海合作组织图书馆收到了中华人民共和国主席习近平签名的中俄文版珍贵书籍。上海合作组织秘书长阿利莫夫从中国外交部长王毅先生手中接过了习近平主席的著作。

《习近平谈治国理政》一书是在国内外最受欢迎的中国领导人著作之一，这部书已经在 28 个国家大规模发行。中华人民共和国外交部长王毅先生还向上海合作组织图书馆赠送了《上海合作组织文献选编》。向上海合作组织图书馆赠书活动是为即将召开的上海合作组织成员国元首理事会会议而举办的。

"莫斯科"厅在上海合作组织总部启用

2016 年 4 月 29 日，俄罗斯联邦外交部副部长莫尔古洛夫在北京上海合作组织总部隆重宣布"莫斯科"厅开始启用。

这座大厅的装饰均为俄罗斯风情的绘画和建筑，将莫斯科风格的色彩和实木材料融入其中。大厅的中央悬挂的是瓦斯涅佐夫用天然石材马赛克制作的画作《莫斯科克里姆林宫》；大厅的墙壁上装饰着木刻的立柱、浮雕，以及描绘古老和现代莫斯科风景的亮丽照片；天花板为穹顶装饰，以绘画形式描绘了莫斯科克里姆林宫这一俄罗斯首都著名历史和文化纪念标志的围墙和塔楼轮廓；地面铺设了珍贵的红木地板。

在"莫斯科"厅的启用仪式中，莫尔古洛夫向上海合作组织秘书处赠送了签有俄罗斯联邦外交部长拉夫罗夫赠言的书籍，还赠送了俄罗斯东方学、国际关系学者和研究人员的著作，以及俄罗斯汉语学校权威代表的书籍。其中有季塔连科院士、卢贾宁、卢金、戈尔季延科、萨夫罗诺娃、马马耶夫等人的著作。

"莫斯科"厅装修方案得到了莫斯科市政府和莫斯科市长索比亚宁的支持。

"莫斯科"厅在上海合作组织总部一系列按照本组织创始成员国

首都风格装修的大厅中具有自己的独特地位。

上海合作组织图书馆：本组织总部的骄傲

在北京上海合作组织总部开始建设上海合作组织图书馆，这座图书馆将收藏"上海合作组织大家庭"各国的国务活动家、著名外交家、著名学者和研究人员的著作。它的重要组成部分，是上海合作组织成立 15 年来的活动文件汇编，以及各成员国元首讲话的记录稿。

上海合作组织图书馆尤其珍贵的收藏是有作者签名的著作，如哈萨克斯坦共和国总统纳扎尔巴耶夫的《哈萨克斯坦之路》、中华人民共和国主席习近平的《习近平谈治国理政》、俄罗斯联邦外交部长拉夫罗夫的《过去与未来之间》；记述塔吉克斯坦共和国总统拉赫蒙生活之路和工作经历以及近年塔吉克斯坦共和国取得成就的书；关于乌兹别克斯坦共和国在卡里莫夫总统领导下建立和发展以及创造性地建设乌兹别克国家所取得成就的书。

图书馆的装饰是象征着"丝绸之路"的小巧玲珑的雕塑构图，是由吉尔吉斯共和国外交部长阿布德尔达耶夫代表阿坦巴耶夫总统转赠上海合作组织秘书处的。

图书馆的藏书旨在倡导为研究上海合作组织、欧亚地区问题的学者和政治学家以及从事中亚问题与地区发展问题研究的专家建立起基础数据库。

图书馆的藏书仍在继续扩充。也期待着来自上海合作组织各成员国、观察员国和对话伙伴国此前和新近出版的专门研究上海合作组织的新旧图书、专著、文集、杂志以及学术和新闻出版物收入上海合作组织图书馆。

在杜尚别举行第十一届上海合作组织论坛会议

2016 年 4 月 28 日至 29 日，在杜尚别举行了第十一届上海合作组织论坛会议。本届会议由在 2015 年至 2016 年担任论坛轮值主席的塔吉克斯坦共和国总统战略研究中心筹办。

120 多名专家参加了本届论坛的工作，其中包括上海合作组织各成员国国家研究中心的代表团、上海合作组织观察员国和对话伙伴国学术研究中心的代表以及上海合作组织秘书处和上海合作组织地区反恐机构执委会的代表。

塔吉克斯坦共和国总统埃莫马利·拉赫蒙向参加论坛的学者们致欢迎词，欢迎词由塔吉克斯坦共和国总统对外政策助理阿扎姆绍·沙里菲代为宣读。

在论坛会议期间，举行了关于上海合作组织活动和进一步发展等现实问题的积极讨论，其中包括加强安全合作、积极开展经济合作、人文领域和交通基础设施方面的合作，以及扩大上海合作组织及与地区其他组织合作前景等问题。在上海合作组织成立 15 周年之际，专家们强调继续坚持"上海精神"的必要性和协商一致原则，这是本组织发展的保障。各方还指出，《关于在边境地区加强军事领域信任的协定》具有历史意义，它奠定了"上海五国"和上海合作组织活动的基础。

上海合作组织论坛轮值主席转交乌兹别克斯坦国家研究中心——乌兹别克斯坦共和国总统战略与跨地区研究所。下一届论坛会议将于 2017 年在乌兹别克斯坦召开。

上海合作组织论坛成立于 2006 年，是常设的多边专家咨询和学术研究机构，上海合作组织下属的自主学术活动机制，也被称作"第二轨道"。

论坛会议每年举行一次，论坛会议的举办地点按照成员国国名的第一个俄文字母排序轮换。

上海合作组织友谊之树常青

6 棵挺拔的松树象征着本组织 6 个国家人民的友谊万古长青，也象征着上海合作组织成员国共同发展的坚定信念和无穷创造力。2016 年 4 月 29 日，"上海合作组织草坪"落成仪式在北京上海合作组织总部举行。

这些常青树的树龄为 15 年，与上海合作组织从成立之日走过的 15 年历程相一致。在上海合作组织成立 15 周年之际，哈萨克斯坦外交部长伊德里索夫、中国外交部长王毅、吉尔吉斯斯坦外交部长阿布德尔达耶夫、俄罗斯外交部副部长莫尔古洛夫、塔吉克斯坦外交部第一副部长佐希季、乌兹别克斯坦外交部副部长纳瑟罗夫等出席此次植树活动，具有特殊意义。华丽高大的松树象征着创始成员国创立本组织 15 年来，不断取得的发展成就和无穷无尽的创造力。这些松树汇成了统一的绿色交响曲，仿佛展示着中国的一句著名成语——"硕果累累"，寓意"取得辉煌成就要靠友谊与合作"。这正是上海合作组织自成立之日起一贯体现的睦邻友好、互利合作精神。

宁静而和谐的哲学气氛，使"上海合作组织草坪"将成为来自世界各个角落的学者、国务和社会活动家、年轻人和旅游者来到北京聚会的地方，使他们了解上海合作组织总部。

上海合作组织各创始成员国大使、外交使团的高级别代表和新闻媒体参加了此次活动。

本次活动是为配合上海合作组织成员国国家元首理事会纪念峰会而举办的系列活动之一。

上海合作组织秘书长参加俄罗斯—东盟纪念峰会活动

2016 年 5 月 19 日至 20 日，上海合作组织秘书长阿利莫夫出席了在索契举行的俄罗斯—东盟纪念峰会活动。

商务论坛的讨论活动开启了此次峰会，此次论坛讨论的话题是在欧亚和亚太地区的广阔空间发展商务联系的问题。来自政界、企业界、专家和学术界的代表们详细讨论了深化经贸、投资与科技合作的关键问题。在有俄罗斯联邦总统普京、东盟各成员国国家元首、国际组织领导人参加的会见中，务实地讨论了在欧亚空间和东南亚地区推进一体化进程的前景，并就建立广泛的跨地区经济伙伴关系交换了意见。

2016 年 5 月 20 日，在索契的俄罗斯—东盟峰会上举行了上海合作组织秘书长阿利莫夫与东盟秘书长黎良明的工作会谈。双方讨论了在执行《关于上海合作组织秘书处与东盟秘书处相互谅解备忘录》框架内两个组织合作的现实问题。

2005 年以来，东盟和上海合作组织一直在遵守着两组织秘书处间的谅解备忘录。在打击恐怖主义、毒品和武器走私、洗钱、非法移民，以及经济和金融、能源等领域开展合作，其中还包括水电和生物燃料、旅游、环境和自然资源利用、社会发展等诸多领域都是其合作的优先方向。

上海合作组织观察员代表团在塔吉克斯坦的工作

应塔吉克斯坦共和国外交部的邀请，上海合作组织观察员代表团对 2016 年 5 月 22 日举行的塔吉克斯坦共和国宪法修订和补充全民公投的准备和实施过程进行了观察。

观察员代表团有关活动根据《塔吉克斯坦共和国关于〈塔吉克斯坦共和国全民公投〉宪法法案》和 2006 年 5 月 15 日上海合作组织成员国外交部长理事会第 8 号决议批准的《上海合作组织观察员团观察总统和（或）议会选举及全民公投的条例》进行。

观察员代表团由上海合作组织副秘书长王开文率领，成员包括上海合作组织成员国代表：哈萨克斯坦共和国驻塔吉克斯坦共和国使馆公使衔参赞艾达舍夫，中华人民共和国外交部欧亚司一秘许晓勇，吉尔吉斯共和国驻塔吉克斯坦共和国使馆二秘萨雷巴耶夫，俄罗斯联邦会议联邦委员会国防与安全委员会副主席扎木苏耶夫、俄罗斯联邦会议国家杜马议员帕霍尔科夫、俄罗斯联邦坦波夫州选举委员会主席奥菲采洛夫，乌兹别克斯坦共和国驻塔吉克斯坦共和国使馆随员拉赫曼别尔季耶夫，上海合作组织秘书处高级专家阿谢诺夫。

观察员代表团与塔吉克斯坦共和国外交部部长阿斯洛夫、塔吉克斯坦共和国中央选举与全民公投委员会主席胡多耶尔佐达举行了会晤。

塔吉克斯坦官员向上海合作组织观察员代表团详细介绍了塔吉克斯坦共和国计划进行宪法修订和补充的详细情况。观察员代表团成员对中央选举和全民公投委员会与外交部关于全民公投所做筹备工作、包括塔吉克斯坦共和国驻外代表机构所做的工作进行了了解。

所有竞选活动公开进行，新闻媒体进行了广泛报道，严格遵守塔吉克斯坦共和国法律。为此建立了中央选举和全民公投委员会新闻中心，为及时处理申诉和申请成立了委员会相关工作组。

上海合作组织观察员代表团注意到，塔吉克斯坦共和国中央选举和全民公投委员会在筹备全民公投期间，组织和解释工作具有较高水平。包括颁布了全民公投法应用的必要说明，为组织和执行人员制作了解释方法，并为国家和国际观察员、媒体代表印制了说明材料。

塔吉克斯坦政府为各观察员代表团监督全民投票的准备和实施提供了所有的必要条件，观察员代表团遵循政治客观、中立和不干涉选举进程的原则，履行了自己的职责。

在投票前夕，上海合作组织观察员代表团还对塔吉克斯坦共和国各州选举委员会和各区选举委员会的准备工作进行了解。

在投票日——2016 年 5 月 22 日，观察员代表团成员在开始投票前就抵达了投票站，选票和票箱均为当场准备。观察员代表团成员走访了杜尚别、吉萨尔、瓦赫达特、瓦尔佐布及其他位于中央直属区和库利亚布州居民区的 78 个投票站。

观察员代表团认为，公民在投票过程中的积极性很高，上述投票站的选举委员会工作符合塔吉克斯坦共和国选举法的要求。

在投票站有来自塔吉克斯坦共和国的各政党、其他社会团体的观察员，以及国内外的媒体代表。独联体和独联体议会大会的观察员团代表也进行了监督。观察员代表团未收到来自上述观察员和选民的投诉和意见。

观察员代表团认为，全民公投符合《关于〈塔吉克斯坦共和国全民公投〉宪法法案》的要求，履行了塔吉克斯坦共和国应承担的有关国际义务。观察员代表团认为业已举行的全民公投是公开的、自由的和合法的。观察员团未发现违反国家选举法法规的现象。

上海合作组织成员国外交部长
理事会例行会议在塔什干举行

2016 年 5 月 23 日至 24 日，上海合作组织成员国外交部长理事会例行会议在塔什干举行。

出席本届上海合作组织成员国外交部长理事会例行会议的有：哈萨克斯坦共和国外交部长伊德里索夫、中华人民共和国外交部长王毅、吉尔吉斯共和国外交部长阿布德尔达耶夫、俄罗斯联邦外交部长拉夫罗夫、塔吉克斯坦共和国外交部长阿斯洛夫和乌兹别克斯坦共和国外交部长卡米洛夫。

上海合作组织秘书长阿利莫夫和上海合作组织地区反恐怖机构执行委员会主任瑟索耶夫出席会议。

为筹备将于 2016 年 6 月 23 日至 24 日在塔什干举行的上海合作组织成员国国家元首理事会会议，外长们讨论了加强本组织各领域合作、提升组织在国际和地区事务中作用和地位的现状与前景问题。外长们强调，上海合作组织成立 15 年来，坚持"互信、互利、平等、协商、尊重多样文明、谋求共同发展"的"上海精神"，已成为当代国际关系体系中富有影响力的参与者之一。各方重申，将共同巩固上海合作组织在国际舞台上遵循的原则，即在解决地区和国际重大问题的过程中坚持不结盟、不对抗，不针对其他国家和国际组织的方针。

"上海合作组织宪章厅"在上海合作组织总部启用

2016年6月3日，在北京上海合作组织总部隆重举行了"上海合作组织宪章厅"正式启用仪式。

在这次活动中，上海合作组织秘书长阿利莫夫向成员国大使赠送了上海合作组织宪章影印本，该版本将被永久地保存在本组织各成员国的首都。

上海合作组织各创始成员国驻华外交代表使团负责人、中国外交部代表、各成员国常驻上海合作组织秘书处代表，本组织秘书处领导和官员，以及新闻媒体驻京代表等出席了此次活动。

"上海合作组织宪章厅"揭幕活动是在塔什干周年纪念峰会前《上海合作组织——我们共同的家园》系列活动之一。

上海合作组织成员国国防部长例行会议在阿斯塔纳举行

2016年6月8日，上海合作组织成员国国防部长例行会议在哈萨克斯坦共和国首都阿斯塔纳市举行。

参加此次会议的有：哈萨克斯坦共和国国防部长塔斯马加姆别托夫、中华人民共和国国务委员兼国防部长常万全上将、吉尔吉斯共和国国防事务委员会主席肯日萨利耶夫少将、俄罗斯联邦国防部长绍伊古大将、塔吉克斯坦共和国国防部长米尔佐中将、乌兹别克斯坦共和国国防部第一副部长兼武装力量总参谋长诺尔马托夫中将。

参加会议的还有，上海合作组织副秘书长伊曼多索夫、上海合作组织地区反恐怖机构执行委员会副主任周清。

防务部门领导人在会议中就当前现实的国际和地区安全问题交换

了意见，并指出上海合作组织各成员国之间在这一领域中的高水平相互理解。

在国际恐怖主义和宗教极端主义威胁不断上升的情况下，防务部门领导人特别强调在加强本组织地区安全稳定方面开展协同联合行动的重要性。

上海合作组织 15 周年

2016 年 6 月 14 日，在北京隆重举行纪念上海合作组织成立 15 周年招待会。

有近 500 名嘉宾参加了招待会，其中有中国全国政协副主席王钦敏、俄罗斯联邦远东发展部部长加鲁什卡、中国全国政协副秘书长张秋俭、中华人民共和国外交部部长助理李惠来、中华人民共和国其他部委的高级代表、上海合作组织各成员国、观察员国和对话伙伴国驻华外交使团的领导人、独联体各国驻华大使、欧盟和其他国家以及国际组织驻中华人民共和国代表处的负责人。出席这次活动的还有杰出的学者、著名的政治和社会活动家、商业界的代表、中国和外国媒体的代表等。

在这场隆重的活动中，举行了上海合作组织秘书长阿利莫夫与中国全国政协副主席王钦敏的会见。在会见中，彼此就筹备举行上海合作组织纪念峰会日程等相关问题交换了意见。

中国人民解放军军乐团为参加招待会的来宾们演奏了上海合作组织成员国的流行音乐作品。题为《上海合作组织 15 年：历史大事记》的摄影展览引起了来宾们的极大兴趣，这个摄影展上的文献照片是由俄罗斯国家通讯社——"塔斯社"提供的。

深化不同文化间对话的新步伐

2016 年 6 月 22 日，在塔什干召开了上海合作组织成员国文化部长第十三次会议，会议讨论了文化联系发展的现状和前景等问题。

参加这次会议的有：哈萨克斯坦共和国文化与体育部部长阿赫梅季亚洛夫，中华人民共和国文化部部长雒树刚，吉尔吉斯共和国文化、新闻与旅游部部长马克苏托夫，俄罗斯联邦文化部第一副部长阿里斯塔尔霍夫，塔吉克斯坦共和国文化部部长奥鲁姆别克佐达，乌兹别克斯坦共和国文化与体育事务部部长阿赫梅多夫和上海合作组织秘书长阿利莫夫。

会议在轮值主席、乌兹别克斯坦共和国文化与体育事务部部长阿赫梅多夫主持下进行。上海合作组织成员国文化部长们全面讨论了未来在文化和艺术领域发展合作的问题，并就落实《上海合作组织成员国政府间文化合作协定》（2007 年 8 月 16 日，比什凯克）和此前历次本组织成员国文化部长会议达成的协议交换了意见。

会后，上海合作组织成员国文化部长会议通过了新闻公报。

上海合作组织银行联合体理事会举行第十二届年会

2016 年 6 月 23 日，在上海合作组织 15 周年纪念峰会框架内，在作为轮值主席的乌兹别克斯坦主持下，在塔什干举行了上海合作组织银行联合体理事会第十二次会议。

上海合作组织秘书长阿利莫夫以及上海合作组织银行联合体各伙伴行负责人出席了会议。

本届会议的议程包括投资、共同项目融资、经验交流和人才培养等方面合作的问题，以及扩大同本组织观察员国和对话伙伴金融机构合作等问题。与会者还讨论了《上海合作组织银行联合体中期（2017—2021 年）进一步发展战略》草案。

"哈萨克斯坦开发银行"董事局主席扎米舍夫被推举为上海合作组织银行联合体从 2016 年 10 月 26 日至 2017 年 10 月 25 日期间的新一届轮值主席。

上海合作组织银行联合体是为上海合作组织成员国政府支持的优先合作领域投资项目提供融资和银行服务的机制。上海合作组织银行联合体是根据 2005 年 10 月 26 日批准的《上海合作组织银行间合作（联合体）协议》成立的。

10 年来上海合作组织实业界不断走近

2016 年 6 月 23 日，在塔什干上海合作组织成员国国家元首理事会纪念峰会框架内召开了本组织实业家委员会理事会会议，会议由担任轮值主席的乌兹别克斯坦方面主持。这次活动是在上海合作组织成立 15 周年和本组织实业家委员会成立 10 周年的背景下举行的。上海合作组织秘书长阿利莫夫和实业家委员会执行秘书卡纳夫斯基出席会议。

在会议期间，与会者们讨论了与实业家委员会近期活动相关的问题，指出了上海合作组织成员国商贸机构今后开展经贸和投资合作的优先方向，并明确了同观察员国和对话伙伴国实业界扩大联系的可行途径。

哈萨克斯坦实业家委员会主席巴塔洛夫当选为上海合作组织实业家委员会新任主席，任期自 2017 年 1 月 1 日至 12 月 31 日。

会议起草了有关积极吸收商界代表加入上海合作组织框架下合作项目的建议，并签署了会议纪要。

上海合作组织实业家委员会是本组织的独立（非政府）机构，于2006年在上海成立，旨在通过凝聚上海合作组织成员国实业界力量和建立相互间的直接联系，扩大多边经济合作。

上海合作组织成员国国家元首理事会

会议新闻公报（2016年6月23日至24日，塔什干）

2016年6月23日至24日，在上海合作组织成立15周年之际，成员国元首理事会第十六次会议在乌兹别克斯坦共和国首都塔什干举行。

哈萨克斯坦共和国总统纳扎尔巴耶夫、中华人民共和国主席习近平、吉尔吉斯共和国总统阿坦巴耶夫、俄罗斯联邦总统普京、塔吉克斯坦共和国总统拉赫蒙、乌兹别克斯坦共和国总统卡里莫夫出席会议。

会议由乌兹别克斯坦共和国总统卡里莫夫主持。

上海合作组织秘书长阿利莫夫、地区反恐怖机构执行委员会主任瑟索耶夫列席会议。

上海合作组织观察员国阿富汗伊斯兰共和国总统加尼、白俄罗斯共和国总统卢卡申科、印度共和国总理莫迪、蒙古国总统额勒贝格道尔吉、巴基斯坦伊斯兰共和国总统侯赛因、伊朗伊斯兰共和国外长扎里夫以及主席国客人土库曼斯坦总统别尔德穆哈梅多夫与会并发言。

联合国副秘书长费尔特曼、独联体执行委员会主席兼执行秘书列别捷夫、集体安全条约组织秘书长博尔久扎、东南亚国家联盟秘书长黎良明和亚洲相互协作与信任措施会议秘书处执行主任宫建伟与会。

元首们在建设性和友好的气氛中审议了上海合作组织成立 15 年以来的主要成果，并就当前国际和地区广泛问题交换了意见。

元首们指出，上海合作组织作为国际舞台上有分量和影响力的角色不断巩固，本组织实际工作的首要任务和元首们有关地区和国际问题的共同立场反映在峰会签署的《上海合作组织成立十五周年塔什干宣言》中。

元首们重申，上海合作组织对于符合本组织法律文件中规定的准则和条件的相关国家是开放的。在塔什干峰会上签署关于印度共和国和巴基斯坦伊斯兰共和国加入上海合作组织义务的备忘录，是上海合作组织扩员进程中的重要步骤。

元首们指出，印度和巴基斯坦获得上海合作组织成员国地位将扩大本组织潜力，提升其作为解决当前重大问题、保障地区和国际安全、稳定和可持续发展多边机制的作用。

元首们对签署关于给予阿塞拜疆共和国、亚美尼亚共和国、柬埔寨王国和尼泊尔上海合作组织对话伙伴地位备忘录表示欢迎。

元首们重申，上海合作组织不针对其他国家或国际组织。成员国愿与赞同《上海合作组织宪章》和本组织其他基础文件规定的目标和任务的国家以及国际和地区组织加强联系和合作。

元首们欢迎关于伊朗核问题的《联合全面行动计划》开始切实落实，认为该文件的顺利执行有利于扩大国际合作，促进地区内外的和平、安全与稳定。

元首们支持继续完善同观察员国和对话伙伴定期磋商机制，丰富各领域合作实际成果。

元首们指出，进一步扩大上海合作组织对外交往，加强同其他国际和地区组织，特别是同联合国及其专门机构的相互协作十分重要。成员国将继续加强上海合作组织对外联系，包括研究同其他有关多边组织建立联系的可能性。

元首们指出，当前将上海合作组织合作提升到崭新水平，提高政治、安全、经济、人文领域合作成效的所有条件均已具备。因此，通过《〈上海合作组织至 2025 年发展战略〉2016—2020 年落实行动计划》具有特别意义。

元首们指出，在《联合国宪章》宗旨和原则基础上完善全球治理机制，推动国际秩序向更加公正平等的方向发展，加强政治和经济稳定具有重要意义。

元首们重申，成员国支持巩固联合国在国际关系中的核心作用，继续遵守《联合国宪章》和国际法的宗旨和原则。元首们支持就联合国安理会改革继续进行广泛协商，寻求"一揽子"解决方案，以提高该机构透明度和工作效率。坚持维护联合国会员国团结的利益，不人为设置时间表，不强行推动未得到联合国会员国广泛支持的方案。

元首们强调，国际恐怖主义和极端主义，包括宗教极端主义和其他表现形式，对世界各国乃至整个人类文明构成的威胁日益严峻。元首们坚信，国际社会只有通过加强联合打击和共同团结努力，综合施策，才能应对这些挑战，铲除其产生的根源。

成员国重申，根据《上海合作组织宪章》条款和上海合作组织其他文件规定，制定并采取措施，共同打击各种形式的恐怖主义、分裂主义、极端主义，打击非法生产和贩运毒品、贩卖武器弹药及爆炸物，打击扩散大规模杀伤性武器及其运载工具，仍将是本组织框架内合作的优先任务之一。

元首们支持尽快通过联合国全面反恐公约，强调建立应对地区安全挑战和威胁的广泛高效合作平台十分重要。

成员国指出，塔什干峰会关于加强安全领域合作的共识十分重要。

元首们支持进一步开展密切合作，打击恐怖主义、分裂主义和极端主义，防止极端思想扩散、特别是在青年人中扩散，预防民族、种族和宗教歧视以及排外思想。为此，将根据上海合作组织成员国元首理事会 2015 年 7 月 10 日决议，继续《上海合作组织反极端主义公约》制定工作。该公约将与《打击恐怖主义、分裂主义和极端主义上海公约》《上海合作组织成员国打击恐怖主义、分裂主义和极端主义 2016 年至 2018 年合作纲要》一起，巩固该领域合作法律基础。

打击跨国有组织犯罪和现代信息技术犯罪，巩固边境安全，联手打击非法移民、人口贩运、洗钱、资助恐怖主义和经济犯罪，仍是上海合作组织迫切议题。为此，切实落实 2010 年 6 月 11 日签署的《上海合作组织成员国政府间合作打击犯罪协定》十分重要。

元首们高度评价上海合作组织地区反恐怖机构为保障成员国主管机关协调合作，落实打击恐怖主义、分裂主义和极端主义共识所做的工作，支持继续加强这一方向的合作。

元首们指出，必须共同努力，构建和平、安全、公正、开放、合作的网络空间，尊重国家主权，不干涉他国内政。强调在落实 2009 年 6 月 16 日签署的《上海合作组织成员国保障国际信息安全政府间合作协定》框架内深化实际合作具有重要意义。

元首们指出，世界经济仍然受到国际金融危机后果的影响，导致总需求萎缩、主要大宗商品价格剧烈波动、世界经济增长缓慢等不良后果。各方强调，为应对当前威胁和挑战，各国应通过大规模结构改革，实现多元化，提高经济长期竞争力和创新发展，推动世界经济深度变革。

元首们指出，15年来，上海合作组织经贸往来和投资合作形成巨大潜力，区域经济合作发展势头良好，合作机制不断完善。元首们认为，上海合作组织地区的和谐发展符合本地区经济平衡增长的整体利益。为此，成员国将采取进一步扩大上海合作组织框架内互利经贸合作的协调措施，包括为贸易、相互投资和实业界合作创造便利条件。

元首们重申，切实落实2015年12月15日在郑州通过的《上海合作组织成员国政府首脑（总理）关于区域经济合作的声明》达成的共识十分重要。

在此背景下，成员国将谋求各国发展战略对接，加强协调各国经贸规划。元首们认为，采取措施保障社会经济稳定增长，提高人民福祉和生活水平，进一步深化在贸易、产能、财政、投资、农业、海关、通信、卫星导航及其他符合共同利益领域的合作十分重要。各方将特别重视就有效应对经济下行交流经验，使用创新技术，创造便利的投资和营商环境，在优先合作领域实施长期互利项目，发展基础设施。

成员国重申支持中华人民共和国关于建设丝绸之路经济带的倡议，将继续就落实这一倡议开展工作，将其作为创造有利条件推动区域经济合作的手段之一。

元首们指出，在可再生和替代能源利用等能源领域继续开展多方面互利合作十分重要。

元首们强调，有必要进一步推动交通领域多边合作，促进构建国际运输走廊，打造连接亚洲和欧洲的枢纽，共同实施基础设施项目，扩大具有经济可行性的互联互通潜能，释放地区过境运输潜力。为此，元首们指出，2014 年 9 月 12 日在杜尚别签署的《上海合作组织成员国政府间国际道路运输便利化协定》尽快生效和落实十分重要。

元首们支持实施《上海合作组织成员国多边经贸合作纲要》落实措施计划中规定的共同关心的具体项目，以及制定《2017—2021 年上海合作组织进一步推动项目合作的措施清单》。

元首们支持进一步扩大同观察员国和对话伙伴的互利合作，以提高上海合作组织合作潜力。为此，充分发挥上海合作组织实业家委员会和银行联合体作用具有重要意义。

为保障项目融资，成员国将继续研究建立上海合作组织开发银行和发展基金（专门账户）问题。

元首们认为，有必要特别关注在文化、卫生、科技、教育、环保、体育和旅游领域发展双多边合作，共同研究和保护上海合作组织地区，包括在丝绸之路沿线的文化和自然遗产。

为扩大旅游领域合作，构建共同旅游空间，加强旅游往来，成员国授权代表签署了《上海合作组织成员国旅游合作发展纲要》。

元首们听取并批准了上海合作组织秘书长关于上海合作组织过去一年工作的报告和地区反恐怖机构理事会关于地区反恐怖机构 2015 年工作的报告。

2015 年 7 月 9 日至 10 日上海合作组织乌法峰会之后，上海合作组织举行了成员国政府首脑（总理）理事会会议（2015 年 12 月 14

日至 15 日，郑州）、安全会议秘书会议（2016 年 4 月 13 日至 14 日，塔什干）、外交部长理事会会议（2016 年 5 月 23 日至 24 日，塔什干）、国家协调员理事会会议（2015 年 10 月至 2016 年 6 月，北京、塔什干）、地区反恐怖机构理事会会议（2015 年 9 月 18 日和 2016 年 4 月 8 日，塔什干）、司法部长会议（2015 年 8 月 18 日，杜尚别）、总检察长会议（2015 年 8 月 27 日，阿斯塔纳）、最高法院院长会议（2015 年 9 月 3 日至 6 日，比什凯克）、经贸部长会议（2015 年 9 月 16 日，西安）、救灾部门领导人会议（2015 年 11 月 11 日至 12 日，成都）、第十一次上海合作组织论坛（2016 年 4 月 28 日至 29 日，杜尚别）、最高审计机关领导人会议（2016 年 5 月 27 日，阿斯塔纳）、国防部长会议（2016 年 6 月 8 日，阿斯塔纳）、文化部长会议（2016 年 6 月 21 日至 22 日，塔什干）、实业家委员会和银行联合体理事会会议（2016 年 6 月 22 日至 23 日，塔什干）。

元首们高度评价乌兹别克斯坦共和国担任上海合作组织主席国期间所做工作，对乌方在塔什干峰会期间给予的热情接待表示感谢。

上海合作组织成员国元首理事会下次会议将于 2017 年 6 月在阿斯塔纳举行，本组织下任主席国将由哈萨克斯坦共和国担任。

上海合作组织为网友打开大门：
上海合作组织微博官方账号阅读量已近 400 万

2016 年 6 月 30 日，在上海合作组织总部举行了上海合作组织与微博公司合作协议的签字仪式。微博（weibo.com）是在中国最受欢迎的网络社交平台之一。上海合作组织秘书长阿利莫夫代表本组织秘书处在协议上签字，代表微博公司签字的是微博首席执行官王高飞。

在上海合作组织历史上首次出现官方微博，为网络社会新开启了一扇大门，使网友们能够在线关注上海合作组织总部的各项活动。

与微博公司的合作再次向外部世界展示了开放的上海合作组织，使本组织更具魅力和吸引力。

"新浪微博"是"新浪"公司于 2009 年 8 月 14 日开启的微型博客服务，它兼有"推特"和"脸书"的特性，是在中国最受欢迎的网络服务之一，目前用户已经超过 210 万。

上海合作组织国家青年领袖访问本组织总部

2016 年 8 月 29 日，"上海合作组织青年交流营"代表团访问了位于北京的上海合作组织总部。这个代表团由来自上海合作组织各成员国和观察员国的 150 名青年积极分子组成。

在访问过程中，青年代表们参观了上海合作组织秘书处的办公大楼，参观了以各成员国命名的大厅、阳光花房、"上海合作组织草坪"，并纷纷在"上海合作组织宪章厅"拍照留念。

青年领袖访问上海合作组织总部是上海合作组织秘书处定期举办开放日活动的组成部分。其目的是向社会各界代表，包括青年一代介绍上海合作组织的活动及其主要行政机构——上海合作组织秘书处的日常工作。

举办由上海合作组织各国青年团体领袖参加的"上海合作组织青年交流营"的倡议，是由中华人民共和国主席习近平在上海合作组织乌法峰会上提出的，从 2016 年开始连续举办 5 年。为了落实这一倡议，中国青联邀请来自上海合作组织成员国和观察员国哈萨克斯坦、中国、吉尔吉斯斯坦、俄罗斯、塔吉克斯坦、白俄罗斯、印度、巴基斯坦、伊朗、阿富汗和蒙古等国家的青年代表一共 150 人，于 2016 年 8 月 22 日至 30 日来到中国，访问了新疆维吾尔自治区、内蒙古自治区和北京。首届"上海合作组织青年交流营"以"上海合作组织合作的新未来"为主题，旨在增进上海合作组织各国青年领袖们对中国的了解，吸引各国青年积极参与实现"一带一路"重大倡议。

上海合作组织成员国第三届
科技部门领导人会议在吉尔吉斯斯坦举行

2016 年 9 月 4 日，在吉尔吉斯共和国伊塞克湖州举行了上海合作组织成员国第三届科技部长及科技部门领导人会议。哈萨克斯坦共和国教育与科学部副部长阿瑟罗夫、中华人民共和国科学技术部副部长王志刚、吉尔吉斯共和国教育与科学部部长萨利耶娃、俄罗斯联邦教育与科学部副部长卡冈诺夫、塔吉克斯坦共和国驻吉尔吉斯共和国特命全权大使奥利姆佐达、乌兹别克斯坦共和国部长内阁科学技术发展协调委员会副主席兼执行局局长帕尔皮耶夫、上海合作组织副秘书长纳斯洛夫以各种形式参加了会议。

会议由吉尔吉斯共和国教育与科学部部长萨利耶娃担任主席。

在会议中，各代表团团长讨论了关于开展上海合作组织框架内科技领域多边合作的问题，并就《上海合作组织成员国政府间科技合作协定》（2013 年 9 月 13 日，比什凯克）以及历届上海合作组织成员国科技部长及部门领导人会议上达成协议的执行情况交换了意见。

在明斯克的会见

2016 年 9 月 11 日，在明斯克独联体执委会总部举行了独立国家联合体、集体安全条约组织和上海合作组织高级行政官员年度会晤。

集安条约组织秘书长尼古拉·博尔久扎，独联体执委会主席、执行秘书谢尔盖·列别捷夫，上海合作组织秘书长拉什德·阿利莫夫出席了这个已经形成传统的会晤。

与会者讨论了地区和国际政治的重要问题，就当前地区和世界局势交换了意见。

上海合作组织秘书长阿利莫夫向与会人员详细介绍了今年在塔什干举行的上海合作组织纪念峰会成果和哈萨克斯坦担任本组织轮值主席国的工作重点。

在讨论中还涉及了巩固安全与稳定，应对新威胁与新挑战，独联体、集体安全条约组织、上海合作组织三个组织活动和联合新闻报道等问题。

会见在传统的友好与相互理解的气氛中举行。

下次会见于 2017 年举行。

上海合作组织观察员代表团在白俄罗斯的工作

应白俄罗斯共和国外交部邀请，上海合作组织观察员代表团对 2016 年 9 月 11 日举行的白俄罗斯共和国国民会议代表院选举的准备和实施过程进行了监督。

观察员代表团于 2016 年 9 月 7 日开始进入工作，其有关活动根据白俄罗斯共和国宪法和选举法，以及 2006 年 5 月 15 日上海合作组织成员国外交部长理事会第 8 号决议批准的《上海合作组织观察员团观察总统和（或）议会选举及全民公投的条例》进行。

观察员代表团由上海合作组织秘书长阿利莫夫率领。在投票日当天，即 2016 年 9 月 11 日，观察员代表团成员于 8：00 抵达投票站，观察选票和票箱的准备情况。观察员代表团成员还走访了明斯克、莫吉廖夫、布列斯特市以及其他位于明斯克、莫吉廖夫、布列斯特州的 73 个投票站。观察员代表团注意到公民在投票过程中的积极性很高。在投票站有来自议员候选人的代表、白俄罗斯共和国的各政党、其他社会团体和国际组织的观察员，以及媒体代表。观察员代表团未收到来自上述代表和观察员的投诉和意见。

观察员代表团认为，业已举行的白俄罗斯共和国国民会议代表院选举符合白俄罗斯共和国现行法律和应承担的国际义务。

观察员代表团未发现违反国家选举法法规的现象。

观察员团认为业已举行的白俄罗斯共和国国民会议代表院选举是公开的、自由的和合法的。

上海合作组织观察员代表团在俄罗斯的工作

应俄罗斯联邦外交部邀请，上海合作组织观察员代表团对 2016 年 9 月 18 日举行的俄罗斯联邦会议第七届国家杜马议员选举的准备和实施过程进行了监督。

观察员代表团于 2016 年 9 月 13 日开始进入工作，其有关活动根据俄罗斯联邦会议国家杜马议员选举法，并按照 2006 年 5 月 15 日上海合作组织成员国外交部长理事会第 8 号决议批准的《上海合作组织观察员团观察总统和（或）议会选举及全民公投的条例》进行。观察员代表团由上海合作组织秘书长阿利莫夫率领。

投票日当天，即 2016 年 9 月 18 日，观察员代表团成员于 08：00 抵达投票站，观察选票和票箱的准备情况。观察员代表团成员还走访了位于莫斯科市和莫斯科州的 3 个地方选举委员会、94 个投票站。观察员代表团注意到公民在投票过程中的积极性很高。选举委员会工作人员具有很高的专业素养。投票站秩序井然，有来自俄罗斯联邦的各政党、其他社会团体、议员候选人的代表，国际组织的观察员，以及媒体代表。观察员代表团未收到申诉和意见。

观察员代表团在声明中指出，俄罗斯联邦会议第七届国家杜马议员选举符合俄罗斯联邦法律和国际选举规范。

观察员代表团未发现违反国家选举法的现象。

观察员代表团认为业已举行的俄罗斯联邦会议第七届国家杜马议员选举是公开的、自由的和民主的。对选举的合法性没有任何异议。

观察员团认为，国家主要立法机构的选举是民主的俄罗斯进一步发展的重要一步。

第十一次上海合作组织成员
国最高法院院长会议在杜尚别召开

2016 年 9 月 21 日至 22 日，在杜尚别召开了第十一次上海合作组织成员国最高法院院长会议，塔吉克斯坦方面作为轮值主席主持了这次会议。参加这次会议的有：哈萨克斯坦共和国最高法院专门司法院院长克德尔巴耶娃、中华人民共和国一级大法官、中华人民共和国最高人民法院常务副院长沈德咏、吉尔吉斯共和国最高法院院长托克巴耶娃、俄罗斯联邦最高法院院长列别杰夫、塔吉克斯坦共和国最高法院院长绍希延、乌兹别克斯坦共和国最高法院院长加济耶夫。

参加这次会议有关工作的还有上海合作组织副秘书长伊曼多索夫、塔吉克斯坦共和国总统法律政策助理兼塔吉克斯坦共和国总统议会全权代表瓦坦佐达和上海合作组织地区反恐机构执委会副主任皮洛夫。

在会谈中，各方讨论了共同感兴趣的现实司法问题，以及司法机关在各个法律系统深入合作的前景。

与会者还讨论了"与极端主义和恐怖主义相关犯罪案件审理实践的经验和信息交流"问题，以及"上海合作组织成员国法律中父母抚养子女的责任"问题和"上海合作组织成员国法院因新发现的事实对已生效判决进行重判的实践"问题等。

上海合作组织总部树立"上海精神"雕塑

2016年9月26日，"上海精神"雕塑落成仪式在北京上海合作组织总部隆重举行。

"上海精神"雕塑由两部分组成，分别是鼓和笙，合奏出统一的节奏，象征着本组织人民的共同历史，上海合作组织的崇高目标，以及宝贵精神。

上海合作组秘书长阿利莫夫和中国外交部欧亚司司长桂从友敲击上合鼓六次（本组织成员国数量），为落成仪式拉下了帷幕。

鼓雕塑高两米，由青铜和飘舞的红铜组成，象征着时光飞逝，万事顺遂，纯洁的精神与稳定。轻轻击打鼓面能发出隆隆的鼓声，将上海合作组织宪章确定的崇高目标传递给国际社会。上海合作组织鼓与纽约联合国总部的"和平钟"雕塑遥相合奏，象征着两个国际组织共同的目标和任务。

笙雕塑由不同长度的独立钢制乐管组成。不同高度的乐管凝聚在上海合作组织的标志下，象征着本组织各成员国的统一与团结。

在上海合作组织总部树立"上海精神"雕塑旨在庆祝本组织成立 15 周年。

雕塑作者袁熙坤是中国著名画家、雕塑家和社会活动家，北京金台艺术馆创建人、馆长。

上海合作组织总部举行中国文化日活动

2016 年 9 月 26 日，在中华人民共和国国庆节前夕，上海合作组织总部隆重举行中国文化日活动。

秘书处为包括驻华使团在内的近 300 位嘉宾准备了形式多样的活动安排，节目均为原创作品，且不拘泥于传统形式。文化日的来宾们得以欣赏到世界知名的中国雕塑大师任哲、夏航的作品，精美的唐代瓷器艺术作品，以及采用最新工艺制作的瓷器餐具等。

来自"觞堂雅集"的表演，包括古琴、太极、香道、中国戏法、茶道品鉴等，给中国文化日的来宾带来了许多喜悦。中国艺术大师表演的传统和现代曲目，堪称丰富多彩的文化节目的典范。

中国文化日活动还包括中国传统美食品尝，得到了嘉宾的一致赞赏和肯定。对于很多嘉宾来说，此次活动不仅展现了宝贵和多样的中国文化，也呈现出一个全新的秘书处总部，在这一短暂的时间内可以称为"中国之家"。

中国上海合作组织睦邻友好合作委员会和上海合作组织秘书处是中国文化日的共同举办方。

中国文化日开启了上海合作组织成员国系列活动的序幕，这些活动将于哈萨克斯坦任主席国期间，在上海合作组织总部举行，主题为"上海合作组织——我们共同的家园"。

上海合作组织成员国财政部部长和
中央银行（国家银行）行长会议在比什凯克举行

2016 年 9 月 29 日至 30 日，在吉尔吉斯共和国首都比什凯克市举行了上海合作组织成员国第三次财政部部长和中央银行(国家银行)行长会议。会议由担任轮值主席的吉尔吉斯共和国的财政部部长卡斯马利耶夫和中央银行行长阿布德古洛夫主持。

出席会议的有上海合作组织各成员国财政部部长、中央银行（国家银行）行长、财政部副部长、中央银行（国家银行）副行长、政府部门代表和专家。

上海合作组织副秘书长诺斯罗夫参加了会议。

与会者通报了本国中期社会经济发展情况和加快经济增长的国家举措，并指出，通过开展各国财政部和中央银行（国家银行）合作、继续就此问题进行对话并讨论财经和银行领域的广泛问题十分重要。与会各方还讨论了建立上海合作组织开发银行和上海合作组织发展基金（专门账户）问题。

上海合作组织成员国经贸部长会议在比什凯克召开

2016 年 10 月 12 日，在比什凯克（吉尔吉斯共和国）召开了上海合作组织各成员国负责对外经济和对外贸易部门第十五次部长级会议。会议在担任轮值主席的吉尔吉斯共和国经济部部长科若舍夫主持下进行。

出席经贸部长会议的有哈萨克斯坦共和国国民经济部国际合作司司长托列巴耶夫、中华人民共和国商务部副部长房爱卿、吉尔吉斯共

和国经济部部长科若舍夫、俄罗斯联邦经济发展部独联体国家经济合
作与欧亚一体化发展司司长加尔金、塔吉克斯坦共和国经济发展和贸
易部部长希克玛图洛佐达、乌兹别克斯坦共和国对外经济联系与投资
和贸易部副部长图里亚干诺夫。

出席会议的还有上海合作组织副秘书长诺希罗夫和上海合作组织
实业家委员会执行秘书卡纳夫斯基。

在会议中，与会各方对进一步发展和深化上海合作组织区域经济
合作问题进行了广泛研究，并听取了各国代表团团长关于上海合作组
织框架内经贸与投资合作现状和发展前景的情况介绍。

与会各方还听取了上海合作组织秘书处关于《上海合作组织成员
国多边经贸合作纲要》落实情况的报告草案和《2012—2016 年上海
合作组织进一步推动项目合作的措施清单》的落实情况。

2017 年部长会议例行会议的召开时间和地点将通过上海合作组
织秘书处另行商定。

上海合作组织各成员国代表团团长会后签署了会议纪要。

"上海合作组织大家庭"知名经济学家齐聚北京

2016 年 10 月 20 日，在北京举行了上海合作组织框架内经贸合
作问题研讨会。

"上海合作组织大家庭"各国驻华大使及使团高级代表和来自上
海合作组织成员国、观察员国、对话伙伴国的近 160 位学术界和实业
界著名代表参加了研讨会。

来自 17 个学术研究中心和机构的 16 位博士、10 位教授参加了
研讨会，他们在分设的 3 个论坛的专题讨论中，认真聆听了 40 份内

容丰富的学术报告。经济学家、科研机构负责人，中华人民共和国有关部委代表以及上海合作组织成员国和观察员国实业界代表与会。3个国际新闻社以及 29 个广播电台、国际互联网和报社报道了这次研讨会的工作。

上海合作组织秘书长阿利莫夫在论坛上发言指出，论坛在上海合作组织成员国政府首脑（总理）理事会会议前夕举行，这次会议两周后将在吉尔吉斯共和国首都比什凯克举行。他强调说，"本届研讨会将成为上海合作组织讨论区域经济合作重要问题和为这一领域合作的发展与深化研究提供学术建议的重要智库平台"。

本届研讨会的组织者是中华人民共和国商务部国际贸易经济合作研究院、上海合作组织秘书处。

上海合作组织框架下教育领域合作不断向前发展

2016 年 10 月 20 日，在杜尚别举行了上海合作组织成员国教育部长第六次会议。

与会者就上海合作组织成员国国家教育系统发展与现代化和合作的优先方向、履行关于落实《上海合作组织成员国政府间教育合作协定》的措施清单等问题交换了意见。会议审议了《上海合作组织成员国关于建立和运行上海合作组织大学的政府间协议》草案，讨论了一系列教育领域合作的其他重要问题。

各方商定 2018 年举行上海合作组织成员国教育部长第七次会议。

2006 年在上海签署的《上海合作组织成员国政府间教育合作协定》为教育合作成功开展奠定了法律基础。

阿利莫夫："只有在努力协作的
条件下才可能有效应对毒品威胁。"上海合作
组织秘书长在联合国安理会第 1988 次会议上发言

2016 年 10 月 27 日，上海合作组织秘书长阿利莫夫在纽约联合国总部召开的联合国安理会第 1988 次会议上做报告，就针对"塔利班运动"实施制裁以及打击该组织由阿富汗境内获取毒品交易非法收入发表看法。

阿利莫夫详细介绍了上海合作组织在禁毒方面的活动，以及本组织成员国共同抑制来自阿富汗境内的毒品走私活动而采取务实合作的相关信息。

阿利莫夫："上海合作组织与联合国的关系是
综合性全球组织与区域组织高效合作的典范。"
联合国秘书长与上海合作组织秘书长在纽约讨论合作前景

上海合作组织秘书长阿利莫夫与联合国秘书长潘基文的会见，是由传统的热情握手和在贵宾簿上签名开始的。这次会见于 2016 年 10 月 27 日在纽约联合国总部举行。

会见双方就维护地区安全与稳定，应对恐怖主义、分裂主义和极端主义，与非法贩运毒品和跨国有组织犯罪作斗争，协调联合国主导下的全球反恐战略落实行动等问题充分交换了意见。

阿利莫夫:"上海合作组织是联合国 巩固世界和平与稳定的补充力量。" 上海合作组织秘书长在联合国安理会上发言

应由俄罗斯联邦任轮值主席的联合国安理会的邀请,上海合作组织秘书长阿利莫夫于 2016 年 10 月 28 日出席在纽约联合国总部举行的安理会一般性辩论。

俄罗斯在联合国安理会作为主席主持辩论日程中的核心议题是"联合国与地区性和次地区性组织的合作",参加此次会议的还有集体安全条约组织秘书长博尔久扎和独联体执行副秘书长伊万诺夫。

与恐怖主义、毒品作斗争以及应对地区的新挑战和新威胁等问题,尤其是阿富汗局势、上海合作组织与联合国预防性外交中心、联合国反恐怖主义委员会在联合国维和事务上的合作等问题,成为此次讨论的焦点。

阿利莫夫在自己的发言中详细介绍了有关上海合作组织在保障地区稳定与安全领域中活动的信息。

上海合作组织成员国司法部长会议联合声明

2016 年 10 月 28 日,在阿拉木图市(哈萨克斯坦共和国)由时任轮值主席哈萨克斯坦共和国司法部部长别科塔耶夫主持举行了第四次上海合作组织成员国司法部长会议。

参加此次会议的有哈萨克斯坦共和国司法部长别科塔耶夫、中华人民共和国司法部长吴爱英、吉尔吉斯共和国司法部长马姆别塔利耶娃、俄罗斯联邦司法部长科诺瓦洛夫、塔吉克斯坦共和国司法部长绍

赫穆罗德、乌兹别克斯坦共和国司法部长伊克拉莫夫。

参加此次会议的还有来自上海合作组织观察员国的代表：阿富汗伊斯兰共和国司法部长阿卜杜尔巴希尔、白俄罗斯共和国司法部长斯利热夫斯基、蒙古共和国驻哈萨克斯坦使馆参赞拉哈夫加、伊朗伊斯兰共和国司法部部长助理、国际合作司司长麦赫兰法尔等。

上海合作组织副秘书长伊曼多索夫也参加了会议。

在会议中，与会者们根据会议议程，总结了各成员国司法部之间按照第三次上海合作组织成员国司法部长会议达成协议后的合作成果。

上海合作组织成员国政府首脑（总理）理事会第十五次会议在比什凯克举行

2016 年 11 月 2 日至 3 日，在比什凯克市举行了上海合作组织成员国政府首脑（总理）理事会第十五次会议。哈萨克斯坦共和国总理萨金塔耶夫、中华人民共和国国务院总理李克强、吉尔吉斯共和国代总理热恩别科夫、俄罗斯联邦政府总理梅德韦杰夫、塔吉克斯坦共和国总理拉苏尔佐达、乌兹别克斯坦共和国第一副总理阿济莫夫出席会议。

吉尔吉斯共和国代总理热恩别科夫主持会议。

上海合作组织秘书长阿利莫夫、上海合作组织地区反恐怖机构执行委员会主任瑟索耶夫、上海合作组织实业家委员会理事会主席沙伊霍夫和上海合作组织银行联合体理事会授权代表拉希莫夫出席会议。

上海合作组织观察员国代表阿富汗伊斯兰共和国首席执行官阿卜杜拉、白俄罗斯共和国总理科比亚科夫、印度共和国外交国务部长阿克巴尔、伊朗伊斯兰共和国外交部副部长拉希姆普尔、蒙古国驻吉尔吉斯共和国特命全权大使苏赫、巴基斯坦伊斯兰共和国总理国家安全和外交事务顾问阿齐兹，以及联合国秘书长特别代表、中亚地区预防性外交中心主任德拉加诺夫、独联体执行委员会主席、执行秘书列别杰夫、亚洲相互协作与信任措施会议秘书处执行主任宫建伟等也出席了会议。

各代表团团长就国际和地区经济发展的广泛议题交换了意见，讨论了深化上海合作组织合作、进一步巩固成员国人民相互理解与友谊的前景与措施。

上海合作组织和东盟：合作新天地

2016 年 11 月 10 日，在北京上海合作组织总部举行了上海合作组织和东南亚国家联盟成员国大使工作午餐会。

两个组织成员国驻北京外交使团的领导、中华人民共和国外交部的代表和中国—东盟中心秘书长参加了这次活动。

在工作午餐会上，上海合作组织和东盟成员国代表高度评价两个组织近年的合作成果，并就进一步扩大合作前景和迫切的国际问题交换了意见。

上海合作组织秘书长："巩固和发展联合国与地区性组织的联系不仅会强化地区性组织，而且也将在很大程度上加强联合国自身。"

2016 年 11 月 21 日，联合国大会以口头表决而非投票的方式通过了《关于联合国和上海合作组织合作的决议》，旨在推动全球性综合组织与地区性组织合作的不断发展与水平的进一步提升。这份对两个组织都很重要的文件通过后，上海合作组织秘书长阿利莫夫向联合国大会全体代表们发表了演讲。他向联合国大会成员们表示感谢，相信新的决议将为进一步提升联合国与上海合作组织合作奠定坚实基础。

图片中记载的上合历史。上海合作组织成立 15 周年图片展在纽约联合国总部开幕

2016 年 11 月 21 日，在纽约联合国总部宽敞的联合国大会前厅，举行了上海合作组织的首次图片展——纪念上海合作组织成立 15 周年图片展开幕式。

本次活动展出了多年来的珍贵照片，记录了上海合作组织成立和发展的历史性时刻，以及本组织历史上具有纪念意义的活动和重要事件。

这些反映上海合作组织历史的珍贵照片由塔斯社友情提供，这些照片引起了出席开幕式嘉宾们的浓厚兴趣。

出席本次图片展开幕式的嘉宾有 100 多位，其中包括联合国总部工作人员、常驻联合国代表团的外交官和新闻媒体代表。

联合国与上海合作组织：共同应对威胁与挑战

2016 年 11 月 22 日，在纽约联合国总部经济和社会委员会会议厅举行了高级别专门会议，旨在讨论联合国与上海合作组织合作应对威胁与挑战的实际问题。

出席会议的有联合国秘书长潘基文、上海合作组织秘书长阿利莫夫、上海合作组织地区反恐怖机构执委会主任瑟索耶夫、联合国毒品

和犯罪问题办公室纽约办公室主任莫纳瑟边、哈萨克斯坦常驻联合国代表团负责人图梅什、中国常驻联合国代表团负责人刘结一、吉尔吉斯斯坦常驻联合国代表团负责人摩尔多伊萨耶娃、俄罗斯常驻联合国代表团负责人伊里伊契夫、塔吉克斯坦常驻联合国代表团负责人马赫马达米诺夫、乌兹别克斯坦常驻联合国代表团负责人马德拉希莫夫、阿富汗常驻联合国代表团负责人赛卡尔、白俄罗斯常驻联合国代表团负责人达帕科尤纳斯、印度常驻联合国代表团负责人阿克巴鲁金、伊朗常驻联合国代表团负责人科霍什鲁、蒙古常驻联合国代表团负责人苏克赫、巴基斯坦常驻联合国代表团负责人罗德希、阿塞拜疆常驻联合国代表团负责人阿利耶夫、亚美尼亚常驻联合国代表团负责人穆纳查金扬、柬埔寨常驻联合国代表团负责人拉伊图伊、尼泊尔常驻联合国代表团负责人巴哈塔莱、土耳其常驻联合国代表团负责人西林利沃格鲁、斯里兰卡常驻联合国代表团负责人别列拉、斯洛伐克常驻联合国代表团负责人鲁日契卡，以及新西兰、加拿大、美国、科摩罗群岛、捷克、科威特、希腊等国使团代表和其他代表团和学术界代表也参加了会议。

联合国秘书长潘基文和上海合作组织秘书长阿利莫夫首先向与会者发表讲话。哈萨克斯坦共和国副外长马尔金诺夫主持会议开幕式。

与会人员在辩论环节讨论了联合国与上海合作组织在应对威胁与挑战，首先是恐怖主义和极端主义、非法贩运毒品和跨国有组织犯罪等方面合作的现状和发展前景，以及联合国与上海合作组织在维护国际和平与全球稳定方面的共同努力。

在上海合作组织各成员国常驻联合国代表团和联合国秘书处的支持与配合下，上海合作组织秘书处与上海合作组织轮值主席国哈萨克斯坦共和国常驻联合国代表团合作筹备和举办了此次活动。

每位与会嘉宾都获得了活动组织方赠送的礼物——《上海合作组织宪章》，以及关于上海合作组织成立和发展的历史、上海合作组织与联合国关系的发展等情况的扼要介绍材料。

联合国新闻部用其主要电视频道"全世界组织"对此次活动进行了直播。中国社交网站"微博"也进行了网络直播，同时在线观看者超过了 80 万人。

上海合作组织与联合国的关系从 2004 年开始健康发展以来，已经成为全球性组织与地区组织高效合作的典范。

阿利莫夫："全球可持续交通大会的目标与上海合作组织交通体系发展领域的工作目标相契合。"上海合作组织秘书长会见土库曼斯坦总统

上海合作组织秘书长阿利莫夫在阿什哈巴德同土库曼斯坦总统别尔德穆哈梅多夫举行会见，双方进行了内容深刻并富有建设性的会谈。

上海合作组织秘书长阿利莫夫感谢别尔德穆哈梅多夫总统邀请其参加首届全球可持续交通大会的工作，并高度赞扬了土库曼斯坦国家领导人在该领域的国际合作方面所提出的倡议。

阿利莫夫秘书长详细介绍了上海合作组织在发展交通体系方面的活动，并请土库曼斯坦总统关注《上海合作组织成员国政府间国际道路运输便利化协定》，该协定近期生效后将向有意加入者开放。

土库曼斯坦总统感谢上海合作组织秘书长对上海合作组织成员国交通领域合作情况的详细介绍，并表示愿扩大同上合组织在这一领域

及其他领域的互利合作。

上海合作组织秘书长与土库曼斯坦总统的会见是在全球可持续交通大会期间举行的，这次会议是在联合国的支持下、由土库曼斯坦政府于 2016 年 11 月 26 日至 27 日在阿什哈巴德举行的，目的是在交通领域中汇聚国际力量。

共同打击恐怖主义是上海
合作组织各成员国总检察长关注的焦点

2016 年 11 月 29 日至 30 日，在中华人民共和国海南省三亚市举行了第十四次上海合作组织成员国总检察长会议，会议由作为轮值主席的中国方面主持。

参加会议的有哈萨克斯坦共和国、中华人民共和国、吉尔吉斯共和国、俄罗斯联邦、塔吉克斯坦共和国和乌兹别克斯坦共和国的总检察长和检察系统负责人。

参加此次活动的还有上海合作组织观察员国白俄罗斯共和国、伊朗伊斯兰共和国、蒙古国、巴基斯坦伊斯兰共和国总检察院代表，以及上海合作组织副秘书长伊曼多索夫、上海合作组织地区反恐怖机构执委会主任瑟索耶夫等也出席了会议。

中国共产党中央委员会政治局委员、中共中央政法委书记孟建柱出席开幕式并致辞。

与会各方讨论了总检察院在本组织框架下合作打击恐怖主义以及各国检察机关在该领域作用等问题。重点关注了深化和协调各成员国检察机关在反恐领域的合作，建立有效预防和打击恐怖主义的机制。各方相互通报了本国反恐法律的修订，并就预防和打击恐怖主义，防范人员出境参与恐怖分子暴力活动等交流了经验。

就会议结果签署了纪要。下一届例行会议将于 2017 年在俄罗斯联邦举行。

会议期间，上海合作组织秘书处代表团同上海合作组织成员国总检察院负责人、地区反恐怖机构执委会主任瑟索耶夫举行了会谈，讨论了合作的现实问题。

上海合作组织观察员代表团完成在乌兹别克斯坦的工作

应乌兹别克斯坦中央选举委员会的邀请，上海合作组织观察员代表团在 2016 年 11 月 29 日至 12 月 4 日期间对乌兹别克斯坦共和国总统选举的准备和实施过程进行了观察。

观察员代表团成员由上海合作组织各成员国立法、行政和选举机构的代表、及上海合作组织秘书处的官员组成。观察员代表团由上海合作组织秘书长阿利莫夫率领。

在投票日（2016 年 12 月 4 日）当天，观察员代表团成员在各投票站开放前到位，对选票和投票箱的准备工作进行监督。

观察员代表团对分布在乌兹别克斯坦共和国塔什干市及塔什干州、布哈拉州、撒马尔罕州、纳曼干州、安集延州、费尔干纳州、吉扎克州城乡的 10 个选区进行了观察，并走访了设在上述地区的 181 个投票站。

观察员代表团在公布的结果中指出，乌兹别克斯坦共和国的总统选举符合乌兹别克斯坦共和国选举法的要求和乌兹别克斯坦共和国作出的国际承诺。观察员代表团没有发现可质疑本次选举合法性的违反国家法律的现象。观察员代表团认为，这次选举是公开的、自由的和民主的。观察员代表团指出,本次举行的总统选举是乌兹别克斯坦共和国在深入发展民主进程道路上的重要一步。

上海合作组织秘书长向
乌兹别克斯坦共和国新当选总统表示祝贺

2016 年 12 月 5 日,乌兹别克斯坦共和国新当选总统沙夫卡特·米尔济约耶夫亲切接见上海合作组织秘书长拉什德·阿利莫夫及其率领的上海合作组织观察员代表团。

上海合作组织秘书长向以绝对优势当选为乌兹别克斯坦共和国总统的米尔济约耶夫表示祝贺,并祝他取得新的成就。

双方就上海合作组织代表在观察乌兹别克斯坦共和国总统选举筹备和实施过程的工作成果详细交换了意见。

双方商定将继续就上海合作组织日程内的各项问题开展密切合作。

上海合作组织观察员代表团完成在吉尔吉斯斯坦的工作

应吉尔吉斯共和国中央选举和全民公投委员会的邀请,上海合作组织观察员代表团在 2016 年 12 月 11 日对"关于修改吉尔吉斯共和国宪法"举行的全民公投的准备和实施过程进行了观察。

观察员代表团根据吉尔吉斯共和国宪法《关于吉尔吉斯共和国全民公投》和《上海合作组织观察员团观察总统和(或)议会选举及全民公投的条例》,遵守政治中立和不干涉别国内部事务的原则。观察员代表团的所有判断和结论都基于观察员本人进行的观察活动和在全民公投准备过程中及投票日当天获得的客观材料。

观察员代表团由上海合作组织各成员国权威的立法、行政和选举机构的代表以及上海合作组织秘书处官员组成。观察员代表团由上海合作组织副秘书长王开文率领。

在投票日（2016 年 12 月 11 日）当天，观察员代表团成员在投票站开放前到位，对选票和投票箱的准备情况进行了监督。观察员代表团的成员们还走访了设在比什凯克市、巴雷克奇市、乔尔蓬—阿塔市以及分布在楚河州、纳伦州、伊赛克湖州等地居民点的投票站。

观察员代表团在宣布的成果中指出，全民公投符合吉尔吉斯宪法《关于吉尔吉斯共和国全民公投》的规定和该国作出的国际承诺原则。观察员代表团认为，本次举行的全民公投是公开的、自由的和民主的。上海合作组织观察员代表团没有发现可质疑本次全民公投合法性的破坏国家全民公投法的现象。

上海合作组织总部的哈萨克斯坦文化日

2016 年 12 月 14 日，在上海合作组织总部隆重举行哈萨克斯坦文化日。

在哈萨克斯坦文化日当天，上海合作组织秘书处举行了哈萨克斯坦著名画家纳特巴耶夫·沙尔让诺夫的画展。沙尔让诺夫向上海合作组织总部赠送了自己名为《舍金山》的作品。这座山坐落在哈萨克斯坦与中国的交界处，这幅风景画象征着两个国家紧密的合作、友谊和相互关系的前景。

这场活动伴随着哈萨克民俗艺术团用哈萨克民间乐器表演的哈萨克斯坦著名作曲家的作品等音乐节目。表演者身着民族服装用哈萨克舞蹈展示了芭蕾组舞。

在秘书处院内搭建的毡房里展示了哈萨克民俗。按照哈萨克民间谚语："毡房的美好和富贵从门槛开始"，组织者在毡房里摆设了带有典型哈萨克民族风格的嵌毡花地毯、绣花挂毯和手工木制箱子、民族服装、首饰、器皿和各种手工艺品。

哈萨克斯坦文化日最有特色的部分是展示哈萨克厨艺和菜肴。向来宾们提供了非常著名的民族食品，如手抓肉、过油肉、马肉肠，传统的面食巴乌尔萨克（油炸面包），酸奶饮料与食品——马奶酒、酸骆驼奶、酸奶疙瘩，还有民族传统糖果，这些食品都是按照哈萨克人平时待客的传统准备的。

上海精神和体育精神在昆明汇聚。上海合作组织昆明国际马拉松在和平、友谊与合作主旋律中胜利结束

2016 年 12 月 17 日，上海合作组织历史上首次"上海合作组织国际马拉松"在云南省省会城市昆明举行，15600 名来自世界各大洲的运动员参赛。

上海合作组织马拉松是大众体育人文活动，旨在庆祝本组织成立 15 周年和有效带动促进上海合作组织地区文化人文合作的深化与发展。

不同距离比赛的参赛选手分别来自"上海合作组织大家庭"的 18 个国家，以及肯尼亚、美国、埃塞俄比亚、加拿大、德国、英国、法国、泰国、新加坡、乌干达等国。

"上海合作组织大家庭"各国大使和上海合作组织秘书长阿利莫夫开启了称为"上合距离"的 2016 米跑。

比赛为儿童、老人、残障人士参加设置了专门的条件。

　　有 3000 名志愿者保障马拉松比赛的进行，有 12000 名保障人员维护比赛的安全和秩序，有 28 辆急救车和 22 名医生分布在赛道沿线，在各个赛道的拐点还有 1000 多名昆明医学院的学生提供服务。

　　上海合作组织昆明马拉松组委会由省市各级地方政府、中华人民共和国外交部、上海合作组织秘书处共 120 名代表组成。

　　100 多名新闻媒体记者对马拉松进行了报道，中国中央电视台 5 频道对比赛进行了全程直播。为了充分保障电视画面质量，还使用了直升机和飞艇等专门飞行电视拍摄设备。

　　整个马拉松的比赛路线途经昆明市风景优美的历史古迹，坐落在盆地中的著名高山湖泊滇池，它按面积算是中国排名第六的湖泊。

　　上海合作组织马拉松比赛过程中还举办了大型的文化表演节目，在这些演出中展示了生活在云南省 25 个民族的艺术和手工艺制品、民族舞蹈和习俗、服装和生活用品等。

　　象征性赛段是上海合作组织马拉松的特色节目，新婚夫妇张潇和李莉以 5 公里奔跑完成了自己的婚礼。

　　年轻的残障姑娘李小苗坐在轮椅上跑完了 5 公里的路程。

　　共有 29 个家庭参加了"微缩距离"上的赛跑。年龄最大的参加者 80 岁，而最小的只有 9 岁。

　　参加此次马拉松活动的还有：2011 年伦敦奥运会女子跳水冠军和世界跳水锦标赛冠军汪皓、被誉为中国体育希望之星和世界十大最美女运动员之一的蹦床运动员蔡琪子。

　　本次马拉松比赛为全程获胜者设立的一等奖的奖金是 40000 美元。在隆重的颁奖仪式上，上海合作组织秘书长阿利莫夫、"上海合作组织大家庭"各国大使以及云南省领导为获胜者颁奖。上海合作组织马拉松的所有参赛选手也都获得了纪念品和礼物。

上海合作组织马拉松已成为有鲜明特色的、令人难以忘怀的体育盛事和大众文化展示活动，它再次强调了本组织的主要人文思想原则，其中也包括"上海合作组织大家庭"各国人民之间的和平与友谊、文化和文明的亲近与互补、和谐与精神团结。

附件 1：

上海合作组织宪章

上海合作组织（以下简称"本组织"或"组织"）创始国——哈萨克斯坦共和国、中华人民共和国、吉尔吉斯共和国、俄罗斯联邦、塔吉克斯坦共和国和乌兹别克斯坦共和国，

以各国人民历史形成的联系为基础；

力求进一步深化全面合作；

希望在政治多极化、经济及信息全球化进程发展的背景下，共同努力为维护和平，保障地区安全与稳定作出贡献；

坚信本组织的成立可以更有效地共同把握机遇，应对新的挑战和威胁；

认为本组织框架内的协作有助于各国和各国人民发掘睦邻、团结、合作的巨大潜力；

本着六国元首上海会晤（2001 年）确认的"互信、互利、平等、协商、尊重多样文明、谋求共同发展"的精神；

指出，遵守 1996 年 4 月 26 日签署的《中华人民共和国和哈萨克斯坦共和国、吉尔吉斯共和国、俄罗斯联邦、塔吉克斯坦共和国关于在边境地区加强军事领域信任的协定》和 1997 年 4 月 24 日签署的《中

华人民共和国和哈萨克斯坦共和国、吉尔吉斯共和国、俄罗斯联邦、塔吉克斯坦共和国关于在边境地区相互裁减军事力量的协定》，以及哈萨克斯坦共和国、中华人民共和国、吉尔吉斯共和国、俄罗斯联邦、塔吉克斯坦共和国和乌兹别克斯坦共和国元首 1998 年至 2001 年峰会期间签署文件的原则，为维护地区及世界的和平、安全与稳定作出了重大贡献；

重申恪守《联合国宪章》宗旨和原则，其他有关维护国际和平、安全及发展国家间睦邻友好关系与合作的公认的国际法原则和准则；

遵循 2001 年 6 月 15 日《上海合作组织成立宣言》的各项规定；

商定如下：

第一条　宗旨和任务

本组织的基本宗旨和任务是：

加强成员国间的相互信任和睦邻友好；

发展多领域合作，维护和加强地区和平、安全与稳定，推动建立民主、公正、合理的国际政治经济新秩序；

共同打击一切形式的恐怖主义、分裂主义和极端主义，打击非法贩卖毒品、武器和其他跨国犯罪活动，以及非法移民；

鼓励开展政治、经贸、国防、执法、环保、文化、科技、教育、能源、交通、金融信贷及其他共同感兴趣领域的有效区域合作；

在平等伙伴关系基础上，通过联合行动，促进地区经济、社会、文化的全面均衡发展，不断提高各成员国人民的生活水平，改善生活条件；

在参与世界经济的进程中协调立场；

根据成员国的国际义务及国内法，促进保障人权及基本自由；

保持和发展与其他国家和国际组织的关系；

在防止和和平解决国际冲突中相互协助；

共同寻求 21 世纪出现的问题的解决办法。

第二条　原　则

本组织成员国坚持以下原则：

相互尊重国家主权、独立、领土完整及国家边界不可破坏，互不侵犯，不干涉内政，在国际关系中不使用武力或以武力相威胁，不谋求在毗邻地区的单方面军事优势；

所有成员国一律平等，在相互理解及尊重每一个成员国意见的基础上寻求共识；

在利益一致的领域逐步采取联合行动；

和平解决成员国间分歧；

本组织不针对其他国家和国际组织；

不采取有悖本组织利益的任何违法行为；

认真履行在本宪章及本组织框架内通过的其他文件中所承担的义务。

第三条　合作方向

本组织框架内合作的基本方向是：

维护地区和平，加强地区安全与信任；

就共同关心的国际问题，包括在国际组织和国际论坛上寻求共识；

研究并采取措施，共同打击恐怖主义、分裂主义和极端主义，打击非法贩卖毒品、武器和其他跨国犯罪活动，以及非法移民；

就裁军和军控问题进行协调；

支持和鼓励各种形式的区域经济合作，推动贸易和投资便利化，以逐步实现商品、资本、服务和技术的自由流通；

有效使用交通运输领域内的现有基础设施，完善成员国的过境潜力，发展能源体系；

保障合理利用自然资源，包括利用地区水资源，实施共同保护自然的专门计划和方案；

相互提供援助以预防自然和人为的紧急状态并消除其后果；

为发展本组织框架内的合作，相互交换司法信息；

扩大在科技、教育、卫生、文化、体育及旅游领域的相互协作；

本组织成员国可通过相互协商扩大合作领域。

第四条　机　　构

一、为落实本宪章宗旨和任务，组织框架内的机构包括：

国家元首会议；

政府首脑（总理）会议；

外交部长会议；

各部门领导人会议；

国家协调员理事会；

地区反恐怖机构；

秘书处。

二、除地区反恐怖机构外，本组织各机构的职能和工作程序由成员国元首会议批准的有关条例确定。

三、成员国元首会议可通过决定成立本组织其他机构。以制定本宪章议定书的方式成立新机构。该议定书生效程序与本宪章第二十一条规定的生效程序相同。

第五条　国家元首会议

国家元首会议是本组织最高机构。该会议确定本组织活动的优先领域和基本方向，决定其内部结构和运作、与其他国家及国际组织相互协作的原则问题，同时研究最迫切的国际问题。

元首会议例会每年举行一次。例会主办国元首担任国家元首会议主席。例会举办地按惯例根据本组织成员国国名俄文字母的排序确定。

第六条　政府首脑（总理）会议

政府首脑（总理）会议通过组织预算，研究并决定组织框架内发展各具体领域，特别是经济领域相互协作的主要问题。

政府首脑（总理）会议例会每年举行一次。例会主办国政府首脑（总理）担任会议主席。

例会举办地由成员国政府首脑（总理）预先商定。

第七条　外交部长会议

外交部长会议讨论组织当前活动问题，筹备国家元首会议和在组织框架内就国际问题进行磋商。必要时，外交部长会议可以本组织名义发表声明。

外交部长会议例会按惯例在每次国家元首会议前一个月举行。召开外交部长非例行会议需有至少两个成员国提出建议，并经其他所有成员国外交部长同意。例会和非例会地点通过相互协商确定。

国家元首会议例会主办国外交部长担任外交部长会议主席，任期自上次国家元首会议例会结束日起，至下次国家元首会议例会开始日止。

根据会议工作条例，外交部长会议主席对外代表组织。

第八条　各部门领导人会议

根据国家元首会议和国家政府首脑（总理）会议的决定，成员国各部门领导人定期召开会议，研究本组织框架内发展相关领域相互协作的具体问题。

会议主办国有关部门领导人担任会议主席。会议举办地点和时间预先商定。

为筹备和举办会议，经各成员国预先商定，可成立常设或临时专家工作小组，根据部门领导人会议确定的工作章程开展工作。专家小组由各成员国部门代表组成。

第九条　国家协调员理事会

国家协调员理事会是本组织日常活动的协调和管理机构。理事会为国家元首会议、政府首脑（总理）会议和外交部长会议作必要准备。国家协调员由各成员国根据各自国内规定和程序任命。

理事会至少每年举行三次会议。主办国家元首会议例会的成员国国家协调员担任会议主席，任期自上次国家元首会议例会结束日起，至下次国家元首会议例会开始日止。

根据国家协调员理事会工作条例，受外交部长会议主席委托，国家协调员理事会主席可对外代表组织。

第十条　地区反恐怖机构

2001年6月15日签署的《打击恐怖主义、分裂主义和极端主义上海公约》参加国的地区反恐怖机构是本组织常设机构，设在比什凯克市（吉尔吉斯共和国）。

该机构的基本任务和职能，其成立、经费原则及活动规则由成员国间签署的单独国际条约及通过的其他必要文件来规定。

第十一条　秘书处

秘书处是本组织常设行政机构。它承担本组织框架内开展活动的组织技术保障工作，并为组织年度预算方案提出建议。

秘书处由主任领导。主任由国家元首会议根据外交部长会议的推荐批准。

主任由各成员国公民按其国名俄文字母排序轮流担任，任期3年，不得连任。

副主任由外交部长会议根据国家协调员理事会的推荐批准，不得由已任命为主任的国家产生。

秘书处官员以定额原则为基础，由雇佣的成员国公民担任。

在执行公务时，秘书处主任、副主任和其他官员不应向任何成员国和（或）政府、组织或个人征求或领取指示。他们应避免采取任何可能影响其只对本组织负责的国际负责人地位的行动。

成员国应尊重秘书处主任、副主任和工作人员职责的国际性，在他们行使公务时不对其施加影响。

本组织秘书处设在北京市（中华人民共和国）。

第十二条　经　费

本组织有自己的预算，根据成员国间的专门协定制定并执行。该协定还规定各成员国在分摊原则基础上给组织预算缴纳年度会费的比例。

根据上述协定，预算资金用于本组织常设机构的活动。成员国自行承担本国代表和专家参加组织活动的费用。

第十三条　成　员

本组织对承诺遵守本宪章宗旨和原则及本组织框架内通过的其他国际条约和文件规定的本地区其他国家实行开放，接纳其为成员国。

本组织吸收新成员问题的决定由国家元首会议根据国家外交部长会议按有关国家向外交部长会议现任主席提交的正式申请所写的推荐报告作出。

如成员国违反本宪章规定和（或）经常不履行其按本组织框架内所签国际条约和文件承担的义务，可由国家元首会议根据外交部长会议报告作出决定，中止其成员国资格。如该国继续违反自己的义务，国家元首会议可做出将其开除出本组织的决定，开除日期由国家元首会议自己确定。

成员国都有权退出本组织。关于退出本宪章的正式通知应至少提前 12 个月提交保存国。参加本宪章及本组织框架内通过的其他文件期间所履行的义务，在该义务全面履行完之前与有关国家是联系在一起的。

第十四条　同其他国家及国际组织的相互关系

本组织可与其他国家和国际组织建立协作与对话关系，包括在某些合作方向。

本组织可向感兴趣的国家或国际组织提供对话伙伴国或观察员地位。提供该地位的条例和程序由成员国间的专门协定规定。

本宪章不影响各成员国参加的其他国际条约所规定的权利和义务。

第十五条　国际人格

本组织作为国际法主体，享有国际人格。在各成员国境内，拥有为实现其宗旨和任务所必需的法律行为能力。

本组织享有法人权利，可：

——签订条约；

——获得并处置动产或不动产；

——起诉和被诉；

——设立账户并开展资金业务。

第十六条　通过决议程序

本组织各机构的决议以不举行投票的协商方式通过，如在协商过程中无任一成员国反对（协商一致），决议被视为通过，但中止成员资格或将其开除出组织的决议除外，该决议按"除有关成员国一票外协商一致"原则通过。

任何成员国都可就所通过决议的个别方面和（或）具体问题阐述其观点，这不妨碍整个决议的通过。上述观点应写入会议纪要。

如某个成员国或几个成员国对其他成员国感兴趣的某些合作项目的实施不感兴趣，他们不参与并不妨碍有关成员国实施这些合作项目，同时也不妨碍上述国家在将来加入到这些项目中来。

第十七条　执行决议

本组织各机构的决议由成员国根据本国法律程序执行。

各成员国落实本宪章和本组织框架内其他现有条约及本组织各机构决议所规定义务的情况，由本组织各机构在其权力范围内进行监督。

第十八条　常驻代表

成员国根据本国国内规定及程序任命本国派驻组织秘书处常驻代表，该代表列入成员国驻北京大使馆的外交人员编制。

第十九条　特权和豁免权

本组织及其官员在所有成员国境内享有为行使和实现本组织职能和宗旨所必需的特权和豁免权。

本组织及其官员的特权和豁免权范围由单独国际条约确定。

第二十条　语　言

本组织的官方和工作语言为汉语和俄语。

第二十一条　有效期和生效

本宪章有效期不确定。

本宪章需经所有签署国批准，并自第四份批准书交至保存国之日起第 30 天生效。

对签署本宪章并晚些批准的国家，本宪章自其将批准书交至保存国之日起生效。

本宪章生效后，对任何国家开放加入。

对申请加入国，本宪章自保存国收到其加入书之日起第 30 天生效。

第二十二条　解决争议

如在解释或适用本宪章时出现争议和分歧，成员国将通过磋商和协商加以解决。

第二十三条　修正和补充

经成员国相互协商，本宪章可以修正和补充。国家元首会议关于修正和补充的决定以作为本宪章不可分割部分的单独议定书方式固定下来，其生效程序与本宪章第二十一条规定的生效程序相同。

第二十四条　保　留

凡与本组织的宗旨、目的和任务相抵触或其效果足以阻碍本组织任何机关履行职能的保留不得容许。凡经至少三分之二本组织成员国反对者，应视为抵触性或阻碍性的保留，且不具法律效力。

第二十五条　保存国

本宪章的保存国为中华人民共和国。

第二十六条　登　记

本宪章需根据《联合国宪章》第 102 条在联合国秘书处登记。

本宪章于 2002 年 6 月 7 日在圣彼得堡市签署，正本一式一份，分别用中文和俄文写成，两种文本同等作准。

本宪章正本交由保存国保存，并由该国将核对无误的副本分发给所有签署国。

哈萨克斯坦共和国代表　努尔苏丹·纳扎尔巴耶夫（签字）

中华人民共和国代表　江泽民（签字）

吉尔吉斯共和国代表　阿斯卡尔·阿卡耶夫（签字）

俄罗斯联邦代表　弗拉基米尔·普京（签字）

塔吉克斯坦共和国代表　埃莫马利·拉赫莫诺夫（签字）

乌兹别克斯坦共和国代表　伊斯拉姆·卡里莫夫（签字）

上海合作组织成员国长期睦邻友好合作条约

上海合作组织（以下简称"本组织"或"组织"）成员国哈萨克斯坦共和国、中华人民共和国、吉尔吉斯共和国、俄罗斯联邦、塔吉克斯坦共和国、乌兹别克斯坦共和国，以下简称"缔约各方"，系于睦邻友好合作的历史纽带，遵循《联合国宪章》的宗旨和原则，公认的国际法原则和规则，以及 2002 年 6 月 7 日签署的《上海合作组织宪章》，坚信巩固和深化本组织成员国之间的睦邻、友好、合作关系符合成员国人民的根本利益，有利于本组织所在地区乃至全世界的和平与发展，认为全球化进程加深了国家间的相互依赖，使各国的安全与繁荣紧密相连，认为新的安全挑战与威胁具有全球性质，只有共同努力，遵循协商一致的合作原则与机制才能有效应对，认识到必须尊重当今世界文化文明的多样性，重申为促进建立公正合理的国际秩序，为本组织成员国持续发展创造良好条件，愿意扩大本组织内部及与所有相关国家和国际组织间的互利合作，重申本条约不针对任何其他国家和组织，缔约各方奉行开放原则，致力于使本组织所在地区成为和平、合作、繁荣、和谐的地区，愿促进国际关系民主化，在平等、相互尊重、互信互利、不以集团和意识形态划线的基础上建立新的全球安全架构，决心巩固本组织成员国的友好关系，使成员国人民的友谊世代相传，兹达成协议如下：

第一条

缔约各方根据公认的国际法原则和规则，在其感兴趣的领域发展长期睦邻、友好和合作关系。

第二条

缔约各方遵循《联合国宪章》，公认的国际法原则和规则，以及2002年6月7日签署的《上海合作组织宪章》，以和平方式解决彼此间的分歧。

第三条

缔约各方相互尊重各自根据本国历史经验和国情选择政治、经济、社会和文化发展道路的权利。

第四条

一、缔约各方尊重国家主权和领土完整原则，采取措施禁止在本国境内从事任何违反该原则的活动。

二、缔约各方不参加任何针对其他缔约方的联盟或集团，不支持任何敌视其他缔约方的行动。

第五条

缔约各方恪守国界不可侵犯的原则，积极致力于加强边境地区军事领域信任，决心使相互间的边界成为永久和平与友好的边界。

第六条

出现威胁某一缔约方安全的情况时，该缔约方可在本组织框架内与其他缔约方举行磋商，以妥善应对出现的局势。

第七条

缔约各方致力于在本组织框架内维护和巩固国际和平与安全，在维护和提高联合国作用、维护全球和地区稳定、推进国际军控进程、防止大规模杀伤性武器及其运载工具扩散等方面加强协调与合作，并就这些问题定期举行磋商。

第八条

一、缔约各方根据本国法律，在遵守公认的国际法原则和规则以及所参加的国际条约的基础上，在打击恐怖主义、分裂主义和极端主义，非法贩运麻醉药品、精神药物及其前体，非法贩运武器，非法移民，以及其他跨国犯罪活动方面积极开展合作。

二、缔约各方根据本国法律，在遵守所参加的国际条约的基础上，加强在通缉、羁押、引渡和移交从事恐怖主义、分裂主义和极端主义活动，以及其他犯罪活动的嫌疑人、被告人或罪犯方面的协作。

三、缔约各方在国界保护、海关监督、劳务移民管理及金融、信息安全保障方面开展合作。

第九条

缔约各方积极推进执法机关和司法机关之间的交往与合作。

第十条

缔约各方国防部门间开展各种形式的合作。

第十一条

一、缔约各方根据各自承担的国际义务及本国法律，在促进实现人权和基本自由方面开展合作。

二、缔约各方根据各自承担的国际义务及本国法律，保障生活在其境内的其他缔约方公民的合法权益，并相互提供必要的法律协助。

第十二条

缔约各方相互承认并保护缔约一方位于缔约另一方境内的财产的合法权益。

第十三条

一、缔约各方在平等互利的基础上加强经济合作，为在本组织框架内发展贸易、促进投资和技术交流创造便利条件。

二、缔约各方在本国境内为其他缔约方的自然人和法人进行合法经济活动提供协助，包括为其创造法律条件，保护这些自然人和法人在其境内的合法权益。

第十四条

缔约各方在其加入的国际金融机构、经济组织和论坛内开展合作，并根据这些机构、组织和论坛的章程规定，对其他缔约方加入予以协助。

第十五条

缔约各方在工业、农业、金融、能源、交通、科技、新技术、信息、电信、航空航天及其他共同感兴趣的领域开展合作，促进实施各类区域性项目。

第十六条

一、缔约各方全力推动在立法方面的合作，经常交换关于已经制定、即将通过和现行法律文件的信息，在制定国际法律文件方面开展合作。

二、缔约各方鼓励各自立法机关及其代表间的交流与合作。

第十七条

缔约各方在保护环境、维护生态安全、合理利用自然资源方面开展合作，采取必要措施制定和实施上述领域的专门计划和项目。

第十八条

缔约各方在预防自然灾害和人为造成的重大事故及消除其后果方面相互合作和提供援助。

第十九条

一、缔约各方促进彼此间在文化、艺术、教育、科学、技术、卫生、旅游、体育及其他社会和人文领域的交流与合作。

二、缔约各方相互鼓励和支持文化、教育、科研机构建立直接联系，开展共同科研计划与项目，合作培养人才，互换留学生、学者和专家。

三、缔约各方为学习和研究其他缔约方语言、文化积极提供便利条件。

第二十条

本条约不影响缔约各方作为其他国际条约参加国的权利和义务。

第二十一条

为执行本条约，缔约各方可在共同感兴趣的具体领域签订国际条约。

第二十二条

如对解释或适用本条约出现争议，缔约各方通过磋商和谈判解决。

第二十三条

一、本条约需经缔约各方批准。

二、本条约无限期有效，自保存机关收到最后一份批准书之日起生效。

三、任何缔约方只要为本组织成员国，本条约即对其有效。任何缔约方如退出本组织，本条约自其退出之日起自动对其失效。

四、本条约生效后对任何被吸收为本组织新成员的国家开放。对新加入的国家，本条约自保存机关收到有关加入书之日起第 30 天对其生效。

第二十四条

经所有缔约方协商一致，可通过缔结单独议定书的形式对本条约予以修改和补充。

第二十五条

一、本条约的正本交予保存机关。

二、本条约的保存机关为本组织秘书处，在本条约签署后 15 日内由保存机关将核正无误的条约副本送交给缔约各方。

第二十六条

本条约需根据《联合国宪章》第 102 条规定在联合国秘书处登记。

本条约于二〇〇七年八月十六日在比什凯克签订，正本一份，用中文和俄文写成，两种文本同等作准。

哈萨克斯坦共和国代表	中华人民共和国代表
努尔苏丹·纳扎尔巴耶夫（签字）	胡锦涛（签字）
吉尔吉斯共和国代表	俄罗斯联邦代表
库尔曼别克·巴基耶夫（签字）	弗拉基米尔·普京（签字）
塔吉克斯坦共和国代表	乌兹别克斯坦共和国代表
埃莫马利·拉赫蒙（签字）	伊斯拉姆·卡里莫夫（签字）

附件 3：

上海合作组织至 2025 年发展战略

（上海合作组织成员国元首理事会 2015 年 7 月 10 日第 1 号决议批准）

上海合作组织（以下简称上合组织或本组织）是现代国际关系体系中具有影响力的参与者，有雄厚的条约法律基础，多边协作机制运行顺畅，与赞同上合组织原则和理念的国家、国际组织和机构建立了伙伴关系。

现已具备条件将上合组织提升至崭新水平，提高其在政治、安全、经济领域合作效率，深化人文合作，加大其对地区事务和全球治理的参与力度。

上述任务的全面性表明有必要制定《上海合作组织至 2025 年发展战略》（以下简称《战略》），以确定本组织今后的发展方向和规模。《战略》根据 2014 年 9 月 12 日杜尚别上合组织成员国元首理事会第 3 号决议《关于上海合作组织至 2025 年发展战略草案》，并参考 2012 年上合组织成员国元首理事会北京会议批准的《上海合作组织中期发展战略规划》条款制定，以《上海合作组织宪章》、《上海合作组织成员国长期睦邻友好合作条约》为基础。

《战略》对国际和地区局势走势作出预测，对上合组织工作及其在地区和世界发挥的作用做了评估，也考虑了与其他国际关系主体间的关系。

成员国将根据《战略》以及本组织各领域条约法律文件于2015—2025年在组织框架内开展务实合作。

国际和地区发展形势

当代世界正在发生深刻变化，其根本趋势是全球发展潜力逐步向东方转移。

和平、发展、平等互利合作、建设共同和平与繁荣社会的潮流更加强劲。同时，全球挑战和威胁层出不穷，不确定性和不可预测因素增多，各种地区冲突和局部冲突此起彼伏。

伴随着多中心世界格局的形成、全球治理中地区治理能力提升以及发展中国家地位的加强，未来10年将成为国际关系的快速变革时期。全球化和技术进步将加强国家间的相互依存。

国家安全与繁荣之间的相互联系进一步增强。一系列威胁和挑战需要制定集体应对措施，不能以他国安全为代价保障自身安全。在此条件下，当务之急是所有国家遵守平等和不可分割安全的普遍原则，该原则同等适用于欧洲大西洋、欧亚和亚太地区。

世界经济在全球性危机后呈复苏态势，但仍面临风险。复苏速度不均衡、不稳定，面临新的下行风险。高失业率和需求下降仍是稳定发展的严重障碍。由于国际大宗商品价格大幅波动，世界经济出现更多不确定因素。世界主要经济体在克服危机后果方面缺乏应有协作，各国货币信贷政策协调不够，使局势更趋复杂。

安全威胁进一步相互交织，信息空间的斗争加剧，环境不断恶化。滋生宗教间和宗教内部矛盾的极端主义思潮仍然存在，引发国内政局动荡和国际关系紧张。

对国家生活造成综合性和多方面影响、威胁国家安全、具有跨国跨地区或全球性后果、直接或间接对一国或多国造成损失的突发事件是严峻的课题。

在此情况下，维护世界和平、促进共同发展依然是重大而紧迫的任务。以国际法至上、不使用和威胁使用武力、尊重领土完整、国家主权和独立、开放与平等互利合作为基础，在本地区建立共同、综合、包容、透明、不可分割与可靠的安全和稳定增长架构的必要性日益凸显。因此，包括上合组织在内的地区组织的作用不断上升。

在复杂的全球和地区形势下，上合组织正步入发展的重要时期，需要认真制定长期战略，最大限度利用本组织竞争优势和潜力应对面临的威胁和挑战。

目标和任务

成员国重申遵循《上海合作组织宪章》的目标和任务，认为今后一段时期的共同目标是：

——加强成员国互信与友好睦邻关系；

——加强上合组织作为全面有效地区组织的地位；

——维护地区安全，应对成员国面临的安全威胁与挑战，包括预防和消除突发事件；

——深化经贸、投资合作以及优先领域的合作项目，促进成员国可持续发展，提高人民生活水平；

——扩大人文联系，包括科技、卫生、环保、教育领域，开展人员交流；

——根据《上海合作组织宪章》及上合组织其他法律文件，坚持落实上合组织开放原则；

——提高上合组织国际威望，加强同联合国及其专门机构，以及独联体、集安条约组织、东盟、经合组织、亚信及其他国际组织和机构的联系；

——加强上合组织机制建设，包括提升成员国常驻秘书处和地区反恐怖机构代表作用。

为此，成员国将集中力量完成以下任务：

——把上合组织地区建成和平、稳定发展、经济增长、互信、睦邻友好和繁荣的地区；

——完善上合组织，使其成为综合性地区组织，但不谋求建立拥有超国家管理机构的军事政治联盟或经济集团；

——在上合组织框架下为发展贸易投资合作创造有利条件，包括制定和落实共同的基础设施项目，加强在上合组织实业家委员会和银联体参与下的务实合作；

——成员国就丝绸之路经济带倡议形成共识，将其作为创造有利条件推动上合组织地区经济合作的手段之一；

——建立不可分割的安全空间，促进与联合国及其他国际和地区组织开展各领域合作，包括在安全领域合作打击传统威胁和新威胁；

——完善组织的条约法律基础；

——不断提高组织各合作机制的效率；

——加强同上合组织观察员国、对话伙伴的务实合作。

原则和理念

上合组织成员国履行《上海合作组织宪章》《打击恐怖主义、分裂主义和极端主义上海公约》《上海合作组织成员国长期睦邻友好合作条约》及其他文件规定的义务。

上合组织框架内合作的特点是"互信、互利、平等、协商、尊重多样文明，谋求共同发展"。这些被称作"上海精神"的原则今后仍然是上合组织成员国关系的基础。

成员国将在涉及主权、安全、发展等核心利益问题上相互大力支持。不参加任何针对上合组织成员国的联盟或组织，不支持任何敌视某一成员国的行动，禁止在本国境内的任何违反相互尊重国家主权和领土完整原则的活动。

成员国平等是上合组织活动的一贯原则，其具体体现是通过协商一致原则作出决定，将根据《上海合作组织宪章》继续贯彻这一原则。在务实合作方面，成员国将充分利用在相关国家间开展协作机遇。

成员国将在开展建设性对话、遵循国际法准则的基础上，通过政治外交手段解决分歧。上合组织活动将一如既往地不针对第三国和国家间组织。成员国将遵守《上海合作组织宪章》中关于不采取有悖本组织利益的任何违法行为的原则。

成员国尊重根据本国历史经验和国情选择政治、经济、社会和文化发展道路的权利，推动不同文明交流对话、和平共处、和谐与进步，遵循不干涉内政、相互尊重主权和领土完整原则，反对在未得到联合国安理会同意的情况下采取单边施压。

政治协作

成员国将深化所有级别的政治对话，继续定期举行元首理事会、政府首脑（总理）理事会、外长理事会、安全会议秘书会议。

上合组织愿在联合国发挥中心协调作用的条件下，为推动建设和完善以集体原则、国际法治、相互尊重、不干涉内政、互信、互利、平等和伙伴关系为基础的民主、公正和合理的国际秩序作出贡献。

上合组织愿建设性参与建立兼顾所有国家合法利益的全球和地区安全有效架构，加强相互协作和平解决和预防国际争端。

成员国将继续共同努力维护国际安全和稳定，维护和平，加强地区信任。成员国将在尊重国际法和照顾各自国家利益基础上，在国际事务中相互支持，交换信息，确定共同立场。

成员国愿继续在联合国和其他共同参加的国际组织和多边机制内就共同关心的广泛问题保持一致立场，及时对直接影响上合组织地区稳定与安全的国际事件做出反应。

上合组织不接受在解决迫切的国际和地区问题时采取意识形态化和对抗的立场，其活动仍然是复杂多变世界中，非集团多边组织有效维护国际安全的榜样。上合组织对同世界各国和国际组织合作巩固国际和地区安全、促进经济社会持续发展、扩大文化和人文交流持开放态度。

成员国将一如既往地支持通过政治和外交手段解决国际地区问题和冲突。

成员国将在裁军、军控、核不扩散、和平利用核能，以及通过政治外交途径应对防扩散机制面临的地区挑战等方面开展协作，并支持国际社会的相关努力。成员国将努力巩固防止大规模杀伤性武器扩散和军控机制，包括严格遵守和强化《不扩散核武器条约》（1968 年），推动《全面禁止核试验条约》（1996 年）生效，扩大《关于禁止发展、生产、储存和使用化学武器及销毁此种武器的公约》（1993 年）及《禁止细菌（生物）及毒素武器的发展、生产及储存以及销毁这类武器的公约》（1972 年）的普遍性。

成员国主张《中亚无核武器条约议定书》尽快对各方生效，支持缔结为无核武器国家提供安全保证的国际多边法律文件，呼吁所有核大国放弃在其他国家境内部署自己的核武器。

成员国支持和平利用外空，反对在外空部署武器并推动起草具有法律约束力的条约，推动制定并自愿履行外空活动透明与信任措施。

成员国将对国际经济关系中的问题进行协商，努力建立考虑所有参与方现实利益、确保所有国家平等享受全球化成果的更加公正的国际金融秩序。

成员国将在人权领域开展协作，采取共同步骤应对国际论坛上人权问题的政治化和对抗气氛，遵循平等合作原则、尊重当代世界文化和文明多样性，推动国际社会同等重视包括发展权在内的各类人权。

成员国将在尊重各国主权原则的基础上，根据成员国法律和国际条约开展法律、司法协助方面的合作。

安全合作

成员国决心践行共同、综合、合作、可持续安全理念，建立不可分割的安全空间，同国际和地区组织、论坛相配合，共同应对新威胁新挑战。

成员国将继续进一步扩展合作，以及时有效应对本地区安全面临的威胁和挑战。

上合组织在维护地区安全与稳定方面的优先任务仍然是打击恐怖主义、分裂主义、极端主义，打击非法贩运毒品、武器、弹药和爆炸品、核及放射性材料以及其他大规模杀伤性武器相关物品、跨国有组织犯罪，维护国际信息安全，巩固边界安全，共同打击非法移民、贩卖人口、洗钱、经济犯罪和腐败。成员国将定期交换情报并共同分析地区形势，举行主管机关双、多边教学及科研活动。大力完善应对威胁和挑战快速反应机制，包括充分发挥《上海合作组织关于应对威胁地区和平、安全与稳定事态的政治外交措施及机制条例》潜力。

成员国将全面支持联合国框架下的国际反恐合作，包括落实《联合国全球反恐战略》。

吸收上合组织观察员国和对话伙伴共同参与，深化同有关国家和国际组织的交流是加强本组织安全合作的重要手段。

成员国将在现有法律文件基础上定期通过打击恐怖主义、分裂主义、极端主义的专门纲要，包括采取系列措施预防、发现、消除"三股势力"，合作调查、抓捕、引渡、移交"三股势力"嫌疑人、犯罪分子及被判刑人员，开展联合侦查行动，相互提供技术和物质援助。

成员国将着重在打击国际恐怖组织方面开展合作，包括打击煽动成员国公民加入恐怖主义、分裂主义、极端主义组织，同相关国际组织或地区机构合作，查明和阻断接受恐怖主义训练并随国际恐怖组织参加第三国境内武装冲突的人员流动渠道，查明接受过培训或同国际恐怖组织一道参加武装冲突后返回上合组织成员国的人员。

成员国将共同防止极端和分裂思想扩散，首先是在青年人中的扩散，联合开展对宗教极端思想、侵略性民族主义、排斥不同民族和种族、排外思想、法西斯主义和沙文主义的预防工作。为此，成员国将商签反极端主义公约。除执法机关协作外，还将特别重视凝聚教育机构、媒体、科研中心、宗教团体、非政府组织的力量。

成员国将进一步加强本组织地区反恐怖机构打击恐怖主义、分裂主义和极端主义工作。

成员国将依据落实 2004 年《上海合作组织成员国关于合作打击非法贩运麻醉药品、精神药物及其前体的协议》以及《2011—2016年上海合作组织成员国禁毒战略》的经验，继续加强在禁毒方面的合作。重点是开展打击非法贩运毒品及易制毒化学品的联合行动，提高执法部门人员水平，提供技术设备支持，深化减少毒品需求的合作，举行教学及科研实践活动。

成员国将制定禁毒专项计划，在监测、铲除非法种植毒品原植物方法、技术方面加强研究和交流，开展禁毒宣传。这些工作应考虑列入上合组织成员国下阶段禁毒战略及其落实行动计划。

反洗钱是上合组织的重要工作方向。本组织拟加大同反洗钱金融行动特别工作组、欧亚反洗钱与反恐融资小组的合作。

成员国尊重边界不可侵犯原则，不在周边地区谋求单边军事优势，为把共同边界打造成和平和友谊地带积极开展合作。

为预防并应对成员国面临的政治、经济和社会安全威胁，上合组织致力于建立共同维护信息空间安全的有效机制。

成员国将根据 2009 年签署的《保障国际信息安全政府间合作协定》等法律文书，加强网络监管合作，遏制"三股势力"利用互联网从事破坏本地区和各国安全稳定的活动。为此，成员国将健全打击网络恐怖主义、应对网络威胁的合作机制。

上合组织将致力于在联合国通过《信息安全国际行为准则》，在此基础上继续与国际社会其他成员一道，在信息通信技术领域建立统一的国际调控机制，开展包括提高成员国专家技能等方向的合作。

当前，保护民众和领土免受突发事件威胁日益重要。为此，成员国将根据 2005 年签署的上合组织成员国政府间救灾互助协定，在预防和消除因自然或人为因素造成的突发事件方面开展协作。

成员国认为，打击非法移民是共同维护安全的重要方向之一。成员国将采取措施，制定在该领域开展有效合作的法律文件。

成员国将为国际社会和联合国保障经济、金融、能源、粮食等各领域安全的共同努力做出贡献。

成员国将采取切实措施，确保共同使用的交通、通信、能源领域基础设施安全稳定运营。

经贸合作

经济合作是维护上合组织地区稳定的重要因素，也是本组织实现长期稳定的手段之一。开展该领域合作有助于促进成员国经济发展，提高人民生活水平。

上合组织将促进各成员国和谐发展，以维护本地区经济平衡增长。

成员国将采取旨在进一步扩大上合组织地区经贸互利合作的协调措施，包括建立有利的投资和营商环境，支持实业倡议，落实优先领域合作项目，发展基础设施。

成员国将采取协调措施，在互利共赢基础上开展产能合作。

成员国将在融入世界经济进程中相互支持，力争把全球化和国际经济危机对本国经济造成的消极影响降至最低。

成员国将采取切实措施落实上合组织框架下的经济和投资项目。成员国将根据需要更新多边经贸合作纲要落实措施计划，制定下一阶段推动上合组织项目合作措施清单。

为落实领导人业已达成的共识，为本组织项目融资提供保障，成员国将继续就建立上合组织开发银行和上合组织发展基金(专门账户)开展工作。

成员国支持上合组织实业家委员会和银联体积极参与上合组织地区经贸合作项目的遴选和落实，首先是在经济创新领域。

成员国欢迎观察员国、对话伙伴政府机构和实业界参与项目合作。

成员国将加强金融领域合作，交流经验和信息，努力为发展本组织金融服务市场、吸引投资、完善支付结算及其他金融业务创造有利条件。

成员国将继续完善现有经贸合作机制，提高协调能力，包括借鉴国际先进经验。

成员国将促进创新领域互利合作，包括开展中小企业合作，实施边境和跨区域合作项目，建立合资企业。

为交流先进经验、开展企业家合作，成员国将继续联合举办企业家论坛、展览、研讨会，以促进成员国中小企业同科研机构合作，落实创新技术成果。

成员国将采取措施推动 2014 年签署的《上合组织成员国政府间国际道路运输便利化协定》尽快生效并切实落实该协定。

成员国将采取措施发挥上合组织跨境运输潜力，构建地区跨境交通和运输走廊。合作的重要方向是促进基础设施和物流现代化，包括扩大上合组织地区国际物流中心网和构建交通干线沿线的产业集群。

成员国将在能源领域开展各类互利合作，包括可再生与替代能源利用。

在发展地区信息通信技术方面，成员国将遵守公认的、国际电信联盟批准的标准，以及电信服务的兼容性和广泛性原则。

为实施 2013 年签署的《上合组织成员国政府间科技合作协定》，成员国将优先制定共同感兴趣的创新合作计划和项目，完善条约法律基础，包括制定和执行上合组织科技伙伴计划。成员国将开展科技创新对话、科技成果交流。

成员国将加强在先进环保技术、可再生和清洁能源、节能等领域的合作，以促进可持续发展。

农业是成员国合作的优先方向之一。农产品生产与加工的高科技联合项目、在粮食等农业领域运用创新科技将被给予特殊关注。为开展农工综合体领域的先进经验和技术交流，将共同举行论坛、展览、学术实践性课程、研讨会、科研等活动。

海关领域是重要合作方向。合作包括：保护知识产权，交换跨境货物和运输工具信息，在发展和应用风险管理系统方面开展合作，打击违反海关法活动，按照职业教育和干部进修等规划培训海关人员。

文化人文合作

成员国将努力为发展科技、教育、文化、卫生、旅游合作、深化社会团体与民间交往创造有利条件。

成员国将不断通过双边和多边方式扩大教育、科研机构的联系，实施共同感兴趣的科研项目和规划。

落实 2007 年签署的《上海合作组织成员国政府间文化合作协定》将得到特别重视。

成员国将在上合组织地区文化与自然遗产研究与保护方面开展合作，包括"丝绸之路"历史沿线，防止盗窃文化珍品及其非法进出境、建立古文物清单和数据库、培训文物保护专家、艺术品复原、科技与艺术鉴定、博物馆规划、非物质文化遗产研究、民俗学、现代艺术与媒体文化、电影、戏剧、艺术经济学和艺术社会学及文化政策研究方面开展合作。

作为多民族、多宗教社会，成员国重视维护国内不同民族和宗教间的和谐，巩固各民族、宗教和谐共存的悠久传统，开展有观察员国、对话伙伴参与的跨文明对话。

在上合组织框架内开展卫生合作的迫切性不断上升，包括在传染病防治、流行病监测、营造预防慢性非传染性疾病的良好环境以及妇幼保健等方面开展合作。成员国将在医药制品药物制剂、医疗产品的安全性和有效性方面进行协作。成员国专家学者将就医学技术研发、成果转移以及先进临床医疗经验进行交流。

卫生领域合作提升至相应水平将有利于保障上合组织地区的生物安全。进一步增加旅游团组、提升旅游服务品质是旅游业的主要任务。为此，成员国将交流国家旅游政策和经验，扩大主管机关和行业组织之间的联系，举办旅游展会，开辟新的旅游线路，定期交换旅游市场、旅游资源信息。

成员国将在旅游部门领导人会议框架内开展协作，制定该领域合作文件。

成员国重视环保、生态安全、应对气候变化消极后果领域合作，将继续制定上合组织成员国环保合作构想及行动计划草案，举办成员国环境部长会议，为交流环保信息、经验与成果创造条件。

成员国将开展非政府组织、非商业机构及民间的人文交流。在上合组织内建立睦邻友好合作委员会或具有类似职能的机制将有助于上述交流。

上合组织论坛这一多边公共性的专家咨询机制旨在为上合组织活动提供学术支持，发展上合组织成员国、观察员国和对话伙伴科研和政治研究中心的相互合作。论坛将继续发挥重要作用，并将提高其活动的实际成果。

新闻领域

上合组织新闻工作的一项重要任务是，在成员国公民心目中，以及国际和本地区塑造良好的正面的形象。这有助于拉近成员国及其人民间距离，加强他们之间的睦邻与信任。

成员国将促进媒体间的联系与交流，定期向媒体提供上合组织日常工作、政治、经济、人文成就的最新消息，并向国际媒体介绍上合组织的活动。

开放和伙伴关系政策

上合组织对于感兴趣且符合上合组织法律文件规定标准和条件的国家是开放的，有关文件包括《上合组织接收新成员条例》、《关于申请国加入上合组织义务的备忘录范本》。

成员国认为，只有汇集整个地区的力量，才能对本地区安全稳定挑战作出有效反应，积极推动上合组织区域的经济和人文合作。

　　上合组织扩员反映了本组织宪章中规定的开放性原则。新成员加入上合组织进程将以申请国严格遵守和履行本组织条约法律规定的义务为基础。成员国可在必要时同申请国举行双边磋商，就彼此关切达成谅解。

　　观察员国和对话伙伴的参与是上合组织工作的重要组成部分。获得观察员国地位的国家将继续受邀参加成员国元首理事会、政府首脑（总理）理事会和各部门领导人会议等公开会议。将积极邀请对话伙伴参加共同感兴趣且合作备忘录中规定领域的部级和专家会议。

　　观察员国和对话伙伴同上合组织成员国主管部门开展打击恐怖主义、分裂主义、极端主义、非法贩运毒品及其他形式的跨国有组织犯罪方面的合作有助于加强安全领域协作。

　　以灵活形式参与上合组织合作项目有助于观察员国和对话伙伴参加经贸和文化、人文合作。

　　同时，本组织将完善同观察员国和对话伙伴的定期磋商机制，以加强与这些国家的关系，提高各领域协作的实际成果。

　　上合组织深化与观察员国和对话伙伴合作，将为今后上合组织地区巩固和平安全、发展互利合作的伙伴关系体系创造前提条件。

国际合作

　　本组织将努力扩大国际联系，以进一步提高在新的国际和地区格局中的作用，增强国际威望。

　　在 2010 年签署的《上海合作组织秘书处和联合国秘书处合作联合声明》基础上，首先就维护国际和平安全、促进发展等问题同联合国开展协作具有优先意义。

打击恐怖主义、非法贩运毒品、落实《联合国全球反恐战略》、在上合组织《信息安全国际行为准则》草案基础上就维护国际信息安全开展工作，将是优先合作方向。

成员国确信，联合国应该在国际事务中发挥中心协调作用，支持提高其机制效率，包括对安理会进行改革，以保证对当前面临的挑战、变化的政治和经济现实作出相应反应，维护国际和平与安全。成员国认为，联合国安理会改革应增加其代表性和效率，通过最广泛协商，寻求"一揽子"解决方案，维护联合国会员国团结，不应人为设定时限，强行推动尚未获得会员国广泛支持的方案。

上合组织将加强同联合国毒品和犯罪问题办公室的协作关系。在经贸领域，首先是发展交通基础设施、为国际道路运输创造便利条件方面，联合国亚太经社会仍将是上合组织的重要伙伴。

上合组织愿与联合国其他部门、专门机构和机制建立正式关系，并开展务实合作。

上合组织作为国际组织，将根据《联合国宪章》第八章和《上海合作组织宪章》，为维护地区和平安全稳定继续发挥积极作用。

上合组织与一些国际和地区组织建立了正式联系，成员国将进一步扩大与上述组织的对话、交流与协作。

同地区一体化组织建立联系、开展务实合作是上合组织对外政策的重要方面，包括签署合作文件。

成员国确信，坚定实施本战略将加强上合组织作为维护地区安全稳定、促进成员国经济合作、提高国民福祉的团结高效多领域国际组织的地位。至2025年，上合组织在国际和地区格局中的地位必将更加巩固，为建设民主的、多极化的国际关系体系做出积极贡献。

上海合作组织成立十五周年塔什干宣言

上海合作组织成员国元首，根据 2016 年 6 月 24 日在塔什干举行的上海合作组织成立十五周年元首理事会会议成果，声明如下：

2001 年 6 月 15 日关于成立上海合作组织的历史决定，是成员国为积极促进地区和平与共同发展、深化睦邻友好与伙伴关系、增进相互尊重与信任气氛作出的重要战略抉择。15 年来，上海合作组织已跻身具有威望和影响力的国际和地区组织之列，成为当代国际关系体系中保障安全、稳定和可持续发展的有效因素。体现本组织根本原则和理念的"上海精神"是上海合作组织顺利发展的独特源泉，是发展国家间关系、应对全球威胁和挑战、解决国际分歧的重要指针。

成员国遵循《上海合作组织宪章》《上海合作组织成员国长期睦邻友好合作条约》《上海合作组织至 2025 年发展战略》及其他本组织基础性文件，秉持"互信、互利、平等、协商、尊重多样文明、谋求共同发展"的"上海精神"，继续保持建设性和相互信任的伙伴关系。上海合作组织遵循不结盟、非意识形态化、不对抗的立场解决国际和地区重大问题。

上海合作组织建立了行之有效的制度基础，组织机构高效运转，为落实《上海合作组织宪章》在政治、经济、人文、安全领域确定的目标和任务持续开展系统性工作。

在应对新的威胁和挑战，特别是打击恐怖主义、分裂主义和极端主义、非法贩运毒品和武器及其他形式的跨国有组织犯罪方面，上海合作组织建立了各级别定期会议机制和坚实的条约法律基础，以协调成员国间的务实合作。

在加强经济和人文关系方面合作成果丰硕，在贸易、投资、项目合作、文化、科技、应对自然灾害和生产事故以及其他领域，通过和落实发展合作的长期纲要和计划。

成员国恪守《上海合作组织宪章》规定的不针对其他国家和国际组织等原则，积极加强同其他国家及国际和地区组织的联系与合作。

同阿富汗、白俄罗斯、印度、伊朗、蒙古国、巴基斯坦等观察员国，阿塞拜疆、亚美尼亚、柬埔寨、尼泊尔、土耳其、斯里兰卡等对话伙伴相互协作，同联合国及其专门机构建立和保持伙伴关系，并同其他国际和地区机制开展合作。

上海合作组织一贯奉行开放原则，杜尚别峰会制定了规范上海合作组织扩员程序的法律基础。根据乌法峰会决议，正在履行接收印度共和国和巴基斯坦伊斯兰共和国成为上海合作组织成员国的程序。

国际形势快速变化，地缘政治紧张加剧，恐怖主义、分裂主义和极端主义活动规模扩大，给整个国际关系体系带来负面影响。

在此背景下，联合国仍是为维护全球安全发挥主导作用的普遍性国际机构和解决国家间及国际问题的主要平台。成员国重申，支持巩固联合国在国际关系中的核心作用。

成员国将继续遵守《联合国宪章》宗旨、原则和公认的国际法，

特别是维护国际和平与安全、开展国际合作、维护独立与平等、自主
选择社会制度和发展道路、相互尊重主权和领土完整、边界不可侵
犯、互不侵犯、互不干涉内政、和平解决争端、不使用武力或以武力
相威胁等原则。

成员国重申，决心恪守《上海合作组织成员国长期睦邻友好合作
条约》条款，继续在共同关心的领域加强睦邻友好关系，包括使各国
之间的边界成为永久和平与友好的边界。

成员国支持进一步加强联合国安理会在维护国际和平与安全中的
关键地位，支持就其改革进行广泛协商，寻求"一揽子"解决方案，
以提高该机构透明度和工作效率。坚持维护联合国会员国团结的利
益，不人为设置时间表，不强行推动未得到联合国会员国广泛支持的
方案。

成员国指出，阿富汗早日实现和平稳定是维护和加强本地区安全
的重要因素。

成员国支持通过推动"阿人主导，阿人所有"的包容性民族和解
进程解决阿富汗内部冲突。联合国应在阿问题国际合作中发挥中心协
调作用。

成员国强调，应根据《联合国宪章》的原则和公认的国际法准则，
尽快稳定西亚北非局势，寻求政治解决危机。

各方重申，必须维护叙利亚的统一、主权、领土完整和稳定，政
治解决危机、使叙利亚人民自主决定命运是结束冲突的唯一选项。

成员国重申，在认真落实 2015 年 2 月 12 日达成的明斯克协议基
础上政治解决乌克兰危机十分重要。

成员国确认，应在包括《联合国海洋法公约》在内的国际法原则

基础上维护海洋法律秩序。所有有关争议应由当事方通过友好谈判和协商和平解决，反对国际化和外部势力干涉。为此，成员国呼吁恪守上述公约、《南海各方行为宣言》及落实宣言后续行动指针全部条款。

成员国将根据共同、平等和不可分割安全原则，继续在裁军、军控、核不扩散、和平利用核能方面开展合作，通过政治外交手段应对核不扩散机制面临的地区挑战。成员国恪守《不扩散核武器条约》，全面持续推动该条约所有宗旨及原则。

成员国认为，《中亚无核武器区条约》议定书尽快对各方生效将为巩固全球核不扩散机制、维护地区和国际和平与稳定作出重要贡献。

成员国欢迎关于伊朗核问题的《联合全面行动计划》开始切实落实，认为该文件的顺利执行有利于扩大国际合作，促进地区内外的和平、安全与稳定。

成员国重申，个别国家或国家集团，不顾及其他国家利益，单方面无限制地加强反导系统将危害国际和地区安全与稳定。成员国坚信，实现自身安全不应以损害其他国家安全为代价。

成员国强调，防止外空武器化对确保各方平等和不可分割安全、维护全球稳定十分重要，支持采取切实措施防止外空军备竞赛，制定禁止在外空放置武器的国际协议是主要措施。

成员国支持为通过制定法律措施强化《禁止生物武器公约》制度所作出的努力和提出的倡议。

成员国对恐怖组织获得大规模杀伤性武器，包括将化学和生物武器用于恐怖主义目的等威胁不断增长深表关切，支持制定打击化学和生物恐怖主义行为国际公约的倡议。

成员国呼吁国际社会在相互合作、尊重国家主权和不干涉他国内政原则基础上构建和平、安全、公正、开放、合作的网络空间。成员国支持在联合国框架内制定网络空间负责任国家行为的普遍规范、原则和准则。成员国将继续加强合作，阻止恐怖和极端组织利用信息技术从事违法破坏活动，共同打击利用信息技术犯罪，致力于在联合国框架内制定相应的普遍性法律文件。

成员国将进一步深化合作，切实落实《上海合作组织成员国保障国际信息安全政府间合作协定》。

在此背景下，成员国愿加强互联网管理合作，支持所有国家平等管理互联网的权利，特别是支持保障各国管理本国互联网的主权权利。

成员国特别强调，国际恐怖主义和极端主义，包括宗教极端主义和其他表现形式，对世界各国乃至整个人类文明构成的威胁日益严峻。

成员国坚信，国际社会只有在国际法的坚实基础上采取统一协调措施，综合施策，标本兼治，合力打击，才能战胜和消除这一邪恶势力。

在打击恐怖主义、分裂主义、极端主义及应对其他新威胁和新挑战背景下，上海合作组织成员国支持尽快通过联合国全面反恐公约。

成员国强调，为在新形势下扩大反恐合作创造条件，应同国际和地区组织、上海合作组织观察员国和对话伙伴以及其他国家形成一致的政治立场并开展协作。

成员国愿同多边反恐力量团结一致，支持在联合国主导下，采取协调行动共同打击恐怖组织。

成员国重申，打击各种形式的恐怖主义、分裂主义、极端主义，打击非法生产和贩运毒品、买卖武器弹药和爆炸物、扩散大规模杀伤性武器及其运载工具，仍然是上海合作组织框架内合作的优先任务之一。

成员国强调，塔什干峰会关于开展安全合作的共识十分重要。

　　成员国主张进一步开展密切合作，打击恐怖主义、分裂主义和极端主义，防止极端思想扩散，特别是在青年人中扩散，预防民族、种族、宗教歧视以及排外思想。为此，成员国将根据上海合作组织成员国元首理事会 2015 年 7 月 10 日决议，继续《上海合作组织反极端主义公约》制定工作。该公约将与《打击恐怖主义、分裂主义和极端主义上海公约》《上海合作组织成员国打击恐怖主义、分裂主义和极端主义 2016 年至 2018 年合作纲要》一起，巩固该领域合作法律基础。

　　打击跨国有组织犯罪和现代信息技术犯罪，巩固边境安全，联手打击非法移民、人口贩运、洗钱、资助恐怖主义和经济犯罪，仍是上海合作组织迫切议题。为此，切实落实 2010 年 6 月 11 日签署的《上海合作组织成员国政府间合作打击犯罪协定》十分重要。

　　成员国注意到在纽约举行的联合国大会世界毒品问题特别会议成果，将在上海合作组织通过的国际法律文件基础上，继续就在本地区打击非法贩运麻醉药品、精神药物及易制毒化学品开展务实合作。

　　成员国支持进一步加强上海合作组织地区反恐怖机构打击恐怖主义、分裂主义和极端主义工作。

　　成员国对日益严峻的国际毒品威胁深表关切，重申坚决支持维护和巩固以联合国三大禁毒公约为基础的现行国际麻醉品监管体系。成员国认为，在联合国的中心协调作用下，在综合平衡、广泛且责任共担原则基础上，共同努力消除全球毒品生产十分重要，包括铲除毒品原植物的非法种植及其生产加工，建立应对新型合成毒品及其他精神活性物质的有效法律体系，并加强吸毒人员康复领域合作，有效减少毒品需求。

　　成员国指出，世界经济仍然受到国际金融危机后果的影响，导致总需求萎缩、主要大宗商品价格剧烈波动、世界经济增长缓慢等不良后果。为应对当前威胁和挑战，各国应通过大规模结构改革，实现多元化，提高经济长期竞争力和创新发展，推动世界经济深度变革。

成员国指出，上海合作组织成立 15 年来，经贸往来和投资合作形成巨大潜力，区域经济合作发展势头良好，合作机制不断完善。成员国认为，上海合作组织地区的和谐发展符合本地区经济平衡增长的整体利益。为此，成员国将采取进一步扩大上海合作组织框架内互利经贸合作的协调措施，包括为贸易、相互投资和实业界合作创造便利条件。

成员国重申，切实落实 2015 年 12 月 15 日在郑州通过的《上海合作组织成员国政府首脑（总理）关于区域经济合作的声明》中达成的共识十分重要。

在此背景下，成员国将谋求各国发展战略对接，加强协调各国经贸规划。成员国认为，采取措施保障社会经济稳定增长，提高人民福祉和生活水平，进一步深化在贸易、产能、财政、投资、农业、海关、通信、卫星导航及其他符合共同利益领域的合作十分重要。各方将特别重视就有效应对经济下行交流经验，使用创新技术，创造便利的投资和营商环境，在优先合作领域实施长期互利项目，发展基础设施。

成员国重申支持中华人民共和国关于建设丝绸之路经济带的倡议，将继续就落实这一倡议开展工作，将其作为创造有利条件推动区域经济合作的手段之一。

成员国指出，在可再生和替代能源利用等能源领域继续开展多方面互利合作十分重要。

成员国将推动交通领域多边合作，促进构建国际运输走廊，打造连接亚洲和欧洲的枢纽，共同实施基础设施项目，扩大具有经济可行性的互联互通潜能，释放地区过境运输潜力。为此，成员国认为2014年9月12日在杜尚别签署的《上海合作组织成员国政府间国际道路运输便利化协定》尽快生效和落实十分重要。

成员国将集中力量实施《上海合作组织成员国多边经贸合作纲要》落实措施计划中规定的共同关心的具体项目，以及制订《2017—2021年上海合作组织进一步推动项目合作的措施清单》。

成员国赞同进一步扩大同观察员国和对话伙伴的互利合作，以提高上海合作组织合作潜力。为此，充分利用上海合作组织实业家委员会和银行联合体具有重要意义。

为保障项目融资，成员国将继续研究建立上海合作组织开发银行和发展基金（专门账户）问题。

成员国特别关注在文化、卫生、科技、教育、环保、体育和旅游领域发展双多边合作，共同研究和保护上海合作组织地区，包括在丝绸之路沿线的文化和自然遗产。

成员国重申，上海合作组织对于符合本组织法律文件中规定的准则和条件的相关国家是开放的。本次峰会期间签署的关于印度共和国和巴基斯坦伊斯兰共和国加入上海合作组织义务的备忘录，是上海合作组织扩员进程中迈出的切实步骤。

成员国认为，印度和巴基斯坦获得成员国地位将扩大本组织潜力，提升其作为解决地区当前重大问题、保障安全稳定和可持续发展的多边机制在国际舞台上的作用。

成员国将深化同与上海合作组织建立正式联系的国际和地区组织的互利对话与协作，并扩大对外交往，以便进一步构建2004年塔什干峰会期间成员国元首提出的多边伙伴体系。

成员国在相互尊重、睦邻友好原则的基础上，致力于维护和平、共同发展和平等关系，将继续开展建设性和互信对话，深化各领域有效合作，为加强上海合作组织地区安全稳定和可持续发展贡献力量。

哈萨克斯坦共和国总统	纳扎尔巴耶夫
中华人民共和国主席	习近平
吉尔吉斯共和国总统	阿坦巴耶夫
俄罗斯联邦总统	普京
塔吉克斯坦共和国总统	拉赫蒙
乌兹别克斯坦共和国总统	卡里莫夫

2016 年 6 月 24 日于塔什干

附件 5：

根据俄通社塔斯社材料编撰的
《上海合作组织大家庭》

上海合作组织是地区国际组织，正式成员国包括俄罗斯、中国、哈萨克斯坦、吉尔吉斯斯坦、塔吉克斯坦、乌兹别克斯坦、印度、巴基斯坦(注)。观察员国有蒙古、伊朗、阿富汗、白俄罗斯(阿塞拜疆、亚美尼亚、孟加拉国、叙利亚和斯里兰卡申请成为观察员国)。伊朗和阿富汗申请成为正式成员。

上海合作组织对话伙伴国有亚美尼亚、阿塞拜疆、柬埔寨、尼泊尔、土耳其和斯里兰卡。成员国：

哈萨克斯坦共和国

上海合作组织创始国，2001 年 6 月 15 日成立该组织的宣言签署国之一。在此之前，自 1996 年以来是"上海五国"的成员，2000 年以来，是"上海论坛"成员。

"上海合作组织集伊斯兰教、基督教和儒家文明为一体，是东欧至亚洲南部边界巨大空间有效合作、和谐与相互理解的当之无愧的榜样……上海合作组织代表着决定未来我们地区面貌和性质的国际关系的新文化。"

——哈萨克斯坦总统纳扎尔巴耶夫 2006 年 6 月 15 日在上海举行的上海合作组织成员国元首理事会会议上的发言

哈萨克斯坦基本信息：

人口（2014 年）：1730 万

首都：阿斯塔纳

国家制度：总统制；建立于 1990 年 4 月 24 日；国家总统是努尔苏丹·阿比舍维奇·纳扎尔巴耶夫。

国内生产总值（2014 年）：761.39 亿美元

国内生产总值年均增长率（2010 至 2014 年）：6.04%

出口（2015 年）：矿产品，包括石油和凝析气（71.6%）、金属及其制品（13.1%）、化工产品（7.1%）。

进口（2015 年）：机器和设备（40.6%）、化工产品（14.9%）、金属机器制品（13.2%）。

主要对外经济伙伴（2015 年）：最大的出口伙伴是意大利、中国、荷兰、俄罗斯；最大的进口伙伴是俄罗斯、中国、德国。

哈萨克斯坦参加上海合作组织各个方面的活动。该共和国代表多次提出各种倡议。2011 年哈萨克斯坦总理卡里姆·马西莫夫向上海合作组织成员国建议成立国际储备银行。2013 年 12 月 6 日，哈萨克斯坦签署了建立上海合作组织能源俱乐部备忘录。2014 年 9 月 12 日，哈萨克斯坦总统努尔苏丹·纳扎尔巴耶夫在杜尚别举行的上海合作组织峰会上提出，有必要建立上海合作组织协调委员会，取代现有的该组织国家协调员和观察员国代表的会晤机制。2016 年 3 月 15 日，哈萨克斯坦批准了上海合作组织成员国边界合作互助协议。

吉尔吉斯共和国

上海合作组织创始国。2001 年 6 月 15 日成立该组织的宣言签署国之一。在此之前，自 1996 年以来是"上海五国"的成员，2000 年以来，是"上海论坛"成员。

"今天我们可以满怀信心地说，上海合作组织是重要的、有影响的国际组织，其任务是在维护地区和平与稳定，加强贸易、经济、文化和人文合作方面制定相互协作的有效机制。"

——吉尔吉斯共和国总统阿尔马兹别克·阿坦姆巴耶夫 2012 年 6 月 4 日对中华人民共和国通讯社新华社的谈话

吉尔吉斯斯坦基本信息：

人口（2014 年）：584 万

首都：比什凯克

国家制度：议会—总统制共和国；2011 年 12 月 1 日起，国家总统由索隆拜·热恩别科夫担任。

国内生产总值（2014 年）：74.04 亿美元

国内生产总值年均增长率（2010 至 2014 年）：4%

出口（2015 年）：黄金（50%）、食品和烟草制品（11.5%）、机器和运输设备（11.4%）。

进口（2015 年）：各种用途的工业品（32%）、矿产品（20%）、机器和设备（19%）。

主要对外经济伙伴（2015 年）：出口方面是瑞士、哈萨克斯坦、俄罗斯；进口方面是俄罗斯、中国、哈萨克斯坦。

吉尔吉斯斯坦在上海合作组织框架内主要的合作方向是安全和经济，首要的是在运输和水电领域吸引投资。吉尔吉斯斯坦倡导成立上海合作组织地区反恐机构。目前，该共和国正与上海合作组织伙伴们讨论在该国领土上建立一系列大型经济项目的可能性。其中之一是建造连接吉尔吉斯斯坦北部与南部的铁路。2016 年 6 月 1 日，吉尔吉斯斯坦议会批准了上海合作组织成员国边界合作协议。

中华人民共和国

上海合作组织创始国。2001 年 6 月 15 日成立该组织的宣言签署国之一。在此之前，自 1996 年以来是"上海五国"的成员，2000 年以来，是"上海论坛"成员。

"贯穿上海合作组织发展全过程的'上海精神'成为保障发展和加强该组织的宝贵财富……现在我们全球正在经历大发展、大变动和大改造时期，世界各国都面临空前未有的机遇和挑战……我们准备遵循'上海精神'，共同利用机遇和迎接挑战，朝着一个方向，创造与革新，建设新的地区合作模式。"

——2012 年 6 月 6 日中华人民共和国主席胡锦涛对上海合作组织成员国主要新闻媒体发表的谈话

中国基本情况

人口（2014 年）：13.64 亿

首都：北京

国家制度：社会主义共和国，自 2013 年 3 月 14 日以来，中华人民共和国主席是习近平。

国内生产总值（2014 年）：10.354 万亿美元

国内生产总值年均增长率（2010 至 2014 年）：8.6%

出口（2015 年）：机器和运输设备（50.2%）、纺织和针织品（8.4%）、化工产品（8.1%）。

进口（2015 年）：机器和运输设备（46.6%）、矿物燃料（11.9%）、化工产品（9.5%）。

主要对外经济伙伴（2015 年）：出口方面是美国、日本；进口方面是美国、日本。

中国参加上海合作组织所有形式的合作。特别重视安全问题。主张在上海合作组织地区反恐机构的基础上，建立应对地区挑战和威胁的中心。2013 年 12 月 6 日，中国签署了成立上海合作组织能源俱乐部的备忘录。2015 年 12 月，中国国务院总理李克强表示，上海合作组织成员国将讨论建立自由贸易区问题。

俄罗斯联邦

上海合作组织创始国。2001 年 6 月 15 日成立该组织的宣言签署国之一。在此之前，自 1996 年以来是"上海五国"的成员，2000 年以来，是"上海论坛"成员。

"上海合作组织的基础具有明确和清楚的原则，其中包括互相信任、公开讨论任何问题、在没有压力的情况下、通过协商解决问题……在重新提起所谓国家间文化和文明差异不能克服的今天，上海合作组织在欧亚空间作出了平等伙伴关系的优秀典范。这一伙伴关系的战略目标是加强地区安全与稳定、促进经济发展和一体化进程、保持各国民族和文化的独特性。"

——2006 年 6 月 14 日，俄罗斯联邦总统弗拉基米尔·普京在《俄罗斯报》发表题为《上海合作组织是顺利发展国际合作的新模式》

俄罗斯基本情况

人口（2014 年）：1.46267 亿

首都：莫斯科

国家制度：总统制共和国，自 2012 年 5 月 7 日以来，国家总统是弗拉基米尔·弗拉基米罗维奇·普京。

国内生产总值（2014 年）：1.86 万亿美元

国内生产总值年均增长率（2010 至 2014 年）：2.86%

出口（2014 年）：矿物产品（70.5%）、贵重金属及其制品（10.6%）、化工产品（5.9%）。

进口（2014 年）：机器、设备和运输工具（47.6%）、化工产品和焦炭（16.2%）、食品和农业原料（13.9%）。

主要对外经济伙伴（2014 年）：出口方面是荷兰、德国、中国；进口方面是中国、德国、美国。

俄罗斯参加上海合作组织框架内所有形式的合作。与上海合作组织合作是俄罗斯在亚太地区对外政策的主要方向之一。俄罗斯联邦在上海合作组织的优先方向是：该组织的政治团结、制定对迫切国际问题的共同立场、扩大与主要多边国际组织和联合体，首先是与联合国的务实协作。2006 年俄罗斯联邦总统倡导建立上海合作组织能源俱乐部(相关备忘录于 2013 年 12 月 6 日签署)。2015 年弗拉基米尔·普京总统建议在上海合作组织地区反恐机构基础上，建立一个应对上海合作组织成员国面临的安全威胁与挑战的中心。

塔吉克斯坦共和国

上海合作组织创始国。2001 年 6 月 15 日成立该组织的宣言签署国之一。在此之前，自 1996 年以来是"上海五国"的成员，2000 年以来，是"上海论坛"成员。

"上海合作组织的潜力巨大。我们的共同任务是充分发掘其潜力，造福于成员国人民。"

——2014 年 9 月 12 日，塔吉克斯坦总统埃莫马利·拉赫蒙在杜尚别举行的上海合作组织峰会结果吹风会上的讲话

塔吉克斯坦基本情况

人口（2014 年）：830 万

首都：杜尚别

国家制度：总统制共和国，自 1994 年 11 月 16 日以来，国家总统是埃莫马利·拉赫蒙。

国内生产总值（2014 年）：92.42 亿美元

国内生产总值年均增长率（2010 至 2014 年）：7.1%

出口（2015 年）：非贵重金属及其制品（26.1%）、贵重和半贵重宝石、金属及其制品（23.3%）、矿物产品（22.9%）。

进口（2015 年）：机器、设备和运输工具（21.7%）、矿物产品（16.6%）、植物产品（11.2%）。

主要对外经济伙伴（2015 年）：出口方面是土耳其、瑞士、哈萨克斯坦、中国；进口方面是俄罗斯、中国、哈萨克斯坦。

塔吉克斯坦在上海合作组织内的主要合作方向是安全和经济。2013 年 12 月 6 日，塔吉克斯坦签署了建立能源俱乐部的备忘录。2014 年 5 月，塔吉克斯坦总统战略研究中心举行了题为《上海合作组织保障地区安全：问题和前景》的国际学术和实践研讨会。上海合作组织成员国、观察员国和对话伙伴国相关研究机构的负责人和代表参加。

乌兹别克斯坦共和国

在 2001 年 6 月 14 日在上海举行的上海五国峰会上，乌兹别克斯坦参加了"上海论坛"。是上海合作组织创始国，2001 年 6 月 15 日关于成立上海合作组织宣言的签署国之一。

"上海合作组织在相对来说比较短的时间内，成为一个在世界政治中发挥显著作用的有影响力的国际机构。"

——2014 年 9 月 12 日，乌兹别克斯坦总统伊斯拉姆·卡里莫夫（1990—2016 年）在杜尚别举行的上海合作组织成员国元首理事会会议上的发言

乌兹别克斯坦基本情况

人口（2014 年）：3076 万

首都：塔什干

国家制度：总统制共和国，自 2016 年 12 月 14 日以来，国家总统是沙夫卡特·米罗莫诺维奇·米尔济约耶夫。

国内生产总值（2014 年）：626.44 亿美元

国内生产总值年均增长率（2010 至 2014 年）：8.2%

出口（2015 年）：能源和石油制品（25.9%）、食品（10.2%）、黑色和有色金属（6.4%）、棉花（5.7%）。

进口（2015 年）：机器设备（40.5%）、化工产品（17%）、食品（12.8%）。

主要对外经济伙伴（2015 年）：俄罗斯、中国、哈萨克斯坦、韩国。

乌兹别克斯坦在上海合作组织内的重点合作方向是维护地区稳定、发展经济和投资合作。2015 年 7 月上海合作组织乌法峰会后，2015 至 2016 年乌兹别克斯坦担任轮值主席国。

观 察 员 国

阿富汗伊斯兰共和国

根据 2012 年 6 月 6 日至 7 日在北京举行的上海合作组织成员国峰会的决定，阿富汗于 2012 年成为上海合作组织观察员国。

阿富汗基本情况

人口（2014 年）：3160 万

首都：喀布尔

国家制度：伊斯兰共和国，自 2014 年 9 月 29 日以来，国家总统是阿什拉夫·加尼·阿赫马扎伊。

国内生产总值（2014 年）：200.03 亿美元

国内生产总值年均增长率（2010 至 2014 年）：6.4%

出口（2014 年）：地毯（45%）、干果（31%）、药用植物（12%）。

进口（2014年）：石油制品（33%）、机器和运输设备（15%）、食品（14%）。

主要对外经济伙伴（2014年）：出口方面是巴基斯坦、印度、俄罗斯；进口是巴基斯坦、俄罗斯、乌兹别克斯坦。

作为观察员国，阿富汗参加上海合作组织元首和政府首脑会议、部门活动、安全会议秘书会晤以及代号为"和平使命"的军事演习。

上海合作组织自创建之时起，就重视关注阿富汗形势的发展，因为阿富汗领土上的不稳定威胁着上海合作组织所有成员国。此外，上海合作组织积极打击来自阿富汗的非法毒品走私。2005年11月4日，在北京签署了关于建立上海合作组织和阿富汗联络小组的议定书。

2013年12月6日，阿富汗签署了建立上海合作组织能源俱乐部的备忘录。2015年5月27日，上海合作组织地区反恐机构和阿富汗外交部签署了安全合作意向书。

2015年7月8至10日，在乌法举行的上海合作组织峰会期间，阿富汗提交了成为该组织正式成员国的申请。

白俄罗斯共和国

根据2015年7月10日上海合作组织成员国国家元首在乌法峰会上的相关决定，白俄罗斯获得了观察员国地位。在此之前，白俄罗斯当了五年对话伙伴（根据2010年4月28日的备忘录）。

白俄罗斯基本情况

人口（2014年）：947万

首都：明斯克

　　国家制度：总统制共和国，自 1994 年 7 月 20 日以来，国家总统是亚历山大·格里戈里耶维奇·卢卡申科。

　　国内生产总值（2014 年）：761.39 亿美元

　　国内生产总值年均增长率（2010 至 2014 年）：3.5%

　　出口（2015 年）：矿物产品（29.9%）、化工产品和焦炭（21.3%）、食品和农业原料（14.6%）。

　　进口（2015 年）：矿物产品（31.1%）、机器、设备和运输工具（23.4%）、食品和农业原料（14.6%）。

　　主要对外经济伙伴（2015 年）：出口方面是俄罗斯、英国、乌克兰、荷兰；进口是俄罗斯、中国、德国、波兰。

　　2010 年 4 月 28 日关于向白俄罗斯提供对话伙伴地位的备忘录确定了合作的基本方向：为贸易和投资建立良好条件；在海关事务方面积极开展相互协作；在地区和全球安全领域建立伙伴关系；就对外政治问题进行对话。

　　2013 年 12 月 6 日，白俄罗斯签署了建立能源俱乐部备忘录。

　　白俄罗斯支持上海合作组织实业委员会，在平等条件下参加在独联体建立第一个多用途海上无人驾驶综合体样板项目，并且制订了保障计划。上海合作组织内的互相协作使得在白俄罗斯建立了高级软件服务和互联网服务的高科技园区。处于初创阶段的中白工业园"巨石"旨在发展机器制造业、精细化学、生物医学、家用电器和电子技术产品。

印度共和国

　　根据 2005 年 7 月 5 日上海合作组织阿斯塔纳峰会的相关决定，

印度自 2005 年起成为该组织观察员国。

印度基本情况

人口（2014 年）：12.95 亿

首都：新德里

国家制度：议会制共和国，自 2012 年 7 月 25 日以来，国家总统是普拉纳布·库马尔·姆科尔日。

国内生产总值（2014 年）：2.049 万亿美元

国内生产总值年均增长率（2010 至 2014 年）：7.2%

出口（2015 年 4 月至 2016 年 2 月）：宝石和半宝石、贵金属和半贵金属（15%）、矿物燃料和产品（11%）、陆地运输工具和设备（5.4%）。

进口（2015 年 4 月至 2016 年 2 月）：矿物燃料和产品（25.7%）、宝石和半宝石、贵金属和半贵金属（15%）、电动汽车和设备（9%）。

主要对外经济伙伴（2015 年 4 月至 2016 年 2 月）：出口方面是美国、阿联酋、中国；进口是中国、美国、沙特阿拉伯。印度代表参加上海合作组织成员国元首、政府首脑会议、部门活动、国家安全会议秘书会晤，以及上海合作组织举行的"和平使命"军事演习。

2008 年 7 月 25 日，印度签署了关于把恐怖主义分子材料转交给上海合作组织反恐中心的议定书。2013 年 12 月 6 日，印度签署了建立上海合作组织能源俱乐部的备忘录。2014 年 9 月，申请正式加入上海合作组织。2015 年 7 月 8 日至 10 日在乌法峰会期间，启动了向印度提供上海合作组织正式成员国地位的程序。

伊朗伊斯兰共和国

根据 2005 年 7 月 5 日在阿斯塔纳举行的上海合作组织成员国元首理事会的决定，伊朗于 2005 年获得上海合作组织观察员国地位。

伊朗基本情况

人口（2014 年）：7810 万

首都：德黑兰

国家制度：伊斯兰共和国，自 1989 年 6 月 4 日以后，国家领导人是阿利·哈梅内伊。2013 年 8 月 3 日以来，总统（执政的首脑）鲁哈尼代表伊朗出席上海合作组织峰会。

国内生产总值（2014 年）：4253 亿美元

国内生产总值年均增长率（2010 至 2014 年）：1.2%

出口（2014 年）：石油天然气（82%）、塑料（5%）、化工产品（3.6%）。

进口（2014 年）：机器和运输设备（26%）、钢铁（14%）、化工产品（11%）。

主要对外经济伙伴（2014 年）：出口方面是中国、日本、土耳其；进口是阿联酋、中国。

作为观察员，伊朗参加上海合作组织国家元首理事会、政府首脑会议，各部门活动，安全会议秘书会晤，以及上海合作组织举行的"和平使命"军事演习。2008 年 7 月 25 日，伊朗签署了关于把恐怖分子数据转交给上海合作组织反恐中心的议定书。2014 年 9 月 19 日，在上海合作组织地区反恐机构理事会会议上，伊朗情报部门签署了与地区反恐机构协作的文件。2008 年 3 月，伊朗申请成为上海合作组织正式成员。

蒙古国

根据 2004 年 6 月 17 日在塔什干举行的上海合作组织成员国元首理事会的决定，蒙古国于 2004 年获得上海合作组织观察员国地位。

蒙古国基本情况

人口（2014 年）：290 万

首都：乌兰巴托

国家制度：议会制共和国。2009 年 6 月 18 日以来，国家总统是查黑亚·额勒贝格道尔吉。

国内生产总值（2014 年）：120.016 亿美元

国内生产总值年均增长率（2010 至 2014 年）：11.1%

出口（2015 年）：铜（49%）、煤（12%）、黄金（9%）。

进口（2015 年）：机器和运输设备（45%）、矿物燃料（19%）、食品（13%）。

主要对外经济伙伴（2015 年）：出口方面是中国、英国、俄罗斯；进口方面是中国、俄罗斯、日本。

作为观察员，蒙古参加上海合作组织元首理事会和政府首脑会议、各部门活动、安全会议秘书会晤，以及上海合作组织的"和平使命"军事演习。2013 年 12 月 6 日，蒙古签署了建立上海合作组织能源俱乐部的备忘录。

巴基斯坦伊斯兰共和国

根据 2005 年 7 月 5 日在阿斯塔纳举行的上海合作组织成员国元首理事会的决定，巴基斯坦于 2005 年获得上海合作组织观察员国地位。

巴基斯坦基本情况

人口（2014 年）：1.85 亿

首都：伊斯兰堡

国家制度：议会制共和国，自 2013 年 9 月 9 日以后，国家总统是马姆努恩·侯赛因。

国内生产总值（2014 年）：2436 亿美元

国内生产总值年均增长率（2010 至 2014 年）：3.4%

出口（2014 至 2015 财政年度）：纺织原料及其制品（52%）、食品（16%）、机器和运输设备（11.6%）。

进口（2014 至 2015 财政年度）：矿物燃料及其制品（26%）、机器和运输设备（22%）、化工产品（16.5%）。

主要对外经济伙伴（2014 至 2015 财政年度）：出口方面是美国、中国、阿富汗；进口方面是中国、阿联酋、沙特阿拉伯。

作为观察员，巴基斯坦参加上海合作组织国家元首理事会、政府首脑会议、各部门活动、安全会议秘书会晤，以及上海合作组织举行的"和平使命"军事演习。2008 年 7 月 25 日，巴基斯坦签署了关于把恐怖分子数据转交给上海合作组织反恐中心的议定书。2014 年 9 月，巴基斯坦申请成为上海合作组织正式成员。2015 年 7 月 8 日至 10 日在乌法峰会期间，启动了向巴基斯坦提供上海合作组织正式成员国地位的程序。

对话伙伴国

阿塞拜疆共和国

拥有上海合作组织对话伙伴地位。2015 年 7 月 10 日在乌法峰会上作出了这一决定。关于给予对话伙伴国地位的备忘录签署于 2016 年 3 月 14 日。

阿塞拜疆基本情况

人口（2014 年）：954 万

首都：巴库

国家制度：总统制共和国。2003 年 10 月 31 日以来，国家总统是伊力哈姆·阿利耶夫。

国内生产总值（2014 年）：751.98 亿美元

国内生产总值年均增长率（2010 至 2014 年）：3%

出口（2015 年）：石油（76.7%）、石油制品（6.6%）、天然气（2.5%）、水果和蔬菜（1.02%）。

进口（2015 年）：运输工具（23.6%）、机器和设备（21.1%）、黑色金属及其制品（16.3%）。

主要对外经济伙伴（2015 年）：出口方面是意大利、德国、法国；进口方面是俄罗斯、美国、土耳其。

阿塞拜疆与上海合作组织的对话开始于 2012 年，当时阿塞拜疆总统伊利哈姆·阿利耶夫给上海合作组织正式发函，申请给阿塞拜疆以上海合作组织观察员地位。现在，阿塞拜疆已经参与一些重要的地区交通项目，例如有中国参加的"新丝绸之路"运输走廊、有俄罗斯参加的"北—南"项目。阿塞拜疆还对与上海合作组织成员国在能源领域，在打击恐怖主义、分裂主义和极端主义方面合作感兴趣。

2016 年 3 月 14 日，阿塞拜疆外长艾尔马拉·马梅吉亚罗夫与上海合作组织秘书长拉希德·阿利莫夫会见时，就合作的基本方向达成协议：打击恐怖主义、分裂主义和极端主义；加强地区和平与稳定；运输和能源项目。

亚美尼亚共和国

拥有上海合作组织对话伙伴地位。2015 年 7 月 10 日在乌法峰会上作出了这一决定。关于给予亚美尼亚对话伙伴国地位的备忘录签署于 2016 年 4 月 16 日。

亚美尼亚基本情况

人口（2014 年）：300 万

首都：埃里温

国家制度：总统制共和国。2008 年 4 月 9 日以来，国家总统是谢尔日·阿扎托维奇·萨尔基相。

国内生产总值（2014 年）：116.44 亿美元

国内生产总值年均增长率（2010 至 2014 年）：4.2%

出口（2015 年）：矿石产品（28.7%）、食品（20.7%）、非贵重金属及其制品（15.4%）、宝石和半宝石、贵金属及其制品（13.9%）。

进口（2015 年）：矿物产品（19.8%）、机器和设备（12.5%）、食品（10%）、化工产品（9.2%）。

主要对外经济伙伴（2015 年）：出口方面是俄罗斯、中国、德国、伊拉克；进口方面是俄罗斯、中国、德国、伊朗。

亚美尼亚 2012 年申请获得上海合作组织观察员地位。2015 年 7 月在乌法峰会上萨尔基相总统称，与上海合作组织的合作应该"在未来把大型基础设施和运输项目，如伊朗至亚美尼亚铁路建设，提高到一个新水平"。这条铁路将使欧亚经济联盟国家获得经过波斯湾到印度洋的出口。亚美尼亚认为，与上海合作组织合作的优先方向是"吸引投资，利用中转的机遇，开辟新的交通运输线并通往亚洲市场"。

柬埔寨王国

拥有上海合作组织对话伙伴地位。2015 年 7 月 10 日在乌法峰会上作出了这一决定。关于给予对话伙伴国地位的备忘录签署于 2015 年 9 月 24 日。

柬埔寨基本情况

人口（2014 年）：1533 万

首都：金边

国家制度：宪法君主。2004 年 10 月 29 日以来，国家首脑是诺罗敦·西哈莫尼。

国内生产总值（2014 年）：167.8 亿美元

国内生产总值年均增长率（2010 至 2014 年）：7%

出口（2014 年）：纺织原料及其产品（68%）、鞋、帽及其饰件（9.8%）、食品（4.9%）。

进口（2014 年）：纺织原料及其产品（23%）、矿物燃料及其产品

（15%）、机器和运输工具（13%）。

主要对外经济伙伴（2014 年）：出口方面是美国、英国、德国；进口方面是泰国、中国、越南。

2015 年 9 月 16 日，柬埔寨代表参加上海合作组织成员国外经贸部长会议。

尼泊尔联邦民主共和国

拥有上海合作组织对话伙伴地位。2015 年 7 月 10 日在乌法峰会上作出了这一决定。关于给予对话伙伴国地位的备忘录签署于 2016 年 3 月 22 日。

尼泊尔基本情况

人口（2014 年）：2817 万

首都：加德满都

国家制度：议会制共和国。2015 年 10 月 29 日以来，国家总统是比迪亚·德维·班达里。

国内生产总值（2014 年）：197.7 亿美元

国内生产总值年均增长率（2010 至 2014 年）：4.5%

出口（2014 年）：纺织原料和制品（36%）、食品（16%）、非贵重金属及其制品（13%）。

进口（2014 年）：矿物燃料及其产品（20%）、电子机器和设备（12%）、非贵重金属及其制品（11%）。

主要对外经济伙伴（2014 年）：出口方面是印度、美国、德国；进口方面是印度、中国、中国香港。

2015 年 9 月 16 日，尼泊尔代表参加上海合作组织成员国外经贸部长会议。

土耳其共和国

拥有上海合作组织对话伙伴地位。2012 年 6 月 7 日在北京峰会上作出了这一决定。关于给予对话伙伴国地位的备忘录签署于 2013 年 4 月 26 日。

土耳其基本情况

人口（2014 年）：7580 万

首都：安卡拉

国家制度：总统—议会制共和国。2014 年 8 月 28 日以来，国家总统是雷杰普·塔伊普·埃尔多安。

国内生产总值（2014 年）：7995 亿美元

国内生产总值年均增长率（2010 至 2014 年）：5.4%

出口（2015 年）：机器和运输设备（27%）、加工业产品（19%）、畜产品（9%）。

进口（2015 年）：机器和运输设备（31.5%）、矿物燃料（18.2%）、化工产品（13.9%）。

主要对外经济伙伴（2015 年）：出口方面是德国、英国、伊拉克；进口方面是中国、德国、俄罗斯。

2011 年上海合作组织成为土耳其倡导的伊斯坦布尔进程的积极参加者，该进程旨在为了阿富汗的稳定发展而加强地区安全与合作。2013 年 12 月 6 日，土耳其签署了建立上海合作组织能源俱乐部的备忘录。

斯里兰卡民主社会主义共和国

拥有上海合作组织对话伙伴地位。2009 年 6 月 16 日在叶卡捷琳堡峰会上作出了这一决定。关于给予对话伙伴国地位的备忘录签署于 2010 年 5 月 6 日。

斯里兰卡基本情况

人口（2014 年）：2077 万

首都：科伦坡

国家制度：议会—总统制共和国。2015 年 1 月 9 日以来，国家总统是迈特里帕拉·西里塞纳。

国内生产总值（2014 年）：788.2 亿美元

国内生产总值年均增长率（2010 至 2014 年）：6.9%

出口（2015 年）：纺织原料及其制品（48%）、食品（24%）、其中茶叶（17%，世界上最大的茶叶出口国）、塑料及其制品（9.6%）。

进口（2014 年）：矿物燃料和产品（22%）、飞行器、路地运输工具和设备（19%）、电子机器和设备（11%）。

主要对外经济伙伴（2014 年）：出口方面是美国、英国、印度；进口方面是印度、中国、阿联酋。

2013 年 12 月 6 日，斯里兰卡签署了建立上海合作组织能源俱乐部备忘录。斯里兰卡代表多次参加上海合作组织各种会议，包括 2014 年 10 月 9 日的农业部长会议、2015 年 3 月 24 日发展旅游合作专家工作小组会议。

附件 6：

上海合作组织观察员团关于观察 2016 年 12 月 4 日乌兹别克斯坦共和国总统选举的准备和进行过程结果的声明

2016 年 11 月 29 日至 12 月 4 日，应乌兹别克斯坦共和国中央选举委员会邀请，上海合作组织观察员团（以下称观察员团）观察了乌兹别克斯坦共和国总统选举的准备和选举过程的举措。

观察员团把邀请国际观察员看作乌兹别克斯坦共和国领导希望最大限度地保障总统选举的公开性、透明度和民主性的举措。

一、观察员团组成情况

参加观察员团的有上海合作组织成员国立法、行政和选举机构的代表，以及上海合作组织秘书处官员。

来自哈萨克斯坦共和国的是该国中央选举委员会成员 М·А·萨尔先巴耶夫；来自中华人民共和国的是外交部欧亚司参赞刘宝军；来自吉尔吉斯共和国的是法制、打击犯罪和腐败委员会副主席 И·И·马特拉伊莫夫，农业发展、水资源和生态委员会主席 А·К·纳扎罗夫，农业发展、水资源和生态委员会副主席 **А·Ж·**阿克玛托夫，吉尔吉斯共和国选举和全民公决中央委员会成员 **А·Ж·**艾舍莫夫和 **Н·Т·**阿里波夫；来自俄罗斯联邦的是联邦会议联邦委员会宪法立法和国家建设委员会成员 **А·Д·**巴什金，联邦会议联邦委员会国际事务委员会副主席 **И·К·**罗德尼娜，俄罗斯联邦中央选举委员会成员 **Н·В·**列维切夫；来自塔吉克斯坦共和国的是中央选举和全民公决委员会成员 **Дж·Н·**扎姆谢多夫；来自上海合作组织秘书处的是张洪建参赞，**М·С·**拉哈诺娃，高级专家 **А·А·**阿塞伊诺夫和 **С·М·**鲁斯塔姆巴耶夫，以及一等专家 **С·Н·**斯梅塔尼科夫和 **Ш·К·**扎基罗娃。

观察员团由上海合作组织在任秘书长拉·阿利莫夫率领。

二、观察员团活动的法律基础

根据《上海合作组织观察员团观察总统和（或）议会选举及全民公投的条例》，观察员团遵照政治中立和不干涉国家内政以及严格遵守乌兹别克斯坦共和国法律的原则，履行自己的职责。

观察员团的所有结论都是基于观察员团成员个人在选举准备过程和选举日直接收集的观察和事实材料。

三、观察员团的活动

观察员团的活动根据制定的工作计划进行。

观察员团成员们详细地了解了乌兹别克斯坦中央选举委员会进行的选举准备工作和选举的情况，包括其在乌兹别克斯坦国外使团的组织情况。

向观察员团提供了关于选举参加者们在选举运动框架内进行宣传工作，以及关于登记注册的国际组织和新闻媒体观察员们的详细信息。

为观察员团创造了监督选举准备和选举过程的所有必要条件。

观察员团在自己的活动中，访问了乌兹别克斯坦共和国根据地区划分的"首都""卡拉卡尔帕克斯坦共和国""州""城市""农村"13个选区的235个选举站。

观察员团举行了一系列会见和谈话，包括与乌兹别克斯坦共和国外交部、中央选举委员会领导，市、区、街道选举委员会的主席、秘书和成员们，普通选民，地方观察员，政党和新闻媒体代表，外国和国际组织观察员团成员。

四、乌兹别克斯坦共和国总统选举的法律基础

乌兹别克斯坦共和国总统选举的法律基础由以下法律文件组成：《乌兹别克斯坦共和国宪法》《乌兹别克斯坦总统选举法》《公民选举权保障法》《乌兹别克斯坦中央选举委员会法》、2015年12月4日通过的《乌兹别克斯坦共和国对若干法律文件进行修改和补充法》以及乌兹别克斯坦共和国中央选举委员会历次决议。

观察员团对法律基础作了深刻分析。乌兹别克斯坦共和国为选举进程在立法上建立了所有必要条件，通过在公正的基础上，全社会和平等的意志表达，或者采用秘密投票的程序，保障了自由投票或者不投票、被选举或者选举的权利和可能性。从立法上，包括以乌兹别克斯坦中央选举委员会决定的形式，用乌兹别克语、俄语和卡拉卡尔帕克斯基语这三种语言书写选票，保障少数民族的权利。

观察员团认为，乌兹别克斯坦在完善并使选举法自由化方面采取的以下措施具有重要意义：

第一，降低选举进程的主要主体——政党搜集签名的百分比，从5%降到1%；

第二，组织那些被拘留、但尚未被法院判刑的人投票；

第三，为由于这样或那样原因而不能在选举日投票的乌兹别克斯坦公民创造条件，设立提前投票机制；

第四，给公民提供在实际（临时）居住地投票的机会。

第五，保障民主选举的最重要因素是，从宪法上规定了中央选举委员会的地位——它是保障准备选举和进行选举的、不受国家政权其他机构任何干预的、独立的民主机制。

五、乌兹别克斯坦共和国总统候选人

根据法律，乌兹别克斯坦共和国中央选举委员会通过了关于下列人士为乌兹别克斯坦共和国总统候选人的决定：

乌兹别克斯坦民主党推举的萨尔瓦尔·萨杜拉耶维奇·奥托姆拉托夫；

乌兹别克斯坦企业家和实业家运动、自由民主党联合推举的沙夫卡特·米罗莫诺维奇·米尔济约耶夫；

乌兹别克斯坦人民民主党推举的哈塔姆若恩·阿卜杜拉赫莫诺维奇·凯特莫诺夫；

乌兹别克斯坦社会民主党推举的纳里曼·马德日托维奇·乌马罗夫。

六、竞选宣传

观察员团认为，选举运动框架内进行的活动是公开的，详细而多方面地在新闻媒体得到了报道，完全符合乌兹别克斯坦共和国的法律。

不管总统候选人的党派属性和政治观点如何，都为他们保障了公平竞争的平等条件。给乌兹别克斯坦共和国总统候选人们提供了免费和同等的电视讲话时间以及同等的报刊版面。

根据选举法，新闻媒体保障同样地报道总统候选人的竞选纲领。

根据选举法，竞选鼓动的费用由国家预算提供。为了给公平竞争创造条件，对于所有总统候选人的资金分配是同等的数额。禁止各政党使用其他财政来源。同时，如果发现更多的财政来源，乌兹别克斯坦中央选举委员会有权将这些财源在候选人之间平分。

向国家最高职务候选人提供了同样的机会，让他们与选民会见、参加选民的会议，在会场上散发乌兹别克斯坦共和国总统候选人的竞选材料和关于竞选纲领、目的和计划的详细信息。与此同时，要求国家机构、社会组织和企业无偿提供与选民会见的设备和场地。

观察员团特别指出，中央和地方电视广播机构播放了候选人及其被委托者与选民的会见，展示了乌兹别克斯坦共和国总统候选人竞选纲领的滚动式宣传材料。

观察员团满意地指出，准备和举行乌兹别克斯坦共和国总统选举的材料用居住在该国的民族的五种语言——乌兹别克语、卡拉卡尔帕克斯基语、哈萨克语、俄语和塔吉克语散发。而且新闻媒体用阿塞拜疆语、亚美尼亚语、英语、阿拉伯语、达里语、印地语、西班牙语、汉语、吉尔吉斯语、朝鲜语、德语、波斯语、土库曼语、法语和日语等 15 种语言发表。

采用现代技术手段组织候选人与选民会见的做法值得特别注意。由于举行在线会议,候选人能够同时与几个居民点的代表们进行谈话,边远地区的居民可以向总统候选人提出最迫切的问题,并得到回答。

广泛使用了各政党的网站、党的印刷刊物以及地区和当地新闻媒体。它们公布了候选人的竞选材料。

观察员团没有得到关于新闻媒体报道竞选运动的抱怨和不满意见的材料。

观察员团指出,对选举运动各方面情况的分析表明,乌兹别克斯坦存在着竞选运动的政治多元化、竞争、公开性和透明度,为公民独立自主地选择提供了广泛的可能性。

七、筹备工作

观察员团认为,为了实施乌兹别克斯坦共和国总统选举筹备工作和选举的基本活动计划,中央选举委员会和各级选举委员会进行了保障公民选举权的大规模的、系统性的工作。

在这一工作范围内,在 14 个选区建立了 9382 个选举站,其中 44 个设在乌兹别克斯坦共和国驻外国外交代表处。

14 个选区选举委员会建立了各选举站选举委员会,吸纳了 9.8 万名工作人员。其中 69% 以前曾直接参加选举委员会的工作,因此具有一定的实际经验。

同时,鉴于这次选举运动的特点,为了训练选举委员会工作人员，举行了所谓"梯级瀑布"方法的专门培训班。

观察员团指出，乌兹别克斯坦共和国中央选举委员会首次在实践中制定并顺利实施了关于提高选民法律文化的措施纲要。

在这一纲要的框架内，出版了22种小册子和方法参考书，制作了专门的电视宣传片，演示选举站选举委员会筹备工作的各个阶段，以及投票日那天选民在选举站的每一步行动。此外，包括马哈拉委员会、妇女委员会、老战士委员会等社会组织和机构积极投入工作，以通俗易懂的形式向选民们解释他们的权利和义务，包括不允许所谓的"家庭投票"，即家长代替全家人投票。

为了保障居民的选举权，乌兹别克斯坦中央选举委员会开设了"信任电话"，随时接听和检查选民有关选举的抱怨和意见。

除了中央选举委员会新闻中心报道乌兹别克斯坦中央选举委员会的工作并随时提供官方所有信息外，2016年11月30日至12月5日，在选举实践中首次开设了"选举—2016新闻俱乐部"。这是一个全社会和公民倡议。这个多媒体平台是由乌兹别克斯坦全国电子新闻媒体协会和一系列纸质的、互联网出版物的以及电视和广播频道建立的。它与中央选举委员会新闻中心建立了在线联系。在新闻俱乐部工作范围内，把几十家地区性的非国营电视台连接上，在全国各地的选举站进行直接报道，并且对乌兹别克斯坦共和国总统选举筹备和选举过程进行了客观评论。

在新闻俱乐部的活动中，采取了各种措施，包括中央选举委员会、各政党、宗教信仰组织、公民社会、国际观察员、乌兹别克斯坦共和国参议院和立法院代表们的吹风会和讲话。

观察员团经过与乌兹别克斯坦和外国新闻媒体代表以及该俱乐部

活动参加者的谈话后，认为这一创举是把重要和客观的信息传达给居民、自由交换意见和选举工作经验的非常有效的办法。

八、投票日

2016 年 12 月 4 日，投票日当天，观察员团成员们在选举站开门之前就来到选举站，观看了选票和投票箱准备工作。

观察员团成员们在塔什干市，塔什干州、布哈拉州、撒马尔罕州、纳曼甘州、安集延州、费尔干纳州、吉扎克州等十个州，以及卡拉卡尔帕克斯坦自治共和国的城市和居民点共计 181 个选举站。

观察员团的观察员们访问这些选举站，并没有提前制订的计划，也没有与行政和选举机构协商。观察员团每个成员自主决定去哪个选举站。无论访问哪个选举站，甚至在封闭的组织（位于奇尔奇克市的州精神和神经防治所）里，观察员们都没有遇到任何妨碍。

给观察员团成员们留下非常深刻印象的是，在许多选举站开门的时候，举行了区里最年长的老人祈福仪式。观察员团认为，这种仪式反映了总统选举这一重要社会和政治活动的精神和纯洁，以及选举进程参与者更大的责任心。

观察员团肯定了公民参加投票的高度积极性和选举委员会选举站工作人员训练有素的专业水平。

投票站选举委员会的成员们为投票程序提供了必要的条件，保持了公正。在出现问题时，向选民进行详尽解释，对选民、被委托者、当地和国际的观察员们表现出充分理解和关心的态度。

选举委员会的活动具有专业、公开、透明和独立的性质。

在选举站的选举委员会，充分提交了文件、信息咨询材料、观察员们的登记册、研究文集、值班表格、撤离路线图和其他文件。

观察员团成员们访问的那些选举站配备了通讯联系、计算机和其他技术设备，以及选民投票和选举站选举委员会成员工作所必需的东西。在选举站设立了医务所、母婴室。为便于健康原因所限的人员投票，在选举站设置了斜坡路。首次为视力有问题的人准备了用盲文字母打印的选票。

为了保障投票过程的透明度，在选举站安装了与计算机网连成一体的摄像机，以便中央选举委员会实时观察投票进程，与全国各地保持密切的视频联系。

观察员团满意地指出，青年在投票日表现出很高的积极性，选举站委员会对首次参加投票的青年人表现出特别关心。据中央选举委员会的信息，这样的年轻人共有 555497 人。向他们赠送了鲜花和纪念品，这一方面强调了这一事件对年轻公民的隆重性，另一方面体现了国家对年轻一代的关心。

选举站遵守确定的程序，在各政党、候选人的被委托者以及一系列国际组织的观察员和新闻媒体代表在场的情况下，投票进行得很平静。

观察员团的代表们没有收到关于投票的抱怨和意见。

九、基本结论

观察员团声明，乌兹别克斯坦共和国总统选举符合乌兹别克斯坦共和国选举法的要求和乌兹别克斯坦共和国承担的国际义务。

观察员团没有发现破坏选举法准则，从而使选举的合法性遭到怀疑的行为。

观察员团承认业已进行的选举是公开、自由和民主的。

观察员团认为，业已举行的总统选举是乌兹别克斯坦共和国继续发展民主进程中的重要一步。

观察员团祝贺乌兹别克斯坦人民选出了乌兹别克斯坦共和国总统，希望他在加强国家独立、主权和社会经济发展，在社会生活和繁荣的各个领域取得新的成就方面获得成功。

上海合作组织观察员团向乌兹别克斯共和国中央选举委员会、外交部、其他组织和单位，就它们在其工作期间提供的全面协作和帮助，表示深切的感谢。

上海合作组织观察员团

2016 年 12 月 5 日于乌兹别克斯坦共和国首都塔什干

附件 7：

上海合作组织历任秘书长

张德广

出生于 1941 年 2 月。

中国外交官。

毕业于北京外国语学院俄国文学系（1965）。被分配到外交部工作。

1965—1973 年，在中华人民共和国外交部翻译室工作。

1973—1977 年，中国驻苏联大使馆随员。

1977—1987 年，二秘、一秘、中国外交部苏欧司中苏谈判办公室副主任。

1987—1992 年，中国驻美国大使馆参赞。

1992—1993 年，中国驻哈萨克斯坦共和国大使。

1993—1995 年，中国外交部欧亚司司长。

1995—2001 年，中国外交部副部长。

2001—2003 年，中国驻俄罗斯联邦大使。

2004—2006 年，上海合作组织秘书长。

2011 年至今，中国国际问题研究基金会理事会主席。

被授予哈萨克斯坦一级友谊勋章、俄罗斯—中国友好协会一级奖章、圣彼得堡建城 300 周年纪念章，由于对加强俄中友谊作出特殊贡献而被授予纪念证书。

俄罗斯社会科学院荣誉院士（2003），俄罗斯科学院远东研究所荣誉博士（2003）。

已婚，有一儿一女。

博拉特·卡布德尔哈密托维奇·努尔加利耶夫

出生于 1951 年 7 月 25 日。

哈萨克斯坦外交官。

1972 年毕业于塞弗林垦荒城师范学院外国语系，苏联国家安全委员会安德罗波夫红旗学院。

1972—1973 年，在师范学院任教。

1973—1974 年，在苏联武装力量服役。

从 1973 年起，在国防部系统工作。

从 1980 年起，苏联外交部南亚处随员。

1981—1985 年，苏联驻巴基斯坦伊斯兰共和国随员。

1990—1992 年，苏联驻印度大使馆随员、三秘、一秘。

1992—1994 年，哈萨克斯坦外交部国际安全和武器监督局局长。

1994—1996 年，哈萨克斯坦外交部副部长。

1996—2000 年，哈萨克斯坦驻美国、加拿大和墨西哥特命全权大使。

2001—2003 年，哈萨克斯坦共和国驻韩国特命全权大使。

2003—2006 年，哈萨克斯坦共和国驻日本特命全权大使。

2007—2009 年，上海合作组织秘书长。

2012—2014 年，哈萨克斯坦共和国驻以色列国特命全权大使。

被授予"哈萨克斯坦共和国独立 25 周年纪念章"（2016）。

穆拉特别克·桑瑟兹巴耶维奇·伊马纳利耶夫

出生于 1956 年 2 月 25 日。

吉尔吉斯斯坦国务和政治活动家。

1978 年毕业于亚非学院。1982 年是苏联科学院东方学研究所研究生。专业是东方学和历史、中文研究和翻译。历史学博士（1984）。正义和进步党领导人。

1982—1991 年，吉尔吉斯社会主义苏维埃共和国外交部二秘、司长、代理副部长。

1991—1992 年，吉尔吉斯共和国外交部长。

1992—1993 年，吉尔吉斯共和国驻中国大使馆参赞。

1993—1996 年，吉尔吉斯共和国驻中国大使。

1996—1997 年，吉尔吉斯共和国总统办公厅国际部部长。

1997—2002 年，吉尔吉斯共和国外交部长。

2002—2007 年，中亚美国大学教授。

2005—2009 年，社会政治研究所所长。

2009 年 1 月至 10 月，吉尔吉斯共和国总统顾问；外交级别是苏联一级特命全权公使，吉尔吉斯共和国特命全权大使。

曾是苏共党员、"我的国家"党成员。从 2003 年 3 月 30 日起，担任刚成立的吉尔吉斯共和国"正义和进步党"政治委员会主席。

2004 年 11 月，成为"新方针"运动共同主席，正义和进步党领导人。

2010—2012 年，上海合作组织秘书长。

通晓俄语、英语和汉语。在俄罗斯、中国、土耳其、哈萨克斯坦和吉尔吉斯斯坦发表 100 多篇作品。

被授予"玛纳斯"三级勋章（1999）、吉尔吉斯共和国荣誉证书。

已婚，有两个孩子。

德米特里·费奥多罗维奇·梅津采夫

1959 年 8 月 18 日出生于列宁格勒。

1981 年从列宁格勒铁路运输工程师学院毕业后，在十月铁路列宁格勒至波罗的海火车头仓库任车间班长。

1983—1984 年，在列宁格勒做共青团工作。

1984—1990 年，在苏联军队和军队报刊担任军官。

1990—1991 年，列宁格勒市苏维埃人民代表、列宁格勒市苏维埃和市执行委员会新闻中心负责人。

1991—1996 年，圣彼得堡市报刊和新闻媒体委员会主席，俄罗斯新闻报刊部代表。

1996—1999 年，俄罗斯联邦国家新闻委员会副主席。

1999 年 11 月起，担任战略研究中心主任（莫斯科）。

2002 年 1 月—2009 年 6 月，俄罗斯联邦委员会成员、伊尔库茨克州政府在联邦委员会的代表。2002—2006 年联邦委员会信息政策委员会主席。

2004—2009 年，俄罗斯联邦委员会副主席（上院副议长）。

2006 年，根据俄罗斯联邦政府的决定，成为上海合作组织实业委员会全权代表，并被选为上海合作组织实业委员会主席。2009 年连任。

2009—2012 年，伊尔库茨克州州长。

2012 年 6 月 7 日，在北京举行的上海合作组织成员国元首峰会上，被批准为该组织秘书长，任期为 2013 年 1 月 1 日至 2015 年 12 月 31 日。

2016 年 1 月起，任萨哈林州在俄罗斯联邦会议成员。

俄罗斯联邦特命全权大使。

从 2008 年起担任圣彼得堡国立大学政治心理学教研室主任、教授、心理学副博士、俄罗斯联邦外交部国际关系学院准备考博士学位者。

1988 年起，是苏联和俄罗斯新闻工作者协会成员。

被授予"为祖国服务"四级勋章、荣誉勋章、奖章、法国国家荣誉团军官称号、"加强俄中友谊"奖章。

已婚，有一女儿。

拉希德·库特比基诺维奇·阿利莫夫

出生于 1953 年 6 月 23 日。

塔吉克斯坦外交官。

1975 年毕业于塔吉克国立大学。1989 年毕业于苏共中央社会科学院。政治学博士（2014 年），社会学副博士（1991 年）。通晓塔吉克语、俄语和英语。

1976—1982 年，在塔吉克斯坦共青团中央和共产党担任各种职务。

1982—1986 年，塔吉克斯坦共青团中央宣传鼓动处教导员、副处长。

1986—1991 年，塔吉克斯坦团中央第一书记、苏联共青团中央委员会主席团成员。在塔吉克斯坦共产党杜尚别市委担任领导职务。

1986—1994 年，两届塔吉克斯坦苏维埃成员，青年事务委员会主席，最高苏维埃主席团成员。

1991—1992 年，塔吉克斯坦共和国总统国务顾问。

1992—1994 年，塔吉克斯坦共和国外交部长。

1994—2005 年，塔吉克斯坦共和国驻联合国常任代表。

2005—2015 年，塔吉克斯坦共和国驻中华人民共和国特命全权大使、塔吉克斯坦共和国驻上海合作组织的常任代表。

2016 年 1 月 1 日起，担任上海合作组织秘书长。2015 年在俄罗斯乌法市举行的上海合作组织成员国元首会议上，被批准为上海合作组织秘书长，任期为 2016 年 1 月 1 日至 2018 年 12 月 31 日。

具有特命全权大使的外交职衔。

撰有 13 部专题学术作品、50 多篇关于国际关系的文章，在哈萨克斯坦、中国、俄罗斯、美国和塔吉克斯坦的科学刊物上发表。

被授予塔吉克斯坦共和国"人民友谊"和"国家勋章"、奖章和其他奖励。

由于对上海合作组织成员国之间人文合作的特殊贡献，获得"丝绸之路——人文合作"国际奖金和金质奖章。

已婚，有两个孩子。

译 后 记

　　2017 年新年前夕，中国人民大学—圣彼得堡国立大学俄罗斯研究中心主任关雪凌教授和我前往位于北京日坛路 7 号的上海合作组织秘书处拜会副秘书长王开文大使。在谈及研究中心与秘书处合作事宜时，王开文副秘书长建议我们翻译出版阿利莫夫秘书长的新著《上海合作组织的创建、发展和前景》。

　　关雪凌教授认为，翻译出版这部著作具有重要的现实作用和深远的历史意义，当即表示赞同，并委托我负责翻译和联系出版事宜。

　　我联系中国驻俄罗斯使馆参赞胡昊，中国现代国际关系研究院研究员、国务院发展研究中心欧亚社会发展研究所特聘研究员、上海合作组织研究室主任许涛后，他们欣然同意参加这一翻译工作。胡昊承担翻译本书第三章《上海合作组织的经济合作空间》、第四章《观察选举——上海合作组织的重要使命》、第五章《政治学家眼中的上海合作组织》和第六章《上海合作组织问答》的一半内容；许涛承担《上海合作组织问答》另一半内容和第七章《上海合作组织 2016 年主要事件》的翻译工作。其余章节则由我分担。经过一年多努力，我们按期完成了翻译任务。

在此书付梓出版之际，中国人民大学—圣彼得堡国立大学俄罗斯研究中心谨向阿利莫夫秘书长表示感谢。感谢他撰写出版了这部被称为"上海合作组织百科全书式的著作"，并同意我们中心翻译出版该书中文版。

感谢王开文副秘书长对我们中心的信任和委托，把翻译出版这部重要著作的任务交给我们。

感谢胡昊和许涛先生在百忙中拨冗参与翻译工作，高质量地按时完成了翻译任务。

感谢人民出版社同意出版此书，并予以高水平的编辑、印刷和出版。

感谢此书的责任编辑刘敬文先生，他"慧眼识真金"，最早看中阿利莫夫秘书长这部著作，并认真负责地做了大量编辑和其他工作。

在上海合作组织成员国 2018 年青岛峰会举行前夕，阿利莫夫秘书长的《上海合作组织的创建、发展和前景》和读者见面了。这是中国人民大学—圣彼得堡国立大学俄罗斯研究中心、人民出版社和我们三位译者联袂献给本次峰会的礼物。

祝贺上海合作组织成员国青岛峰会取得圆满成功！

祝愿上海合作组织不断发展，造福于该组织所有成员国、观察员国和对话伙伴国！

中国人民大学—圣彼得堡国立大学俄罗斯研究中心

副主任、研究员　王宪举

2018 年 2 月于昆明

责任编辑：刘敬文　李源正

装帧设计：王欢欢

责任校对：吕　飞

图书在版编目（CIP）数据

上海合作组织的创建、发展和前景 /（塔吉克斯坦）拉希德·阿利莫夫 著；

王宪举，胡昊，许涛译 . — 北京：人民出版社，2018.4

ISBN 978 - 7 - 01 - 019301 - 4

I.①上…　Ⅱ.①拉…②王…③胡…④许…　Ⅲ.①上海合作组织 – 介绍

Ⅳ.① D814.1

中国版本图书馆 CIP 数据核字（2018）第 073665 号

上海合作组织的创建、发展和前景

SHANGHAI HEZUO ZUZHI DE CHUANGJIAN FAZHAN HE QIANJING

〔塔〕拉希德·阿利莫夫 著　王宪举　胡　昊　许　涛 译

人民出版社 出版发行

（100706　北京市东城区隆福寺街 99 号）

山东鸿君杰文化发展有限公司　新华书店经销

2018 年 4 月第 1 版　2018 年 4 月北京第 1 次印刷

开本：710 毫米 ×1000 毫米 1/16　印张：20.75

字数：190 千字　彩插：6

ISBN 978 - 7 - 01 - 019301 - 4　定价：65.00 元

邮购地址 100706　北京市东城区隆福寺街 99 号

人民东方图书销售中心　电话（010）65250042　65289539